中公文庫

日本史を読む

丸谷才一
山崎正和

中央公論新社

目次

日本史を読む

まえがき

山崎正和

丸谷才一さんと私が、前回やはり「中央公論」誌上で交わした対談の趣向は、さまざまな本を読みながら二十世紀の世界を考えるというものであった。『二十世紀を読む』という表題で単行本にもなったが、いま振り返ってみて、流行の二十世紀論のなかでいささか先駆的なものだったと自負している。

そのなかで、私たちはこの百年間を一つの時代としてとらえ、時代が支配する大きな空間に目を配ろうとしていた。日本人である二人が語りあう以上、意識の内外に当然いつも日本があったが、その日本は世界という空間のなかに置かれた場所であった。じっさい、二十世紀は日本が初めて現実に世界に登場した時代であって、交流や戦争を通じて、比較文化論を行動のかたちに表して見せた時代であった。そこでは、存在する日本が交流したり孤立しているだけではなく、交流し孤立することが日本の存在をつくっていた。その姿を論じあうことがいつのまにか私たちの意識下を動かし、次の話題として、この『日本史を読む』を選ばせたような気がする。

おりから、その前後に丸谷さんは名著『恋と女の日本文学』を出版され、私は「論座」誌や アメリカの「フォリン・アフェアズ」誌に、東アジアの文明を論じる文章を発表しつづけていた。二人はこれまでに百回を超える対談、座談を重ねてきた間柄であるが、そういう人間には自然にあい似た問題意識が芽生えるのかもしれない。丸谷さんは恋愛という主題をめぐって、日本と中国の文学の鋭い異質性を思いおこし、その断絶が日本文学を豊かにしてきた経緯を浮き彫りにされていた。日中関係といえば、とかく中国の影響を語る文化論の常識を転覆されたわけだが、私も符節を同じくして、アジア文明というものは過去には存在しなかったという議論を展開していた。中国文明があまりにも巨大で、しかもあくまでも一民族の文明にすぎなかったために、東洋には西洋のような、民族を超える世界文明が生まれなかったという見方である。

日本史を読むというからには、日本はあらためて時間軸のうえに置かれたわけだが、今回の私たちの視野にはつねに空間があったといえそうである。私たちは暗黙のうちに、日本史を世界史のなかで読もうと試みていたといってもよい。二人は必ずしも自説を敷延する意図は持たなかったが、そうしてみると対話はおのずから、繰り返し世界のなかに不在であった時代の日本に導かれていった。その過程で浮かびあがったのは日本と中国との関係、というより関係の不在の歴史であった。関係よりも関係の不在が、より多く日本をつくっていたという事実の再発見であった。私たちは日本史のなかにある多くのものについて語りながら、言外にはつねにそこになかったものを語っていたように思われてならない。

「ヒストリカル・イフ」という言葉があって、どういうわけかこれは歴史認識にとっては避けるべき無意味な仮定とされている。だが、私たちは何度かそれを禁じえなかったし、対談が終わったのちにもまだ、私の頭のなかには死児の齢を数える思いが渦巻いている。もし日本と中国が一つの緊密な世界をつくり、そのなかで切磋琢磨を連続していたら、東アジアにはもっと躍動的な文明が生まれていたのではないか。そう思わせるほど、二つの国の過去には可能性に満ちた化学物質があり、あとは化合を待つばかりであったように見えるのである。

対談で言い落としたことを一、二拾えば、たとえば中国には個人の長寿への強烈な執着があって、そのために企てられた医学的錬金術の思想があった。一方、丸谷さんが指摘されるとおり、日本には恋愛文学の脈々たる伝統があり、愛への耽溺と個人の繊細な心理への関心が深かった。もしこの二つが融合を起こして、生命力に溢れた内面への沈潜という現象が見られたら、それは西洋の近代的自我とどのように似て、どのように違っていたであろうか。だが残念ながら、中国には恋愛心理への関心が乏しく、日本には生命の無常に技術を尽くして抵抗するという思想が弱く、両者にはその欠如を自覚する機会さえなかった。

また、かつて中野美代子氏が分析されたように、中国のタオイスムには世界を数理的な秩序としてとらえ、現象のすべてを数字で記述しようとする思想があった。そこには萌芽ながら、「自然は数字で書かれた本である」という、ガリレオ・ガリレーの自然哲学が見られたといえる。他方、日本には農業や園芸からからくりにいたるまで、旺盛な実験と技術革新の精神が溢れていた。ここでもこの二つがめでたく結合していたら、十七世紀の東アジアは独自の自然科学を生んでいたはずであるが、そういう出会いはついに起こらなかった。

「ヒストリカル・イフ」にまちがいなく利点があるとすれば、それはその無念を現在起っていることの解釈に生かすことであろう。日本も中国もその他のアジア諸国も、いまアジアという枠組みを越えて、直接に世界の情報と思考の波に包まれている。この現状はたぶんすべてのアジア諸国にとって、あったものを失う過程ではなくて、なかったものを補う機会なのである。

二十世紀を読むことを弾みとして始まった『日本史を読む』は、当然のことながらまた二十世紀を読むことで終わった。進歩史観は信じない私であるが、一巡してあらためて、二十世紀にたどり着きそれを生き延びた日本は幸福だったと思う。少なくとも私にとっては、日本史を読むことで二十世紀を読むことは一層楽しさを増したのだが、それが読者にとっても同じであることを願ってやまない。

恋と密教の古代

斎藤茂吉『萬葉秀歌』二巻　岩波新書　一九三八年
大岡　信『私の万葉集』三巻　講談社現代新書　一九九三―九五年
山本健吉・池田彌三郎『万葉百歌』中公新書　一九六三年
土居光知『文学序説』岩波書店　一九二二年
司馬遼太郎『空海の風景』二巻　中央公論社　一九七五年（中公文庫　一九九四年）

実景を歌った恋歌か、ざれ歌か

丸谷　六六八年、これは天智天皇が実質上、天皇となってから六年後、白村江《はくすきのえ》の戦いで倭軍つまり日本軍が壊滅的な敗北を喫してから五年後ですが、この年五月五日、天智天皇は群臣を引き連れて近江の蒲生野《がもうの》に遊猟した。お節句のお祝いのハンティングですね。天智天皇は四十三くらいだったはずです。

このとき蒲生野で、額田王《ぬかだのおおきみ》と皇太子（天皇の弟）の大海人皇子《おおあまのおうじ》（後の天武天皇）とのあいだで恋歌のやりとりがあった。額田王は以前は大海人皇子の子を生んだ人ですが、いまは天智天皇の後宮に納《い》れられている。

歌は、

　　額田王
あかねさす紫《むらさきの》野行き標野《しめの》行き野守《のもり》は見ずや君が袖振る

　　大海人皇子
紫の匂へる妹《いも》を憎くあらば人妻ゆゑに我《あれ》恋ひめやも

訳は（大岡信さんの訳を借ります。片仮名は枕詞）

アカネサス紫野を行き、御料地の標野を行き、なんて大胆なことをなさるの、野の番人は見とがめないでしょうか、私に袖を振るあなたを。

紫草の根で染めた紫の色、それほどにも美しく照り映える女よ、もしあなたを厭わしく思うなら、人妻であるのを知りながら、どうして私があえて恋することなどあろうか。


私はこれを中学生のころ、一九三八（昭和十三）年、岩波新書がはじまったばかりのとき斎藤茂吉の『万葉秀歌』で読んで、どうも状況がつかめなくて弱った。茂吉は、はっきりとではありませんが、「対詠的」などと評して、遊猟中に野原においての二人のやりとりのようにとらえているみたいでした。どうも、実景を歌った真摯な恋歌と思い込んでいる。私が困ったのは、第一に、衆人環視のなかで袖を振ったりしては危険である。秘密の恋にならない。第二に、遠くにいる相手に歌で語りかけるなんてメガフォンでも使うのか（笑）。あるいは、使いに手紙を持たせるか、それとも口述してその者に届けさせるのか。それで後年、私は、これはその夜、密室で二人きりになって親しくしているとき、日中の二人の情景を心に思い浮かべて、まるで屛風絵に添える屛風歌のように歌を詠んだのだ、と解釈して、ようやく心が落ち着いた記憶があります。

ところが最近、大岡信さんが『私の万葉集』のなかでこの二首を論じて、じつにいい解釈を示しているのですね。

　これはハンティングが終わってからの夜の宴会の席で、二人がふざけて、即興で披露したざれ歌《うた》である、二人の昔の関係はみんなが知ってるから、これで大いに盛り上がったろうというのです。この解釈を裏づけるものとして、二首が相聞（恋歌）の巻にではなく、雑歌（宮廷儀礼の歌）の巻に収められていることを指摘します。そして、ここが大事なところですが、冗談の背後に、昔の恋をしのぶ優しい思い、恋ごころと言っていいようなものがあったかもしれないと言い添える。じつにゆきとどいた鑑賞ぶりです。

山崎　これをざれ歌だと見抜いたうえで、もう一度、優しい恋ごころを読みとったところが、いかにも大岡さんらしいですね。

丸谷　この二首について、宴会の席でのざれ歌という解釈を最初に言い出したのは、戦後に出た池田彌三郎氏と山本健吉氏の『万葉百歌』においてだそうで、その系統を継ぐ説なんですけれども、二人の詩人つまり斎藤茂吉と大岡信が、六十年を隔てて、まったく対立する解釈をしている。日本人の『万葉集』解釈、古代に対する態度の変化をこれほどよく見せてくれる例は珍しいんじゃないでしょうか。

　それに、こういうこともあります。茂吉は正岡子規の直系の弟子で、子規は、例の『歌よみに与ふる書』において、「貫之は下手な歌よみにて古今集はくだらぬ集に有之候」と言った。その貫之をかつて論じて貫之の王位回復をはかったのが大岡さんですから、そういう意味でも辻つまが合ってるわけです。言うまでもなく茂吉は「アララギ」の大歌人ですが、これと対立して敗れ去った「明星」の与謝野鉄幹の弟子である窪田空穂の弟子が大岡さんのお父さんで、大岡さんは空穂を非常に尊敬していますから、いわば鉄幹の曾孫《ひこ》弟子くらいに当たる（笑）。おもしろいのは大岡さんが、「この宴会ではほかにもいろんな和歌が詠まれたろうし、いい歌も多かったろう。そのなかで『万葉集』の編者はこの二首だけを選んで、ほかは全部捨ててしまった。それはこの二首を引き立たせるための工夫である」という意味のことを言っていることです。茂吉にはこういう視点はまったくなかった。

茂吉の写生の強調すなわち十九世紀リアリズム寄りの文学論に対するに、大岡は二十世紀のシュルレアリスムに親しむことから出発した詩人です。茂吉の深刻好きの大まじめに対して、大岡は「宴と孤心」ということを提唱し、つまり宴遊性、社交性と孤独の両者が文学には大事だと説く立場です。茂吉はわが近代文学のロマンチックな個人主義に縛られていて、宮廷詩人柿本人麻呂を論じても共同体の詩人というところはうまくつかまえられなかった。

大岡はそのロマンチックな個人主義文学から脱出しようとしている。その点、彼の連句、連詩への熱中なんか特徴的ですね。茂吉は作者ということしか眼中にないのに対して、大岡にとっては作品とその読者とをつなぐ享受の場としての詞華集を作る編集者、言葉をかえて言えば批評家が、大きく迫って来る。何から何まで大違いです。古代文学に対する日本人の態度はわずか数十年にしてこれだけ違ってしまった。

山崎　そうですね。それを個人主義と言っていいのかどうか。むしろ私は、大正から昭和十年代までの間に、日本の文学が共有した私小説的世界というか、短歌を歌っても志を述べつつ生活の苦しみも訴えるという、流行の空気のなかで斎藤茂吉は語っていると思うんですね。

じつをいうと、古代というのはそんなにくそリアリズムの世界ではなく、むしろきわめて演劇的・祭式的な世界だと語っている人は、洋の東西にいるんです。もっとも有名なのはジェイン・ハリソンで、ギリシア藝術は現実の再現ではなく演劇的な祭祀の再現として生まれたと言っている。つまり詩を考えたとき、一人の人間が実感をもって歌いあげるのが原型ではなくて、むしろ集団の遊びの中から生まれてくるという考え方ですね。じつは日本でも土居光知という東北大学の英文学の先生が、『文学序説』のなかで「『古事記』は直接の歴史記述ではない。歴史についてのお芝居を記述したものである」と言っています。論理はハリソンと同じなんですよ。古代というものを解く鍵としてそういう考え方は、かなり古くからあったと思います。

丸谷　土居光知の『文学序説』は、ギルバート・マリ、ハリソン女史なんかのケンブリッジ・リチュアリストの影響が濃厚なんじゃないでしょうか。土居光知は勉強家だから、きっと読んでいますよ。

時代を代表する茂吉の万葉集

山崎　一方で、そういう世界の知的情況を背景においてみると、斎藤茂吉という人が大正から昭和にかけて占めた、時代を代表する意味が浮き彫りにされてくると思うんです。

丸谷　直情径行というのかな、誠実大好きというのか、「ただ涙流るる」とか、そういうのが好きな文学が、支配的だった。

山崎　それが爺むさく現われると私小説になり、やや雄渾に現われると茂吉の『赤光』や『あらたま』になる。

丸谷　プロレタリア文学にいくと中野重治の素朴の礼讃になるわけですね。それから、滝井孝作が戦後、文藝雑誌の誌名を『素直』とつけたとかね。志賀直哉の小説の書き方も素直をよしとするものがあって、戦前の日本の文学的主張として、素直でないもの、人工的なもの、技巧的なもの、工夫をこらしたものを排除することをもって文学の一番ありがたいところに近づく道だと考えた。

山崎　逆説的ですが、あのころは日本にも明治以来の蓄積が少しずつ生まれて、東京を中心に都市文化が芽生えてきた時代でした。昭和十年といいますと、もう百貨店には冷房があり、ちょっとしたお金持ちの家には電気冷蔵庫やラジオがあり、映画館、盛り場をはじめ都市的な文化が揃っている時代です。

そこで当然のことながら、「それは偽物だ、嘘の生活だ」という反都市主義もいろんな形で出てくる。そのひとつが古代崇敬だったと思うんです。古代文学の特色は「直」である、素直であるという説が流行しますけれども、それを歪曲すれば右翼思想になり、尚武の思想になって戦争にもつながっていく……。

丸谷　茂吉の考え方のなかには、初期万葉が人間の歴史のなかで一番の理想の状態だ、みたいな口調がありますよね。「この時代は、普通の人間が歌を詠んでもこういうふうに言葉を使うことができる、いい時代であった」みたいな。同じ趣向の歌を並べて、「これは万葉でも後のほうだから、後世ぶりになっていていてどうもいけない。品が落ちる」(笑)。過去を崇拝するというのは、批評の手口としてはありうるものでしょう。

山崎　ひとつの類型ですよ。

丸谷　大批評家ですらよく使う手ですから、いちがいに責める気はないけれども、茂吉の場合はそれが極端になっていて、幼稚な感じですらある。

山崎　というより、時代の非常に素直な代表者だったんじゃないですか。

丸谷　論客としての茂吉で具合が悪いのは、すごい剣幕で執念深く言いつのって悪態をつき、自説を通そうとすることと、それから自説のためなら軍国主義的な風潮であろうと何であろうと何でも利用しようとする傾向ですね。でも、それとは別に、自分では『万葉集』を讃美することで時代に逆らっている気持ちもあったでしょう。つまりあの頃、陸軍の軍人と文部省の官僚とが結託して使った万葉の歌は、「御民《みたみ》我《われ》生ける験《しるし》あり……」であり、「醜《しこ》の御楯《みたて》と出で立つわれは」であり、「大君は神にしませば……」だったわけでしょう。万葉の恋歌は、陸軍の軍人も文部省も使わなかった。茂吉にとっては人麻呂の恋歌——恋歌を詠む人麻呂が大事なわけですね。つまり自分と同じわけだけれども（笑）。女が大好きで歌を作る、それが男の本当のあり方だということを、茂吉は主張したかった。ですから、あれは茂吉なりの人間主義的な抵抗でもあったんです。

山崎 それが大変な救いになっていた時期があるんですよ。痛切な記憶ですけれども、われわれの少し先輩たちが学徒出陣で兵隊にとられる時に、唯一許されたのが、『万葉集』の岩波文庫版をポケットに入れていくことですからね。あれは時代追随と反時代精神の、ぎりぎりの接点だったんですね。

丸谷 ひとつには、茂吉の『万葉秀歌』が大評判になったせいで『万葉集』が有名になって、岩波文庫を持って行くことができたわけです。ところで大岡信さんの『私の万葉集』には、当然のことですが、「醜の御楯」とか、「大君は神にしませば」は、はずしてありますね。その点でもはっきりしています。

山崎 『万葉集』はいうまでもなく、三百年ぐらいの時間のなかで作られた歌が八世紀末になって編纂されたものですね。そのなかには当然いろんな要素——古代的な呪術的な歌、統治者の国家鎮護の歌が入っているかと思えば、山上憶良のようなまったく個人的な、「貧窮問答の歌」と「沈痾自哀文《じんあじあいぶん》」ですか、私生活の周辺を歌っている歌もある。だから、どこに目をつけるかで歌集の表情はずいぶん違ってくるんだけれども、私はやはり大岡さんの本の一番いい部分は、大伴旅人を高く評価していることだと思うんです。彼は旅人を憶良と比較して「ロマンチスト対リアリスト」という言い方をしていますが、言葉遣いはともかく、万葉のなかの、あえていえば王朝的なもの、万葉からいえばより近代的なもの——都市的なものと言い換えてもいいんですけれども——を彼が非常に温かい目で見ている。それが大事なポイントだろうと思います。

丸谷　結局、茂吉は狭く、大岡信は広いんですね。(笑)

山崎　まぁ、時代の差だから仕方がないんですけれど。

丸谷　茂吉の狭さを端的に示すものは、『万葉集』のなかでも短歌しか眼中にないことです。茂吉にとって、人間とはすなわち短歌を詠む人なんですよ。短歌以外の文学は、まず相手にされてないいんじゃないのかな。

山崎　そうかもしれません。

丸谷　大岡さんの場合には、長歌も旋頭歌《せどうか》も論じられ、『万葉集』から出ていった俳諧的なものとか歌謡的なものも、すべて眼中にある。詩形とか、詩の格式とかによる差別はないんですね。昔の日本人の文学好きと、今の日本人の文学に対する態度とが、ずいぶん違ってきたなという感じがしました。

鎮魂のための歌集編纂

山崎　それにしても『万葉集』というのは、われわれは詞華集だと言っていますけど、じつはそのなかに劇的な問答体が含まれているし、歌物語の原型もあって、小説の小さな祖型があったり、さらには幼いながら哲学論もちりばめられている。そして、思想からいうと儒教、道教、仏教、それにもちろん日本古来の土着的な信仰、みんな入っているんですよ。

丸谷　それだけじゃなくて、原文で読むと読み方がよくわからないから、パズル集になっているんですね。(笑)

山崎　しかもあれは、かなり昔の段階でもう読めなかったそうですね。

丸谷　そうそう。

山崎　家持はもちろん読めて一義的解釈をもっていたんでしょうが、それから二百年ほどたつと、日本人はもう一度これを解釈し始めるわけですからね。

丸谷　だから一大パズル集。しかも、五七五という五音と七音およびその変形だという手掛かりがあるから、それを頼りにして解いていったり解き損なったり、いろいろできるわけであって、それがなかったら本当に解きようがない。だからヒントつきのパズル集で、むやみにおもしろいんですよ。

それでね、国文学者のなかでは万葉学がいちばん活気があるみたいな感じがする。そのものすごいエネルギーに比べると、たとえば『源氏物語』の研究とか『平家物語』の研究とかは、あれほどムンムン沸き立つ感じにならない。これはやっぱり、パズル的性格が弱いからですよ。（笑）

山崎　なるほど。関係資料の少ない世界ほど多く語れるというのは、古代史学すべてに言えることですからね。（笑）

丸谷　いや、『万葉集』は歌の数が多いから、たとえば『古事記』一冊というのと違ってかなり頑張れる。これは歴史のほうになるけど、『魏志倭人伝』なんて本当のちょっぴりしかないからどうも具合が悪い。（笑）

山崎　それにしても大岡さんの本を読みながらも、あらためて時代の解釈は難しいなと思いました。たとえば憶良が非常に知的な側面をもっている。譬喩や形容をする時に、鼠は二匹、蛇は四匹というふうに数字がたくさん出ている。数でものを考える合理的思考法は憶良においてきわめて特異的であって、「彼は例外的な日本人だった」と大岡さんは言うわけです。しかし、これは家持が編纂したものであり、それまでの過程で誰かが整理、編集したものですよね。それこそ斎藤茂吉流にいえば後世風思想が割りこんできていて、それが合理的な詩人を憶良以外にとらなかったという可能性だってある。すると、憶良という存在をどう読むか。「彼は、日本人には珍しく普遍的な論理の思考法のできる人であった」と読むか、「日本人にも案外そういう思考法は昔からあったではないか。憶良を見よ」とも言えるわけです。

丸谷　それは地と模様みたいな関係で、どっちも言えるけどね。

山崎　それぐらい『万葉集』というのは「テーベス百門の大都」というか、きわめて多面的でしょう。それが日本の古代であったということはおもしろいな。

丸谷　あれが全部滅んでしまう可能性だってあったわけですものね。やはりおもしろいから残ったんですよ。

ところでぼくは、勅撰集のなかの『千載集』は、源平の死者たちの霊を慰める御霊《ごりよう》信仰に基づくものとしてできあがったんだという説をずいぶん前に立てたことがあるんです。幸いなことに、この説はどういう風の吹きまわしか、学界公認の説になったんですよ（笑）。ぼくはその説を立てた後で、そもそも勅撰集が出発点において御霊信仰によるものではなかったかということを思いついたんです。というのは、『古今和歌集』の成立は、菅原道真の死の数年後で、道真の歌が三首入っている。これはどうも道真の霊を慰めるためなんじゃないか、そもそも勅撰集全体が御霊信仰によるアンソロジーの群れなんじゃないか、という気がするんですね。そこから逆に考えて、『万葉集』にもそういう性格はないのかしら。なぜかというと、『万葉集』の初めのところ、有間皇子とか大津皇子の可哀相な歌が、いっぱいあるでしょう。『万葉集』の巻二を見ると、もう本当に鎮魂の歌集だという感じがする。帝位争奪に明け暮れ血で血を洗う天皇家の争いを反映した、その霊を慰めるために作ったというところが、『万葉集』の巻二には濃厚にあるような気がするんですね。

そしてさらに言えば、『万葉集』の防人の歌のなかのかなりのものは、白村江の戦いその他での戦没者の作ではないかという想像もできます。たとえば巻十四の東歌。

大君の命《みこと》かしこみ愛《かな》し妹が手枕《たまくら》離れ夜立ち来《き》のかも

『柿本人麻呂歌集』にあったと注があるんですが、これなんかはそういう兵士の作に人麻呂が手を入れたものかもしれない。そこで、『万葉集』には、『古今集』『千載集』に現われる宗教的動機の萌芽があったんじゃないか。御霊信仰は平安時代になってから始まったから、『万葉集』については言及されないけれど、御霊《ごりようえ》会が始まってなかったからといって御霊信仰がなかったとは言えないと思うんですね。御霊会は宮中の催しだから、国民の民間信仰としてはすでに十分にあったろうという気がする。

山崎　故人の霊が祟る、その祟りが火事か疫病になって現われるという考え方は、明らかに平安京以後のものですね。都市的規模が大きくなり、火事と、とくに疫病はつきものになる。だから疫病鎮護のための祭りがその頃から生まれてきますね。同時に、ある種の個人主義が広がって、一人の特定人間の霊が祟るという考え方がはっきりしてくるのは桓武帝の時代、早良《さわら》親王の死からでしょう。菅原道真も、当然それを原型にして考えられたものだと私は思います。

丸谷　そうです。

山崎　明快な御霊信仰は『万葉集』にはなかったでしょう。ただ、これは別の機会に丸谷さんと語り合ったことですが、敗者を祀る、もっと言うなら自分が滅ぼした当の相手を祀って、それを自分の力にするという考え方はかなり古くからあった。大友皇子（天智天皇の息子、壬申の乱で叔父・大海人皇子に敗れて自殺）の歌が記録されるというのは、当然、生き残った勝者が敗者の霊を慰めているわけですね。その程度のプレ御霊信仰というようなものはあったでしょうね。

ある意味では日本の古代の物語もそうですね。主人公はたいてい敗れた皇子です。殺されていなくても、『源氏物語』の主人公は、帝にはなれなかった皇子。在原業平は阿保親王という政治的敗者の息子であったからこそ、恋の英雄として『伊勢物語』の主人公になる。そういうふうに物語や歌で救ってやるという考え方は、私は明らかに『万葉集』にあったと思います。

丸谷　後世の御霊信仰の母体というのかな、鎮魂の行為みたいなものが万葉編纂の意図のなかにあると考えることができれば、私としてはそれでいいんです。そして、こういう鎮魂のための集とか歌とかいう把握は、「アララギ」系の藝術主義的理念にはどうもなじまないものでした。もちろん「明星」系にも縁遠いものだったけれど。このへんになると、大正時代には、もう折口信夫にしかわからなかった。そして折口信夫だって、しんと静まり返っていて闇が本当に深い古代、鳥がいっぱいいてその鳥がみな人間の魂である古代を擬似的に体験するためには、人里離れた山中を何日もさまよい歩いて死にそうな目に遭ったりしなければならなかったんでしょう。

『万葉集』から空海へ

山崎　話を広げますけど、私は八世紀末という時代に非常におもしろい現象が起こったと思うんです。万葉の編纂年代については、いろいろ議論がありますけれども、ほぼ八世紀後半として間違いないでしょう。

丸谷　まあ、そうでしょうね。『古事記』も八世紀。

山崎　そうすると、ほぼ年を経ずして空海の『三教指帰《さんごうしいき》』が書かれ、やがて日本密教が全盛期を迎えます。だから、八世紀末というのはちょうど『万葉集』から空海へ――『万葉集』から密教へという移り変わりなんですね。それをどう読むかですが、日本の歌は一方で呪術的な力をもっていて、それこそ国褒《ほ》めの歌があり鎮魂の歌があり、丸谷説によれば恋愛歌も豊饒呪術の一部であったかもしれない。他方、そういう機能と同時に、とくに大伴旅人や人麻呂の歌に現われていますが、歌が世俗的な社交の道具であったこともはっきりしているわけです。額田王と大海人皇子の冒頭歌などは、まさに社交の藝術ですよね。

丸谷　そうです。

山崎　そういう二重性をもってきた歌が、私は『万葉集』の編纂をもって一段落したというふうにみるわけです。御霊信仰という新しい都市的な鎮魂の意味は歌に添えられますけれども、歌そのものは必ずしも鎮魂の歌ではない。つまり、歌はとくに平安後期に、社交の道具としての性格をより強めていく。呪術的な要素は残しているかもしれないけれど、表向きは少なくとも社交の文化になっていきますね。

丸谷　読者のために言い添えれば、社交の段階の次には藝術の段階が来るわけですね。

山崎　ええ、それが近代ですね。いまはその前段階を話しているわけで、その呪術がなぜ歌の表現から消えていったのかという理由なんですが、ここに私は密教というものの出現があったと思うんですね。

じつは、密教は非常に多様な面をもっていて、一つには世界を説明するイデオロギー体系としての壮麗な性格がある。大日経《だいにちきょう》と金剛頂経《こんごうちょうぎょう》、いわゆる両部《りょうぶ》といいますけれども、それで形而上学と認識論の両方を図式化する。これは文字どおり図式化するので、胎蔵界曼陀羅と金剛界曼陀羅というそれぞれの説明図が描かれてます。世界と人間の精神をそういうふうに体系的図式として見る面があって、それから他方には、『空海の風景』を書いた司馬遼太郎さんの言葉を借りていえば、「自分が風について説明するのではなくて、自ら風になってしまう」というような呪術的な性格との、両面がある。密教がインドから中国に入ってきたときに、非常におもしろいことですが、密教の当面の敵は道教だった。これは呪術の能力の問題なんです。道教はもちろん古い歴史をもっていますが、唐の初めには真っ向から密教とぶつかり合う。どちらが効験あらたかであるか、皇帝の前で競うという場面まであったらしいですね。

空海の先生は恵果《けいか》ですが、恵果の先生の不空というインド人は、現実にだいぶ目晦ましのようなこともやってみせたらしい。やらなければとても道教に勝てないわけですね。そうした呪術的な側面は密教に非常に強くて、いまも比叡山でも高野山でも護摩焚きが行なわれている。そこからさらに邪道が出て、『平家物語』に真言立川《たちかわ》流などという淫祠が現われますけれども、同時に人を呪い殺したり、安産を祈ったりという非常に現世的、功利的な宗教です。

丸谷　後醍醐天皇はあれに凝ったんですってね。

山崎　有名な話ですね。そういうものが一方で壮麗な体系をもって、上流社会の中に入り得る。非常にうまい仕掛けだったと思うんですよ。その昔も雑密《ぞうみつ》とか、日本固有の呪術師はたくさんいたと思う。山上憶良の歌に出てきますが、自分の死生観を思いわずらい、占師のところに行ったけれどいっこう効き目がなかった、などと書いています。そういう宗教のもつ効果を一方で求めながら、インテリはどうも説明が欲しい。その両方を持っているのが密教だった。だから、密教が確立していくと同時に、ちょうど万葉が結集したというか終わったのは、非常に象徴的な時代の転換期だったという気がするんですよ。

もちろん密教というものは、後で申し上げますけど世界普遍の哲学だった。たんに中国から輸入されたものじゃなくてインドから来ていた。当のインドではすぐ滅びてしまいますから、要するにこれは故郷なしの普遍的な思想なんですよ。そうだけれども、それを受け入れたときの日本人の感覚には、かつての雑密とか占師の類が感じていた、自然の生命感というようなものが器になっていたと思う。

それにつけて思い出すのですが、おもしろいことに、仏像の歴史の中でちょうど天平から貞観にかけて大転換が起こったというのが、日本美術史の定説なんですね。簡単に言えば、白鳳、天平の仏像は古典主義的で均整がとれて、求心的な力が働き、静謐だった。典型は東大寺三月堂の日光・月光菩薩像に現われた姿です。素材は乾漆で、日光・月光の場合はとくに芯のない脱活乾漆なので収縮するんですね。原型の上に麻の布を貼りつけ、漆で固めたうえで中の芯を抜く。漆ですから非常に丈夫な張りぼてで、素材のもっている力もあって収縮するから、非常に静かな内省的な像になってくる。

丸谷　あ、そうか。

山崎　もちろん作者の意図もありますけれども、素材のもつ力が非常に大きい。小説における文体のごときものです。ところが、それがやがて木芯乾漆に変わっていくんです。脱活の場合、芯はたぶん泥でしょうが、それをなぜか木材でつくり、そこに麻と漆を貼るようになる。木というのは、つまり日本の素材ですね。

脱活乾漆の技術は、韓国を経由して中国から入ってきている。金銅仏もそうです。それに対して、木芯に日本が出てくる。やがて木芯の上の乾漆を取ってしまって木材そのもの、一木彫りの仏像が出てくるのが平安朝で、それが密教仏像なんです。典型的なのは高雄の神護寺《じんごじ》の薬師如来で、実に力感と生命感に溢れて威圧的なんですね。衣にしても波が翻るがごとき翻波《ほんば》式というのが出てくる。両腿の部分なんて、木目が浮き上がって外へ張り出している。そこに私は、日本にあったごく素朴な民衆レベルの「聖樹崇拝」というか、内発的な自然崇拝を感じます。

それが、密教仏像として公認されていく過程で、普遍的な解説を加えて体系化を行なう、儀軌《ぎき》というものを——英語で言うとアイコノグラフィー、つまり菩薩なら何を身につけ、如来ならどんな顔をしているという規則ですね——それを密教から、つまり世界から学ぶわけです。世界の普遍と日本の土俗とがみごとに直結しているのが、密教だという気がします。そういう意味で、つくづく八世紀というのはおもしろい時代だったと思います。

唐に成立した「世界文明」

丸谷　結局『万葉集』の時代が終わって、百五十年か二百年たって『古今集』の時代になるわけですが、あの休止は、非常に意味があったなという気がするんですよ。もし途中で和歌のアンソロジーを作っていたら——作りはしなかったわけだけれども——きっとうまくいかなくて、休んだからこそとても洗練された形で新しいものが出てきた。断絶ではなくて洗練化している形で。だから、あそこで日本精神史は非常に大きな展開をしたんです。それを山崎さんは、仏教との関係で考えるわけですね。

山崎　そうですね。その切れ目が何であったのかは、まだよくわかりません。

丸谷　ぼくもわからないんだ、あれは。あの間に漢詩に夢中になっていてとか、「国風暗黒の時代」とかみんな言うけれど、それだけではアンソロジーが作られなかった事実を別の言い方で言っただけの話であって。

山崎　しかもその間に遣唐使廃止があるわけでしょう。その辺には非常に屈折したものがあったという気がしますね。

丸谷　なにかあったんだろうと思いますね。ただし、正岡子規以来の考え方では『万葉』と『古今』以下の八代集とのトーンの違いを強調して、持続的な面、伝統継承の面をことさら無視というか、軽視しようとしてますね。あれは『万葉集』を自分たちがおこなう文学革命の先輩として見立てるための作戦だった。その点、大岡信さんは『万葉』と王朝和歌との相似のほうに注目していて、こっちのほうがむしろ穏当じゃないかな。

山崎　切れ目ということを考える上で少し視野を広げてみますと、『万葉集』が作られるほぼ百年前から、『万葉集』が作られて五十年ほど後までのちょうど百五十年間が、アジア文明史における奇蹟のような例外的時代であったと、私は思っているんです。この期間にアジアというものが成立しかけて、遂にそれは生まれなかった。

丸谷　山崎理論の例のアジア論ですね。

山崎　私はかねて西洋文明というものがあったような意味で、アジア文明はなかったと考えてきました。それぞれの国家文明、あるいは民族文明はあったけれど、アジアを一貫して包むような傘になる文明がなかった。

丸谷　統一的、調和的な性格のものがなかったということですね。

山崎　ええ。具体的にいうと、西洋ではユダヤ・ヘレニズム的文明、簡単に言ってしまえば、ローマが担ったキリスト教が傘になっていた。それが西洋をなぜ包み得たかというと、本家本元が滅びたからなんですね。アンリ・ピレンヌというベルギーの有名な歴史学者が、西洋が成立したのは、八世紀のカロリング朝の時代だったと言っています。偶然ですが、『万葉集』と密教の時代です。それはどういう時代かというと、私に言わせるとラテン文明、もっといえばキリスト教文明を支えてきた民族——ギリシア人もユダヤ人もローマ人そのものも——もうどこにもいない。ローマ人はイタリア人になったし、ギリシア人は田舎の人になり、ユダヤ人は世界中に分散して、むしろ差別された。偉大なる文明の産みの親が全部力を失い、文明だけが一枚の傘のように虚ろな骨に支えられて広がっているわけですね。その結果、大きな傘の下にさまざまなナショナリティが共存する文明構造ができた。これを、私は「世界文明」と呼ぶわけですけど、そういうものは、アジアになかった。

問題はただひとつ、中国民族がずっと生き延びて、あの巨大な地域を民族主義で運営してしまったことです。西洋では、早い話が英国人がラテン文学について立派な論文を書き、ギリシア美術の研究者がドイツ人だったりするのは、当たり前のことですね。しかし、日本の儒者は一人として中国の儒学研究者に影響を及ぼしていないし、空海、橘逸勢《はやなり》、嵯峨天皇以来、日本で生まれた立派な書家が中国人に影響を及ぼしたことも一度もない。日本だけではなく韓国、ベトナム、アジアのすべての国々が中国文明の影響は受けましたけれども、一度としてその傘の中でひとつになったことはない。これが前提です。

　ところが、七世紀から八世紀にかけてのごく短い時期に、アジアには世界文明がきわどく成立しかけた。それは何かというと仏教です。仏教がインドで発して中国に及んだのはじつに古く、紀元六〇年にはもう漢の明帝が仏教を求め、漢訳のお経も生まれています。しかし、このあと中国では、一八〇年頃になると道教《タオイズム》が体系化され、古くからの儒教も強力にある。道教・儒教対仏教という、民族文明と普遍文明との争いが続いて、勝ったり負けたりが続きます。

　一方、仏教は四世紀の終わり頃に高句麗に伝えられ、有名な五三八年、日本に公に伝えられたとされています。仏教は、どんどん広がっていくんですが、すでに五世紀（四四六年）に、北魏で排仏が始まる。おそらくは嘘だと思いますが、三百万人の僧が還俗させられた。

丸谷　ハッハッハ。

山崎　六世紀（五七一年）にも北周で排仏が起きて、この時は「儒先・道次・仏後」という配列を皇帝が下している。日本で飛鳥寺ができるのが五八八年ですから、ほとんど十五、六年違いですね。ちなみに聖徳太子が法隆寺をつくり、小野妹子が遣隋使として中国へ行った頃、マホメットが生まれ、グレゴリオ聖歌ができています。そういう状況のなかで、六一八年に唐が成立した。この唐というのが不思議な帝国だったと私は思うんですね。中国的でありながら、一方で極端に開放的で国際的だった。

丸谷　包容力がすごいんですね。

山崎　例外的にすごい。ちなみに大化改新が六四五年、柿本人麻呂が活躍したのが七世紀の終わりですから、その頃、唐はまだ出来たての政権なんですよね。われわれは唐というと非常に昔にあるような気がするけれども、隋が日本と触れた最初の中国で、その次が唐。その出来たての唐で道教と仏教が争って、有名な話ですが則天武后が「仏先・道後」、仏教が先で道教が後だと初めて言った。

丸谷　ほう。

山崎　ずっとくだって八四五年に唐の武宗が、また排仏をやる。長安に有名な大慈恩寺が建てられ、今も残る大雁塔《だいがんとう》が建設された七世紀中頃が唐仏教の最盛期で、そこから約二百年弱、八四五年頃まで、唐は本当に普遍世界だった。つまり、中国人自身が道教や儒教よりも、インドから来た仏教を信じていたんです。おまけにネストリウス教あり、マニ教あり、ゾロアスター教あり、これが長安の町にひしめいていた。

参考までに言いますと、当時長安は人口二百万、同じ頃、日本の総人口は約六百万、それで、その二百万の都市のなかに、四千人のウイグル系あるいはアラブ系の商人・金融業者がいた。

中国というのは一貫して民族主義であって、強力な影響力はもったけれども、決して普遍にはならなかった。しかし、この二百年足らずの間だけ、仏教というものを信じて普遍になったんです。しかも、中国に密教が伝わったのは恐ろしく遅くて、七二〇年にナーランダという町から金剛智という中国名のインド人が長安にやって来て、恵果という中国人に密教を伝えた。そして大日経が漢訳されるのは七二五年、すでに八世紀の初めで日本は『万葉集』の大部分の歌を完成している、という時代です。で、そこへ空海が行く。空海は驚いたことにどうやら恵果の唯一の弟子なんですね。

丸谷　唯一なの？

山崎　司馬さんによると、唯一なんですって。ともかく唐が習ったまっさらのものを日本は直接に受け止めた。だから、当時の中国接触を明治時代の西洋との接触と比べるのは間違いで、ひょっとすると、たとえば二十世紀後半にアメリカで新しい技術が……。

丸谷　半導体とか？

山崎　そう。半導体が出ると日本がすぐ先を行く。しかも、半導体はアメリカ人ではなくてオランダ人が発明した。そういう関係に近いですね。そこに私は、この時代の日本人の幸せがあったなという気がするんです。

これは司馬遼太郎さんの『空海の風景』のなかに出てくるんですけれども、日本が隋に遣隋使を送ったときの国書のなかで、隋の帝王に「あなたは菩薩天子である。仏教の交流を行なっておられるから朝貢するのである」（『隋書』「倭国伝」）と言ったそうです。

中国の皇帝だから朝貢するんじゃないんですね。「君は普遍性を信じているらしい。だから、敬うのだ」と。

丸谷　なるほど。

山崎　つまり、「君だって外国人の宗教を信じているではないか。平等だよ」という意識なんですね。こういう文脈のなかでみると、例の聖徳太子の「日出づる処の天子、書を日没する処の天子に致す」というのは、ただの偏狭なるナショナリズムではなくて、「君のとこだって、どうせ仏教はよそから借りてきているじゃないか。お互いに仏教という普遍思想の下にいるんだから、まあ対等だよ」という意識も加わっていたかもしれない。

丸谷　それは新解釈だなぁ。つまり先進国対後進国という局面も、そうでない局面もある、そういう二重の構造を山崎さんは考えているわけですね。

山崎　フランスからシャンソンを習ったごとく、日本人は漢詩を勉強して『懐風藻』も作る。しかし、『万葉集』を歌っていた心の底には、フランスをつき抜けて普遍的な「近代文明」を見ていたような精神があったんです。

任那の日本府の謎

丸谷　それと関係があると思うんですが、僕は日本古代史について、かねがね不思議でたまらないことがあるんですね。

それは朝鮮と日本との関係で、日本は七世紀の半ばまで、朝鮮をお手本にして国家を形成しようとしてきました。つまり、白村江の大敗までですね。この敗戦の前も後も、渡来人がやって来て日本の文化を豊かにしたとか、その渡来人がやって来るにあたっては、任那の日本府というものがある、とよくいわれていますね。ところが、その任那の日本府がどの程度の面積と性格をもつものなのか、よくわからない。もし任那の日本府が、古い通説でいわれるように植民地であったとするならば、日本は国家としてまだあまりさほど体をなしていない時に植民地をもっていたわけですね。文化的な師匠である国に後進国が植民地をもっていた。

山崎　まあ、そうですね。

丸谷　ぼくは、これはやっぱりおかしいと思うのね（笑）。普通スペインにしろオランダにしろイギリスにしろ、国家としてしっかり体をなして、その上で植民地があるものじゃないですか。宗主国は大体、文化的に上なんですよ。さらに、任那の日本府は大和の政権ではなくて別の日本の地方政権の出張所みたいなものだったという考え方もあるらしい。しかし、その程度であったとするならば、「天智天皇二年（六六三年）三月、倭軍二万七千新羅を討つ。八月二十八日、白村江の戦い、倭軍大敗」――これ、二万七千人が負けたわけですね。戦死したでしょう、ほとんど。

山崎 大変な数ですよ。あの頃の日本には六百万しか人口がなかったとするとね。

丸谷 とすると、日本の地方政権が、朝鮮とは任那の日本府にちょっと事務所を置いていた程度の関係であるのに、なぜ二万七千人も七世紀に征かなきゃならないのか、ここがよくわからない。

山崎 ……わかりませんね。

丸谷 任那の日本府は、もっとずっと前の関係ですけれども新羅との関連がやっぱりあるだろうと思うんですよ。

山崎 その辺はきわどいところだし（笑）、事実についての実證的知識のない人間としては発言しかねるんですけど、それとの関連であらためて思うことは、遣唐使というのは大変な船旅だったんですね。

丸谷 そうそう。

山崎 博打みたいなもので、当たれば向こうへ着くけれども大半は死んでしまう。しかし、考えてみれば任那に二万人も行けたんです。だったら、なぜあの通路を通って、つまり……朝鮮半島経由で遣唐使を送らなかったのだろうか。無理やり海を渡るというばかなことをなぜあえてしたかというのも、大きな謎なんですよ。

丸谷 それは、考えたことなかった。

山崎　日本の造船技術が後れていたこと、のみならず航海術も知らなかったことは、広く知られています。司馬さんは罵倒していますけれども、季節風に反して行くんですね。夏は向こうから風が吹いてくる。その時に出帆するから押し返されるのはあたりまえだ。秋まで待てばちゃんと向こうへ着いた。そういう知識もないのに無理やり行ったんです。なぜなのか。あえて言うなら、日本は朝鮮半島を外国とみなしていて、そこを通って行くことは避けた。唐に直接出したい。「自分は直接普遍につながっている」と思いたかったんじゃないかしら。

丸谷　そうかもしれない。とにかく、朝鮮とそんなふうに非常に妙な関係をもって、その関係で知識人および技術者を主とした渡来人が非常に多く来て、日本文化は未開な状態から開化した状態に移った。朝鮮からの渡来人の力によるところが決定的だったろうとぼくは思うんですが、その日本文化は朝鮮の渡来民のもってきた儒教的なものを、本質的なところでは排除しつづけたわけです。

山崎　そうですね。

丸谷　いちばん決定的なのは、恋歌中心の文化――つまり万葉の恋歌の相聞の部分を日本人が頑強に守りつづけたことです。儒教文化からみれば恋愛詩は非常な劣位にあって、格式の高い、権威のあるものじゃない。恋愛というのは公に認めるわけにはいかないものだった。ところが日本文化はそれを大々的に、しかも天皇家を中心として認めつづけたわけですね。ここのところが非常に不思議である。

山崎　かつて伺った丸谷さんの説によれば、それが豊饒信仰なんでしょう？

丸谷　それは間違いじゃないと思う。儒教文化がやはり日本人には薄かったからだと。それは豊饒信仰と裏表になりますね。

山崎　だから、「籠《こ》もよ　み籠《こ》持ち」という有名な万葉の歌を見れば、あれは野の草を採りに行く、たぶん薬草狩りだと思うんですね。薬草狩りの思想は、当然、道教的なものにつながっています。それからもうひとつ、日本の本来の——というより普通の民族が本来もっている生殖への崇拝、呪術的願望は当然あったと思いますね。

丸谷　ちょっと言い添えます。『金瓶梅』に、「北の女は春になるとブランコに乗るが、南の女は三月に草摘みをする」というのがありました。日本の宮廷は「籠もよ　み籠持ち」であって、どうも南方系らしいんですね。

中国を超えた恋愛文化

山崎　その二つに加えてあらためて言いたいのは、仏教はインドに始まっていますから、色恋というものを根本的に認めている。その点で儒教とは非常に違います。だって、有名なカジュラホの歓喜仏——性交の百態を堂々と石彫にして残すという文化がインドにあって、これがとくに密教系の仏教によって入ってくるんです。密教のなかにはかなりそういう要素があって、だからこそ邪教だけれども立川流ができるわけですからね。一理あるんですよ。（笑）

丸谷　中国文明史のなかに玄宗と楊貴妃との恋愛があるでしょう。玄宗は息子のお嫁さんである楊貴妃を奪ったんですってね。玄宗は異民族出身の帝で、必ずしも儒教の倫理によって生きているわけではない。だから、あの恋愛はあれだけ熱烈になる。

山崎　なるほどね。

丸谷　しかもそれを日本人が――ここから先はぼくの説です――つまり紫式部があの説話にものすごく刺激されて、『源氏物語』はそこから始まったわけです。儒教倫理を意識してそのタブーを破るというところに紫式部は興奮したわけね、おそらく（笑）。そして唐の軍勢が玄宗に対して、楊貴妃を殺すことを要求したのは、たぶんこの儒教的倫理への背反に対して怒ったせいじゃないでしょうか。どこの国でも軍部は保守的なモラルで結束しているんです。だから、タブー破りによる恋というのは、山崎さんの説による一種の普遍的なものですよ。

山崎　仏教徒はおおらかなんです。道教にも性的秘術があったらしい。そういう説話が儒者についてては生まれないということを、私は指摘しておきたいだけです。額田王だって儒教的観点からいえばめちゃくちゃな人ですよね。

丸谷　いや、あの頃はそういうところはのんびりしていたのね。

山崎　それは否定しないけれども、たんに日本が古拙であったがゆえにのんびりしていただけのことではないと、今日あらためて言いたいわけなんですよ。

丸谷　いやいや、ぼくが「のんびり」というのは、万葉の時代には女性中心的性格が非常に残っていた、一見、男の都合のごとくに見えながら、じつは女の都合を非常に優先していた文明だったと思うんですね。その女系家族的なもの、女性中心的なものの残し方という点でも、朝鮮からの新しい制度・技術の続々の到来にもかかわらず、日本人は残した。これは恐ろしいことでしてね、日本は妻問い婚的なものを平安時代まで残していたわけですよ。妻問い婚を残し、恋歌のやりとりを残し、風俗は中国文化と決定的に違っていた。中国文明的なものの到来を、表面のところでは受け入れ、芯のところでは拒否するという、この二面作戦。これが、ぼくは日本古代のいちばんわからないところですね。ちょうど、今のアメリカ人が、日本人は近代化という点ではアジアの模範生なのにどうして芯のところでひどく頑迷で、アメリカみたいにならないのだろうと思っているように、昔の中国人は、もし彼らが日本について関心があったら、中国文化と日本との関係について不思議がったでしょうね。彼らは自分の国にしか関心がないから、こんな感想、抱かなかったけれど。(笑)

山崎　もちろん、民族文化としての中国の影響というのは非常にあった。しかし、それと同時にわれわれが区別しなきゃいけないのは、中国から来たけれども中国をも超えた、普遍的なものがあったということです。

たとえば漢字が入ってきた時に、日本人は生まれて初めて文字というものを知ったのかもしれません。しかし、それはたかだか翻訳語じゃないか、もとにはサンスクリット語というものがあって、それを漢語に訳したんじゃないか。それならそれを道具に使って、万葉仮名にしてしまえという感覚が一方にはあった。他方で「待て待て。漢字は中国固有の民族文化の結晶だから、これで漢詩を作ることを大事にしよう」という人たちが、『懐風藻』を作った。同一人物のなかに両面があったこともちろん否定しません。ただ、一方にそういう突き放せるものが日本人にはあったんです。

丸谷　あったんでしょうね。

山崎　その意味で、仏教と一緒に漢字が入ってきたことは稀有の幸運でした。もしも儒教とだけ結んで入ってきたら、これはもう平伏するしかないわけですよ。ある民族文化が圧倒的優位で入ってくるわけですから。そうではなかったところが大変な救いだった。

丸谷　なるほど。

山崎　もっと空想を逞しくすれば、遣唐使を廃止したこともそうですね。もちろん、臆病というのがいちばん大きな要素だったと思いますよ、あの海を越えるのは怖いですからね。それから、唐が乱れた、中国自体に政治的混乱があったこともあるでしょう。しかし、私はあえて珍説として申し上げますが、原因は唐が排仏をやったことが大きかったかもしれない。つまり、中国はたかが民族文化に戻ってしまったから、日本は「もういいよ」と切り捨てた。

丸谷 おもしろいな。いい線かもしれない。そして山崎さんの言う、中国を超えた普遍的なものというのは、日本の場合、色欲の肯定、恋愛文化ですね。その点では西洋文化にかなり近かった。

山崎 まあ、私のはひとつの珍説ですけどね。ただ念を押しておきたいのは、要するに杜甫も李白も、人麻呂より後の人なんです。白楽天は『万葉集』より後の人。つまり、杜甫を知った時には、日本にはもう人麻呂がいたんですよ。

丸谷 そして、杜甫、李白ではなくて白楽天が大事だったわけね、その次の日本人にとっては。

山崎 そうそう、『白氏文集』です。しかし、白楽天だって当時の日本人には、明治人にとってのシェイクスピアやゲーテではなくて、せいぜい丸谷さんにとってのソール・ベロー程度の存在だった。

丸谷 中晩唐の詩人たちの漢詩を集めた『三體詩』というアンソロジーが、日本人にとっての支配的な漢詩の集だったわけです。それが、江戸になった時に『唐詩選』という盛唐の詩を集めた詩に変わりました。で、『唐詩選』のほうは武張って勇ましい。ところが中晩唐の『三體詩』のほうは浮華軟弱というのかなあ、非常にそういう趣味のものであって、『三體詩』の趣味と『古今集』にはじまる八代集の趣味、これが日本文化の基本をつくったんですね。

山崎　それは、次章のテーマですね（笑）。もうひとつ年表的なことを言うと、八〇九年に韓愈という人が四門博士になって儒学復興を行なう。そして八四五年には武宗の排仏が行なわれる。ですから唐の国際性というのは、本当に奇蹟のような短期間なんです。あらためて思うことですけど、日本人というのはいつも早業ですね。実際に漢字がいつ入ってきたかはなかなか同定しにくいけれど、まあ四世紀あたりで入ったと考えて、三百年でさっさとサロン文化まで作りあげてしまったんですからね。

丸谷　いや、すごい才能ですよ。なんといっても『古今集』『源氏物語』、あの二つをみると本当に驚くべきものです。

山崎　これは大岡さんのひとつの大きな業績だと思いますけれども、大伴旅人の大宰府でのサロンの歌を、彼は非常にきれいに美しく紹介してくれているんですね。これがおそらく平安朝の文学の原型にもなるし、ひいては芭蕉の連歌につながるんでしょうね。

丸谷　大伴一族の歌を読んでて大事なことは、一夫多妻制度だったんですね。

山崎　その頃は、みんなそうじゃないですか。

丸谷　そうなんだけれども、みんなが非常に文学好きな一夫多妻制度だから、女たちは歌で男を刺激しようとして競いあうし、男は女たちの一人ひとりを歌で機嫌を取ろうとするし、華やかなことになったんですよ。一夫一婦制だったら、あれほど歌はできなかったんじゃないかしら。（笑）

山崎　それは、新説です。（笑）

丸谷　国文学者が誰か言ってなかったかな？　これほど露骨な言い方じゃなくて。（笑）

山崎　いや、ある時期、少なくとも平安中期にさしかかると、日本人は歌を作らないと恋をしたという実感、あるいはセックスをしたという実感すらもてないんですね。おもしろいと思うのは、例の『伊勢物語』のなかの「君や来し我や行きけむ思ほえず夢か現か寝てか覚めてか」。現に前の晩、二人は寝ているんですよ。

丸谷　それは、そうですよ。（笑）

山崎　でも次の朝、この歌を作らないとおさまらない。（笑）

丸谷　つまり、色事は後朝《きぬぎぬ》の歌によって完了する。

山崎　そういう感覚がいつ頃からヨーロッパに出てくるか、と思って振り返ってみてもよくわからない。ヨーロッパの恋愛詩の基本的な原型は、もちろんトゥルバドゥールの昔からあります。それから、恋をするために恋文を書いて、そこに美文をちりばめる、これもありました。ところが後朝の歌がジャンルになった様子はない。

私が思い出すのは、二十世紀のジュール・ルナールの『別れも楽し』という戯曲のなかに、いい場面があった。いま、女性の懐のなかから抜け出して来て、どこかのカフェに飛び込んで、そこで後朝の感動を手紙に書く。すると、大理石のテーブルの上で字を書くので、手の熱が次第に吸い取られていくという感覚が書いてある。これはなかなかいいでしょう。

丸谷　それはね、西洋人は二十世紀になったときに、ようやくわが平安朝の段階に達したんです。（笑）

山崎　突然、国粋主義者になった。（笑）

丸谷　だって、西洋人は二十世紀になって翻訳が出て初めて『源氏物語』がわかったわけだから。

山崎　だから、本当に……漢民族が民族主義に走らないでいてくれたら、アジアはもっともっとおもしろい世界だったと思いますよ。

丸谷　そうなんですね。つまり、唐のような国際的な帝国がもっと続けばよかった。

山崎　そういうことです。民族主義でなければいい。春秋の筆法をもってすれば、そういうふうに中国人を民族主義化したのは周りの蛮族であったのかもしれないけどね。

　でもね、繰り返し年表をあらためて眺めてみると、大雁塔ができてからちょうど百年目に大仏開眼、中国が仏教を退治している頃に、空海は、『十住心論《じゅうじゅうしんろん》』を書いて、ここではじめて大日・金剛の両部を統一した。普遍は、辺境日本において実ったんですよ。

院政期の乱倫とサロン文化

角田文衞『椒庭秘抄　待賢門院璋子の生涯』朝日新聞社　一九七五年（朝日選書　一九八五年『待賢門院璋子の生涯　椒庭秘抄』）
同　『日本の女性名』三巻　教育社　一九八〇—八八年
朧谷　寿『藤原氏千年』講談社現代新書　一九九六年
丸谷才一『恋と女の日本文学』講談社　一九九六年
高坂正顕『歴史哲学』（高坂正顕著作集1）理想社　一九六四年
五味文彦『院政期社会の研究』山川出版社　一九八〇年
アイリーン・パウアー　中森義宗・安部素子訳『中世の女たち』思索社　一九七七年

白河法皇と待賢門院璋子

丸谷　日本歴史には、私が前まえから気にかかっている院政というものがあって、どうもなんとなく釈然としない。そこで、かねがね私が注目している二冊の本、角田文衞さんの『椒庭秘抄《しょうていひしょう》　待賢門院璋子《たいけんもんいんたまこ》の生涯』（朝日新聞社）と、五味文彦さんの『院政期社会の研究』（山川出版社）を参考にして、考えてみました。

　まず『椒庭秘抄　待賢門院璋子の生涯』を紹介しましょう。「椒庭」とは御殿という意味で、鳥羽天皇のお后であった璋子さんの伝記なんです。この方は白河法皇の愛人として有名な祇園女御《ぎおんのにょうご》の養女でありまして、権大納言、藤原公実《きんざね》の娘として生まれましたが、祇園の女御に子がないために、ごく幼いうちから養女になったのです。白河法皇はこの人を異常なくらい可愛がりました。ずいぶん美人の赤ん坊だったらしい。で、昼間のうちから法皇が添寝して、彼女が法皇の懐に足を入れて寝ている、なんて恰好であった……。

山崎　日本最初のロリコンですね。（笑）

丸谷　一一〇五（長治二）年に法皇は五十三歳、璋子さんは五歳です。約五十歳違い。この五十歳という年の差は頭に入れておいてください。この翌々年、嘉承二年に白河法皇の完全な独裁権が確立したのだそうです。璋子さんの初潮は一一一三(永久元)年十三歳の年のことと推定されています。

法皇は、璋子と藤原忠通《ただみち》(権中将)――父親が関白忠実《ただざね》――との縁組を考えたんですが、父の関白忠実はあれこれと引き延ばして反対しました。そこで上皇はやむをえず、璋子を鳥羽天皇(堀河天皇の子で、白河法皇の孫)の后にしようと方針を変えました。ところが、ここにおいて忠実はその日記に璋子について「奇怪なる聞え」「凡そ種々聞えあり」「実に奇怪不可思議の人」「乱行の人」などと書きつけ、この入内を「日本第一の奇怪事」と評した。

これは璋子が、備後守・藤原季通《すえみち》と密通しているし、また権律師《ごんのりつし》、増賢の童子とも関係があることを言っているんですが、しかしこの忠実は、法皇が子を生ませた源《みなもとの》師子《もろこ》(正確な読み訓は不詳)をみずから進んで妻に迎えたような人物であって、この時期の宮廷の性的道徳は非常に寛容であった。したがって、その人物がこのように酷評するのは、藤原季通、増賢の童子との関係ではちょっとおかしい。もっと別種のよほどのことでなければ、「日本国第一の奇怪事」などという言葉は出てくるはずがない。

実は璋子は、俗に言う親子丼でありまして(笑)……。

山崎　親子じゃなくて祖父と孫の嫁でしょう?

丸谷　いや、祇園女御の養女だから。

山崎　あ、そっちの関係で言えばね。だから奇々怪々なんだ。

丸谷　養父格である白河法皇と関係があったんです。したがって璋子の入内は、一人の女が養父とその孫との双方にかかわりを持つということになって、親子丼の上の、なんと言えばいいのかしら、いわばスーパー親子丼という（笑）、乱倫も極まる話になるのでした。

しかし、この白河法皇と璋子さんとの関係は鳥羽天皇の耳には達していなかったようで、天皇はこの婚儀を大変喜んでいたらしい。つまり、それほど評判の美女だったのでしょう。こうして入内となったのですが、その時璋子は十七歳、鳥羽天皇は十五歳。そして彼女は一一一七（永久五）年の十二月十三日の入内の夜も、その翌日および翌々日の夜も——三夜続きというのは定法なんですが——夜御殿《よるのおとど》に参上はしたけれども天皇に肌を許さなかったらしい。

山崎　角田さんはよく調べていますね。執念深いというか。（笑）

丸谷　熱心なんだよねえ。

山崎　驚くのは、璋子さんの生理の周期まで推定しているでしょう？

丸谷　あとでちゃんと言います（笑）。十七日で入内に関する儀式が終わると、璋子は病と称して御殿にこもり、夜御殿に参上しなくなった。そして正月二十七日の夜、恒例によって里第《りてい》に退下、つまり里帰りした。お里は三條西殿ですが、ここに法皇は待ち受

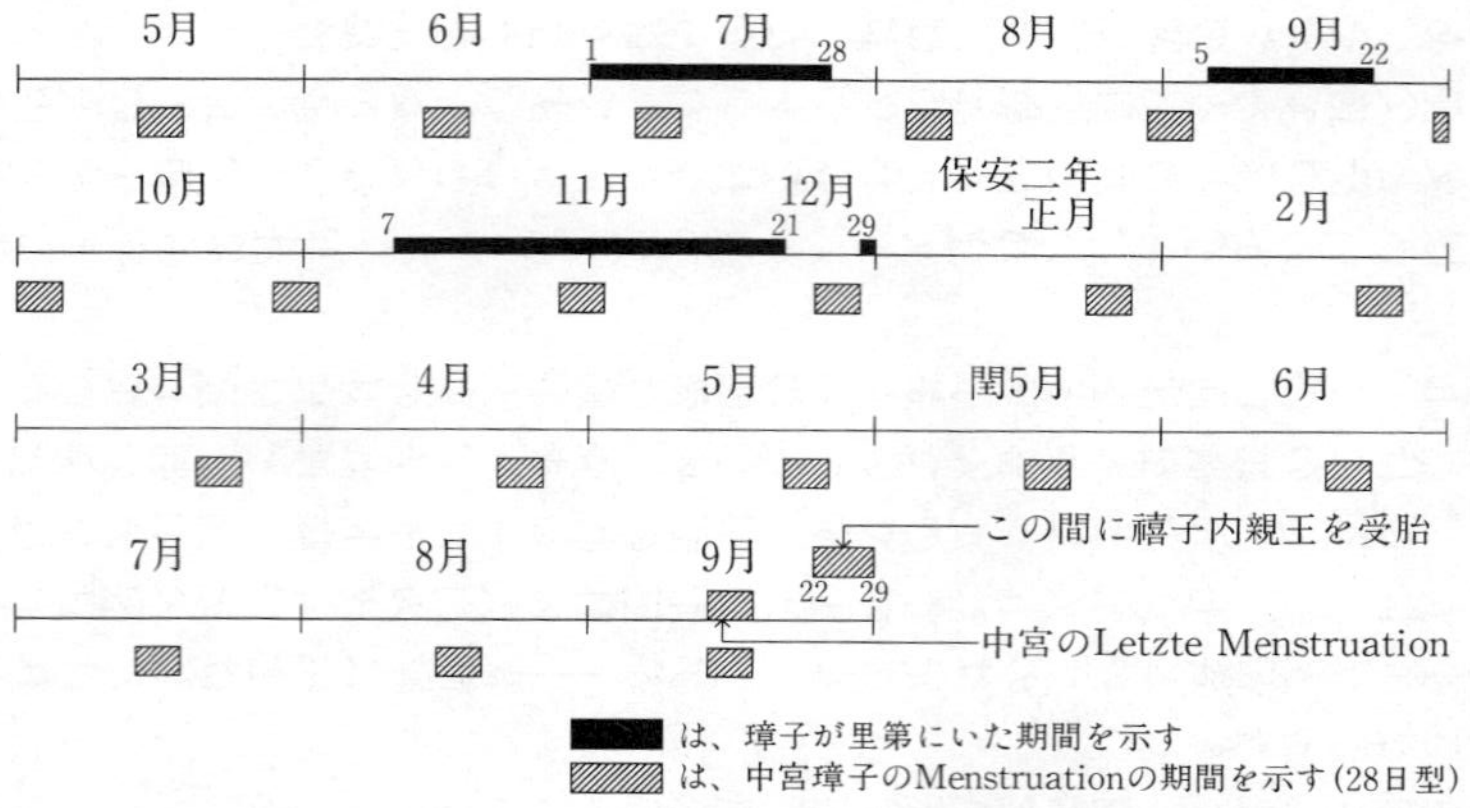

（角田文衛『待賢門院璋子の生涯　椒庭秘抄』より）

元永元年九月における中宮・璋子の生理

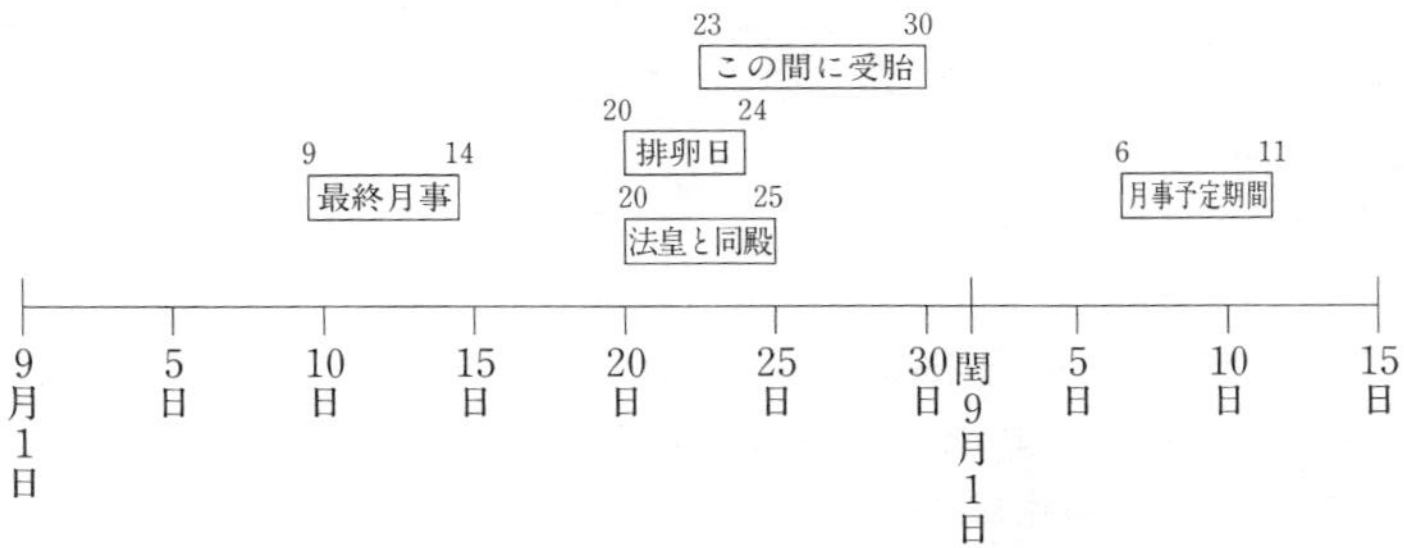

中宮・璋子の里第退下と月事との関係―元永2年(1119)より保安2年(1121)―

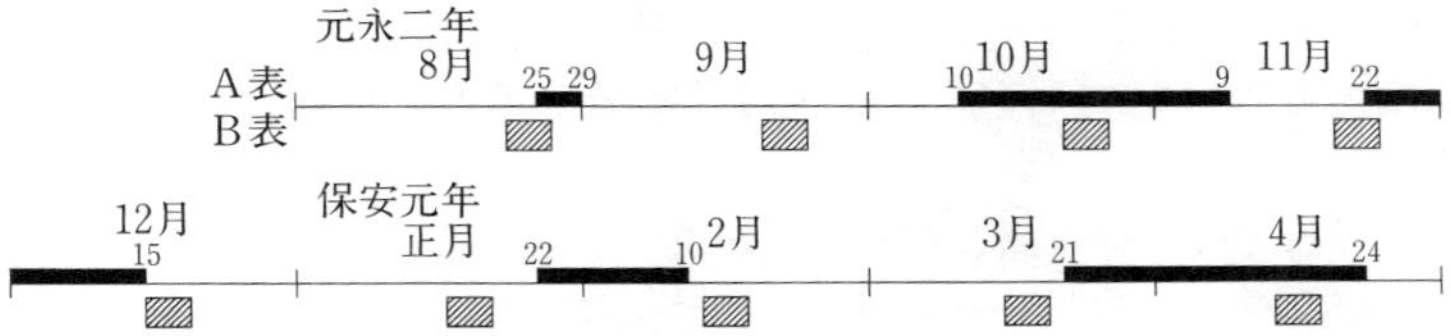

けていました。角田さんによればこうなります。

「璋子が法皇に謁したのは、十二月十三日の入内いらい三十七日ぶりのことであった。二人の間にどのような密語が交されたかは、記録にとどめられていない。しかし後々の行状から推すと、璋子は久しぶりに愛人であり、父である法皇の愛撫に歓喜し、鶏鳴を覚えなかったであろう……」

山崎　角田節ですねえ。(笑)

丸谷　ほんとにおかしい。

山崎　いや、羨ましそうだ。(笑)

丸谷　そして六月二十二日、中宮は内裏より退下して、法皇があった藤原季実《すえざね》の邸へと向かい、八日間を法皇と共に過ごした。また、九月二十日、内裏から正親町《おおぎまち》第に行啓し、五日間、法皇と共に過ごした。この五日間に、後の崇徳天皇を懐妊したんです。

ここで角田さんは、例のオギノ式理論を確立した産婦人科学の荻野久作博士の研究を参照します。二つの領域における、どちらも在来の学問の因習になずまないことですばらしい業績をあげた学者二人の、大顔合わせになるわけですね。

山崎　なるほど、そこに及びますか。

丸谷　後に崇徳天皇となる顕仁《あきひと》皇子の誕生は、一一一九(元永二)年の五月二十八日です。そして荻野博士の研究によると、日本婦人の妊娠期間は、受胎から娩出までは二八一日から一〇日〜一七日を引き去った二七一日〜二六四日間で、これを適用すると元永二年九月二十三日から三十日までに懐妊したことになるんですが、これと、推定される中宮の月経が二八日型であったこととをつき合わせての角田さんの考證は、歴史学の放れ業とも言うべきものです。これによって崇徳天皇が父帝・鳥羽天皇の子ではなく、祖父・白河法皇の子であることが、九百年後に厳密に実證されてしまった。

藤原璋子の異性関係

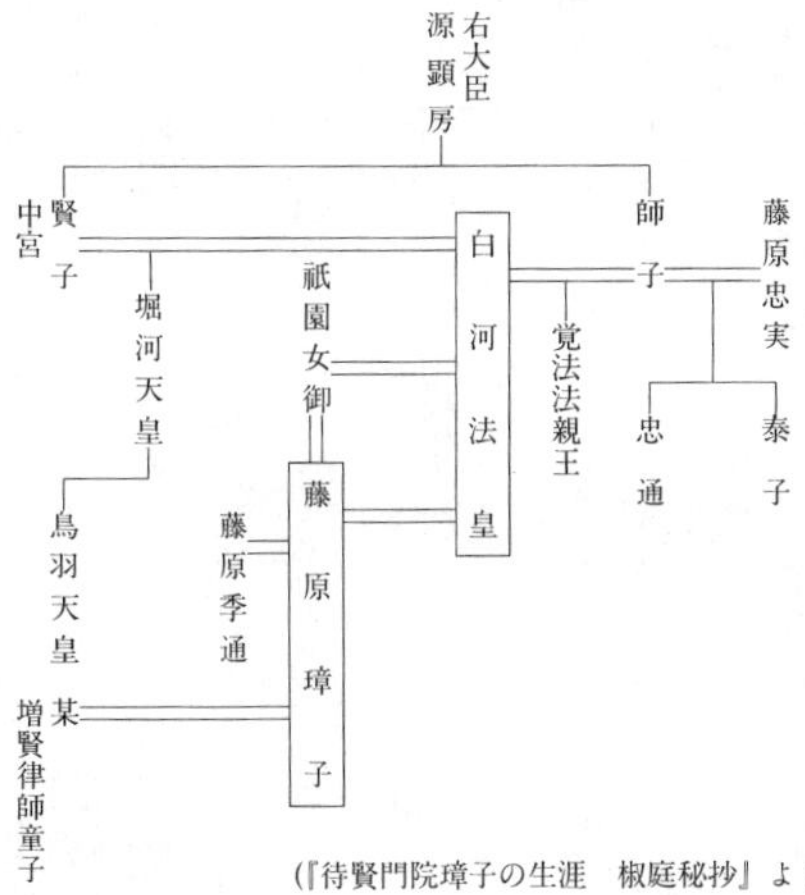

（『待賢門院璋子の生涯　椒庭秘抄』より）

　後に鳥羽天皇もこの事情に気がついて、顕仁皇子のことを「叔父子《おじご》」と呼んだそうです。后が産んだから自分の子ではあるが、他方においては祖父の子であるから叔父に当たる、というまことに苦いユーモアですね。

　その後、一一二三（保安四）年、鳥羽天皇は顕仁親王を皇太子とし——というのはもちろん白河院の命令なわけですね——即日、譲位。鳥羽天皇はまだ二十一歳でありました。ただし、このあと白河院・鳥羽院の両院は、表面上は平穏でありましたが、こういう事情が崇徳院（顕仁親王）と鳥羽天皇の実子である後白河天皇（雅仁《まさひと》親王）との間の確執を当然生んで保元の乱の重大な伏線となるのですね。でも、不思議なことに鳥羽天皇の璋子さんに対する愛情はいっこう衰えなかった。よほど魅力のある女の人だったのでしょう。

こういう大変面白いことが書いてある、これは伝記の名作じゃないかと思います。

性的放縦は権力の象徴

山崎　なにか老境に入った著者の、「もののあはれ」というものがしみじみと滲み出る本でもありますね（笑）。感情移入が鮮明に浮かびあがってきます。

丸谷　ぼくは角田さんの『日本の女性名』という本の書評を書きましてね、絶賛したんです。「これは、蝶の好きな蝶類学者が蝶類図鑑を編纂して、それが完成したようなものであって、女が大好きな歴史学者が、日本の女の名前についての集大成を行なったものである」と。

山崎　それは名言だなあ。

丸谷　ずいぶんたってから角田さんのお宅に別件で電話したら、角田さんはお留守で奥さまが、ぼくに書評のお礼をおっしゃってね。「女が好きだとお書きくださいましたが、

本当に角田はそのとおりなのでございます」って。（笑）

山崎　たしかに、璋子さんについて舌なめずりしながら書いているという感じがしますよね。

丸谷　やっぱりこうでなきゃいけないのね、研究の対象に対しては。

山崎　ところで、いま院政の話が出ましたが、もう少し院政について話していただけますか。

丸谷　この白河法皇の品行の悪さを見ていると、いわゆる「院政期の性的頽廃」も相当なものだなと感心したくなりますが、これは一つには当時、わが国の宮廷が宮廷として成熟したことの證拠でしょう。一般に宮廷は、それが完成し爛熟すると、たとえばフランスのルイ王朝の場合もそうですし、イギリスの世紀末以後の場合もそう言っていいと思いますけれども、男女愛欲のことにまつわる遊戯性が異常なくらいに高まるものらしいです。

山崎　日本の場合は十世紀以来ですから、本当に古いですよね。

丸谷　すごく早熟な文化でした。それからもちろん、白河院の個性ということもあるでしょうね。

山崎　それはあるでしょう。

丸谷　非常に性的に熱心な人であった。なにしろ「賀茂川の水と、雙六《すごろく》の賽《さい》と、山法師《やまぼうし》だけは思うがままにならない」という名台詞《せりふ》を吐いた人で、これ以外のことは全部自分の思うとおりになったわけですね。これだけの独裁者、権力者は、日本史にほかにいなかったんじゃないか。その個性の強烈さのほかにもう一つ、院政という制度を極端に利用した人だと言える。もっとも極端な例として、院政論の好個の材料になるとも言えそうなんですね。

これから先は歴史の専門家でない私の乱暴な、よく言えば小説家的な考察なんですけれども、祭司王《プリースト・キング》である天皇という古代的君主が、中世に適応しにくくなってきたときに出来た君主の形態が上皇でした。いちばん典型的なことは、天子は毎朝、早く起きて賢所《かしこどころ》で神事をやらなければなりません。これはもう大変な負担であって、神事と政治との調和が難しかったんでしょうね、たぶん。そこで摂関制も出てきた。その摂関制を排除してしかも天皇家が権力を持とうとすると、法皇という形になってくる。

それと、天子は宮中から離れることができないわけです。

山崎　旅行もできないんですね。

丸谷　制約が非常に多かった。そこで、祭司王の「祭司」のほうは天子に任せ、もっぱら「王」のほうを担当しようというのが上皇でした。そうでない上皇もいますけれども、白河法皇は国王であることを実際的に行なった上皇でしたし、後白河法皇もそうだった。それから後鳥羽院も、そういうことをしようとしてうまくいかなかった人で、意図はあった人だと思います。

山崎　天皇在位のままそれをやろうとして大失敗したのが、後醍醐天皇ですね。

丸谷　そのとおりですね。ところが、そうは言っても古代的な王の機能ないし性格はこの中世的な王——つまり上皇——にもついて回った。何度も引用したことですが折口信夫の説に、天皇は諸国から女を召すことで国々の魂を身につけ、それによって日本を統治する、という説があります。つまり贈与論的に言えば、諸国の部族からの贈り物としての女ということになるでしょう。性的な支配は政治的君臨の象徴的行為だったわけですね。

前にも山崎さんとの対談で申し上げたんですが、たしかレヴィ＝ストロースの説に、「原始社会においては、民衆は一夫一婦制を守らなければならないが、その代わり政治に関しては一切の責任を免れている」と。

山崎　『二十世紀を読む』の対談でおっしゃってましたね。

丸谷　そうそう。ところが王は、政治に関しては全責任を負うけれども、そのつらさの代償として数多くの妻を持つことができる（笑）、というのがありました。つまり、性的放縦は権威と権力の象徴として絶好のものです。上皇が、自分の愛人である天皇の后と関係しつづけるというのは、上皇が一国に対して、あるいは一つの宮廷に対して、上皇と天皇とのどちらが上位にあるかを示すのに絶好のことでありました。それは、いわば神々に仕える王に対して、神々のいない王の優位を誇る行為だったのです。

天皇家・藤原家、並立千年

山崎　この対談の下調べ中に、たまたま朧谷《おぼろや》寿《ひさし》さんの『藤原氏千年』という本を手にしました。とくに史実について新しい見解はないんですけれども、日本の古代、中世を「藤原氏の千年」という枠で切り取ったところがこの本の面白さで、いろんな新しい視点に気づくんですね。

これは私の言葉ですけれども、よく日本の歴史について「万世一系の天皇が君臨した国」と言いますが、正確には「万世二系」であったと言ったほうがよさそうなんです。つまり天皇家と藤原家が、西暦六四五年の「大化改新」のときに提携して、以来、延々と千年間、江戸時代まで並立状態を続けた。とくに最初の四百年間、いま話題にしている白河院の時代までは、両者が実力をもって日本の国を統治しているわけです。

その間に非常に面白いことが起こる。藤原家というのはもともと中臣《なかとみ》家なんです。中《なか》臣《とみの》鎌足《かまたり》という男が、中大兄皇子（天智天皇）を助けて宮中クーデターを起こす。これ以後、天皇家が日本の中心的な支配者になり、藤原家がそれを補佐する家として連綿として続くんですね。このこと自体が世界史のなかで稀な現象で、しかもその間には協力関係もあれば葛藤の関係もある。これが、意外に日本史のいろんな性格を決定しているし、ひょっとすると日本文化の根底を決めているんじゃないかという気がするんです。

　両者の関係はかなり微妙で、とくに最初の二百年間は本当に争っている。いまプリースト・キングとおっしゃったんですが、もともと中臣家は祭祀担当の家筋なんですね。それが鎌足が死んだときにその功績を讃えて、天智天皇が藤原という名前を与え、これを政治の家柄にするわけです。藤原家自身も祭祀的権力者に対する感覚が鋭くて、だから天皇を倒そうなどとは決して思わない。古代的司祭としての権威が国家の統治に必要だという感覚を、自分の血筋の上でもちつづけた。したがって、あくまでも天皇家を立てなければならないのだけれども、一方、政治的権力と化した天皇とは戦わなければならないという、微妙な関係になるんです。そこで、両者が最初にやったことは、まさにいま丸谷さんがおっしゃった「女性の交換」でした。藤原不比等《ふじわらのふひと》の代ですでに娘を入内させ、あの大仏をつくった偉大なる聖武天皇を産む。だから聖武天皇が藤原家と天皇家の最初の、いわば通婚の所産ですね。これが八世紀です。

　九世紀になると、藤原良房《よしふさ》が初めて清和天皇の摂政になり明子《あきらけいこ》という良房の娘が最初の国母になる。これで後の藤原家―天皇家の関係の原型ができるんですが、その歴史は決して穏やかではない。天皇家は古代的司祭でありながら、つねに政治的権力であろうとしつづけますから、藤原家を抑えようと努力します。

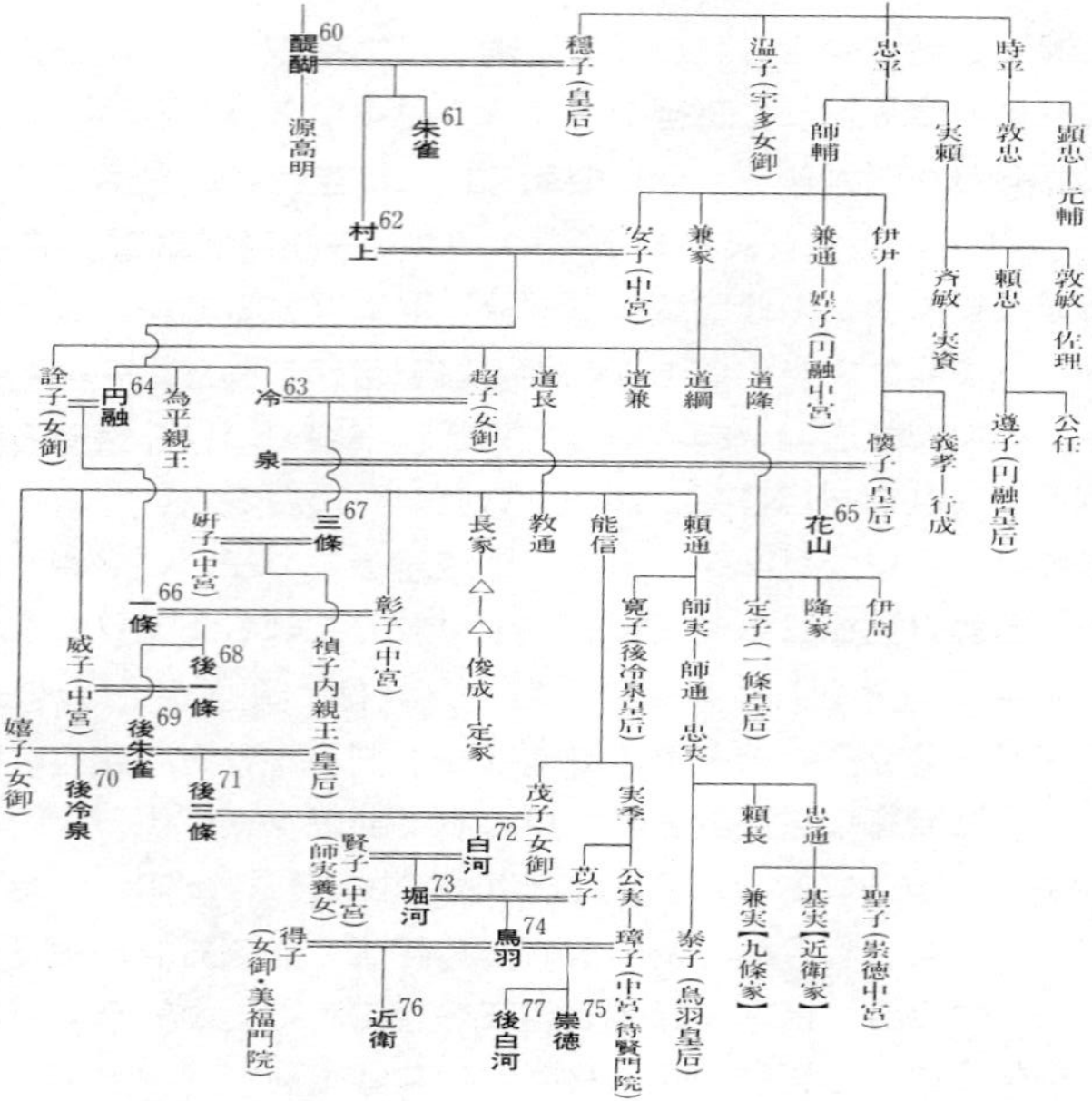
60 醍醐
源高明
61 朱雀
62 村上
穏子(皇后)
温子(宇多女御)
忠平
時平
敦忠
顕忠—元輔
師輔
実頼
兼通—媓子(円融中宮)
伊尹
斉敏—実資
頼忠
敦敏—佐理
安子(中宮)
兼家
遵子(円融皇后)
公任
義孝—行成
懐子(皇后)
65 花山
詮子(女御)
64 円融
為平親王
63 冷
泉
超子(女御)
道長
道兼
道綱
道隆
定子(一条皇后)
隆家
伊周
67 三條
妍子(中宮)
66 一條
彰子(中宮)
長家—△—△—俊成—定家
教通
能信
頼通
寛子(後冷泉皇后)
師実—師通—忠実
威子(中宮)
68 後一條
69 後朱雀
禎子内親王(皇后)
嬉子(女御)
70 後冷泉
71 後三條
茂子(女御)
実季
72 白河
賢子(中宮)(師実養女)
苡子
公実
73 堀河
74 鳥羽
璋子(中宮・待賢門院)
得子(女御・美福門院)
76 近衛
77 後白河
75 崇徳
泰子(鳥羽皇后)
頼長
忠通
兼実【九條家】
基実【近衛家】
聖子(崇徳中宮)

天皇家との姻戚関係を中心とした藤原氏系図

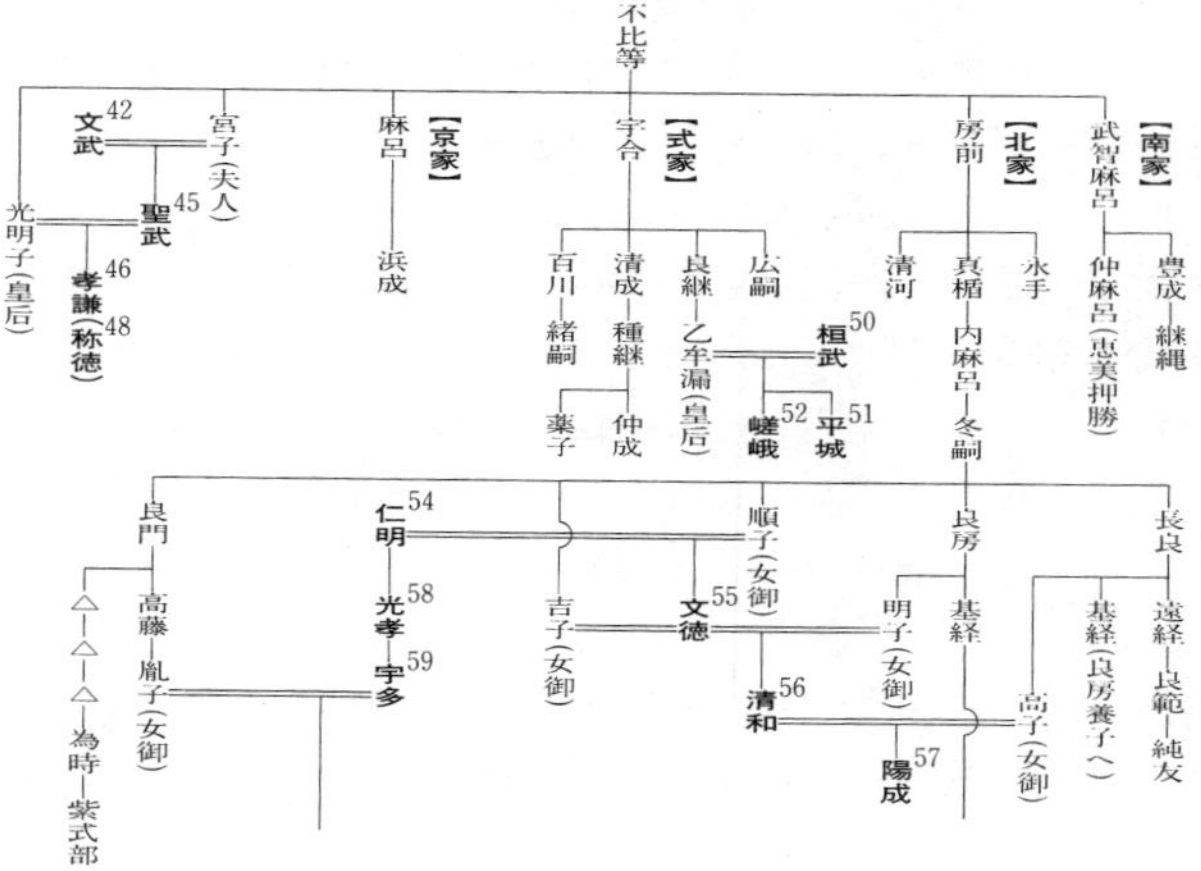

たとえば宇多《うだ》天皇が現われて親政を行なおうとするのですが、いわばその道具として使われたのが菅原道真でした。これは一敗地に塗れ、藤原基経《もとつね》の子時平によって大宰府に流されます。基経のもう一人の息子の忠平は十世紀、関白として朱雀《すざく》天皇に仕えますが、やがて道長という藤原家の最大の英雄が現われて、「欠けたることのなしと思へば」と、わが世の春を歌うわけですね。彼は天皇に対しては内覧――ほとんど摂政と同じなんですが――という立場をとりながら、自分の家のなかでは氏長《うじちようじや》者というものになる。だんだん家の構造が天皇家に似てくるんですよ。そして十世紀末に娘の彰子《あきこ》が一條天皇に入内して、その女御の一人が紫式部でした。

この道長の死後、例の平等院の鳳凰堂をつくった頼通が、十一世紀にいわば摂政関白家としては最後の栄光を担うわけです。ここからだんだん藤原家の斜陽が始まります。というのはすでに後三條天皇が、院政を最初に考えようとした形跡があります。彼は早く譲位して白河天皇をつくったものの、すぐ亡くなったため院政は確立しなかった。最初の院政を本当の意味で確立したのが白河上皇で、堀河天皇の後見として院政を敷きます。摂政は藤原師実《もろざね》です。

藤原家は結構まだ抵抗を続けていまして、師実の息子の師通《もろみち》になりますと、関白としてかなり白河上皇に抵抗するんです。この師通が死ぬまでは、たとえば天皇家に伺候すべき公家たちが、「近頃はいつも院の御所に集まる。まことに嘆かわしいことだ」と言っているぐらいで、天皇を立てて藤原家が政治を行なう、つまり古代的司祭としての天皇を維持しようとしていた。

先ほど丸谷さんがおっしゃったように、天皇というのは神道の信者です。仏教の信者にも、道教の信者にもなれない。腹の底でどう思っていようと、形の上ではあくまで清浄教なんですよ。穢れを嫌うことが唯一の原理であるような宗教の司祭なんですね。だから、天皇の御所も白木ずくめで、金箔を張ったり赤や緑の色を塗ったりすることはしない。

丸谷　あ、そうなんですか。

山崎　日本があれだけ中国の影響を受けながら、中国文化がもっとも入らなかったのは天皇の御所なんです。それが、上皇になると自由自在どころか、ほとんど神道のことは忘れて、密教や浄土教の信者になってしまいますね。

そんなわけで、藤原家としては古代的司祭の——政治的にいえば権威の部分を天皇に持ってもらって、自分が権力でありたいと考える。ところが天皇家は、それでは納得しない。そこで自分を権威と権力の二つに分けることで、藤原家と対立しようとするんです。この構造が一つの循環をなして日本文化の根底をつくった。というのは、日本人の政治思想には、統治というのは権威と権力の二重の構造を持っていなければならない、二つはできるならば純粋に分けて、立憲君主と総理大臣のような関係をつくるほうがいいという、近代的な感覚がどこかにあった。それを、藤原家と天皇家が争い合うことによって現実に強化していくんですね。日本のこの独特の権威・権力の二重構造によって、奇妙に近代的な政治形態というものが早くできてしまった。

面白いことにその結果、藤原家は安泰になるんです。つまり、もし法皇に嫌われれば天皇にすがればいいし、天皇にうとんぜられれば法皇に擦り寄ればいいという形で、藤原家が潰されなくなるんですね。そのうえに、この両家が女性の交換を始めた結果、女院という不思議な、ちょうど権力と権威の中間構造みたいな独特の組織をつくってしまう。まあ、結論を急いで言えば、この構造が日本の古代中世における女性の地位を非常に高めた。

一つ大きな特色は、先ほど白河院の性的放縦をご指摘になったけれども、女性のほうも結構放縦だということなんですね。女性がこんなに性的自由を許されていて、また実に奔放にそれを隠しげもなく楽しみ、みずから歌にして平気で公表するというような文化は、まず日本の十世紀をもって嚆矢とするでしょうね。

丸谷　中国の後宮には宦官がいて男の出入りがなかったけれど、日本の後宮は男がどんどん自由に出入りできたわけなんです。考えてみればよくもまあ、こんなに勝手なことができたものであって、それでいて皇統が続くと考えていたというのは——つまり皇統を続かせるためにはそういうふうにしたほうがよかったのかしれないんだけれど。(笑)

山崎　少なくとも血族結婚を避けられたかもしれませんね。待賢門院璋子さんは後白河の寵愛をあれほど受けながら——角田さんに言わせれば師であり、祖父であり、親であり、そして恋人であった、そういう理想的男性がいながら——少なくとも別に二人の男と密か事を行なっているわけでしょう。

丸谷　ごく少女の時代にね。

山崎　それを見て、白河院は別に怒りもせず、いわんや処罰もしていない。

丸谷　そう。それから、この本には書いてないけれども璋子さんに純愛を捧げた西行という坊さん……。

山崎　晩年の恋人ですね。

丸谷　西行だってまったく何にもなくってあれだけの純愛というのかな……ぼくはおかしいと思う（笑）。おそらく何かがあったうえで世を捨てたわけでしょう。

山崎　それはそうでしょうね。

丸谷　まったくの片恋で世を捨てたんじゃあ……。

山崎　あまりに近代的ですね。

丸谷　そう、どうもおかしい。（笑）

女性の小王国

山崎　私は丸谷さんの近著である『恋と女の日本文学』を読んで賛嘆おくあたわざる思いをしました。たしかに日本には妻問い婚の伝統と、もう一つ母系制社会に対する記憶が強く残っていて、それが中国伝来の儒教的な性倫理を受け入れなかった。そこから女人成仏という思想の発生を跡づけていかれるあたり、大いに魅了されて読んだんです。そういう日本文化の伝統は、前章の話題であった『万葉集』からすでに始まっていると思うんですが、私はそれに加えて二つの家が四百年、日本を支配したことが大きかったと思う。両家が女を交換しないではどちらも生きのびられなかったという決定的な条件、つまり恋が政治の一部であったことが、女性の価値を非常に高めているんですね。

丸谷　そして恋には和歌がつきものだったことが、日本文化を非常に規定しましたね。

山崎　天皇は藤原家からお嫁さんを貰い、逆に藤原家のほうも、皇族からお嫁さんを貰う。あるいはうんと位の高い公家から貰う。これは朧谷さんの指摘ですが、『栄華物語』のなかで道長自身が「男は妻《め》がら」と言っているそうです。要するに、男というものは女房の家柄で価値が決まるんだというわけです。だから遊びはいくらでもしていいけれども、結婚するなら、偉い人の娘を嫁にしろと言っている。

もう一つ面白いのは、最初の院政を志した後三條天皇は、時の摂関が外戚でなかった。たまたまその時だけは、皇后が藤原家の娘でなかったんです。そこで「外戚でないような摂関は怖くない」と言っている。この両家にとって通婚は決定的に大事なことだったんですね。藤原家は非常に大きな家で、南家、北家から始まって、最後は五摂家といって五つの家になるんですけれども、その大きな家が一貫して、天皇に口入れ業のようにお嫁さんを入れていく。

この、同一の家からお嫁さんを系統的に入れていく形は、日本文化のひとつの祖型になって反復され、それが足利幕府にも現われています。足利家が、藤原の傍系の日野家――宇治の近くに日野の法界寺というお寺を建てた一家ですが――と縁組をした。日野家は、男は全部だめなんです。謀叛を起こして流されたり、不品行を起こして処罰されたりの繰り返しです。ところがあるとき、足利家にお嫁さんを入れる。以後歴代、日野家から入って、その頂点を極めたのが日野富子ですね。

丸谷　そうですね。

山崎　さっき歌のことをおっしゃったけれども、女院というものができたのも、日本文化の大きな特色だと思います。璋子さんも女院になるわけですけれども、五味さんが『院政期社会の研究』のなかで、女院が独立の統治組織に似たものとして成立したことを書いておられますね。

まず、いちばん最初は九九一年、東三條院だったそうですが、それから約八百年間に百人の女院が生まれている。最盛期は、東三條院から待賢門院を経て、やがて待賢門院の敵になる美福門院にいたるまでの間です。この美福門院は鳥羽上皇の奥さんで後の近衛帝を産み、その近衛帝の養子として後白河法皇が来るわけですから、非常に関係はややこしい。ちなみに後白河法皇は実は待賢門院璋子の息子ですから、崇徳帝と戦うときには兄弟喧嘩になるわけです。とにかく、待賢門院が女院になったのは一一二四年、ほぼ二百年間ぐらいが最盛期です。

女院というのはまず経済的に自立しているんですね。女院領というものがあって、しかも荘園のみならず律令制の国まで分けてもらって、女院分国というものがあった。女性を頂点とする小さな小王国ができている。しかも、そこに勤める女房たちがそれぞれ女房領を持っていて、ここだけ一種の封建制ができているんですね。経済的にも自立しているから、強いわけです。

身分的にも自立していて、必ずしも自分の父親の系列と関係なしに、女房が二代、三代と女院に出仕する。つまり、父親の引きや権力とは関係なしに、女房の娘だというだけで女房になれるんですね。女性としての自立した身分があって、しかも養子制があったので、女性はかなり自由裁量で自分の子孫が選べた。

そのうえ主従関係がきちっとあって、その形が五味さんに言わせると、後の武士によく似ていた。定番の女房と通いの女房という二種類の女房がいて、それがちょうど御家人と家来の関係だというんですね。中核的な家来と、そうでない家来がいた。なかには一藝一能をもって召し抱えられた女房がたくさんいました。歌人でいうと有名な待賢門院堀河。藤原俊成の選んだ歌集『千載和歌集』のなかに彼女の歌が十五首も選ばれています。画家では待賢門院の女房の土佐、紀伊が有名です。

丸谷　画家がいるのは珍しいことですね。

山崎　『源氏物語絵巻』を描いたり、お経の絵巻を女院サロンのなかで制作している。これ自体がひとつの社交のサロンであると同時に、西洋で言うところのアトリエ、工房なんですね。そういう機能を果たしている。

　五味さんが鋭く指摘されている女院の非常に大きな役割は、これによって武士が台頭する引き金にもなった。たとえば、源義朝の母は待賢門院の女房の一人だったそうです。考えてみれば、武士が女院と結びつくことは当然ありうると思うんです。まず武士には魅力ある男がいたでしょうし、第二に、女院ですから腕力は弱い。誰かに守ってもらわなければならないから、チャタレイ夫人と森番みたいな関係になる（笑）。そこで、女院を足掛かりにして武家が台頭してきたというのは、見落としてはいけないところでしょうね。

歴史学が欠いていた視点

山崎　ここから先はもう、『恋と女の日本文学』の世界ですが（笑）、しかし、院政というものは歴史を複雑なことにしてしまいましたよね。

丸谷　そうなんですよ。院政は、戦争が終わるまでとても手をつけることができなかった主題ですね。戦後も、なんとなく億劫でやれなかった。というのは一つには、日本独自の現象だと学者は熱心にならないんです。これは不思議なことで、ぼくは反対だと思う。むしろ日本独自であれば意欲が湧くはずなのに、日本の歴史学者たちは西洋の歴史とのアナロジーが成立するときに熱心なんだ。まあ、一種の見立てでいくわけですね。日本独自のものの典型が院政なんですが、それに対しては飛びついていく身構えができないという変な習性がある。

山崎　もう一つ、院政というのは非常に個人的で人間臭い世界でしょう。従来の歴史学者は、そういう生臭い世界に触手を伸ばすことを嫌う傾向があった。戦前ですと歴史は厳かな英雄の歴史です。戦後になると歴史は「人名のない歴史」、乾燥した経済の世界になるんですね。角田さんのように、待賢門院の生理の期間まで計算しながら「ここで寝ただろうか、寝なかっただろうか」と考えるような、それが実は文化や政治にもつながってくるような部分は、苦手としてきたんじゃないですかね。

丸谷　個人研究的要素が非常に少なかった。

山崎　個人研究は文学との接点の多い世界なんですよ。

丸谷　それを避けましたね。最近ぼくは思うんだけど、それは結局、歴史というものに対する誤解なんだな。

山崎　誤解というより視野の狭さでしょう。ですから、いまごろになって西洋にアナール派なんてのが出てくると、誰もが「生活史」と言い始める。だけど、これはのちの章の話題にもつながりますけれども、原勝郎のように三條西実隆《さんじようにしさねたか》の日記を読んで、それを生活史として読み解いている史学の先輩はいたんですよね。そういう業績を例外にしてきたことが、日本史学の不幸だったと思います。

丸谷　ぼくはこう思うんですよ。人間というのは成長が極端に遅い、幼児期の長い動物でしょう。だから、幼児期において遊ぶ。そのせいで人間の文化においては遊戯が非常に大事になるんです。で、遊戯のなかの一つとして物語があるわけですが、その物語のいちばん基本の形は、嘘だったと思うんですよ。

たとえば、何々という地名はどういういわれ因縁でできたか、といった程度の笑い話が、人間が最初につくって喜んだ話だったろうと思う。ヤマトタケルがこの港にきて、魚をたくさん食べて、食べ飽きた、と言ったからこの土地を飽田《あきた》と言う、とかね。これは『常陸国風土記』だったと思います。そういう調子で、原始人、古代人は法螺話、嘘、冗談など、いろんな物語をつくった。その物語の特徴は、始めがあり半ばがあり、終わりがある。あるいは起承転結がある。そうやっているうちに人間は、外界を「物語」という型によって見るようになったと思うんです。

山崎　おっしゃるとおりですね。

丸谷　たとえば天地創造からキリストの誕生を経て最後の審判まで行くという物語とか、ビッグバンから始まって最後に宇宙の崩壊に行く物語とか、さらには『戦争と平和』や『失われた時を求めて』という小説とか、あるいは『ローマ帝国衰亡史』、『大日本史』という歴史とか、いろんな物語ができたけれども、それは全部、最初のごく幼稚な法螺話によって基本の形を決定されたと思うんですね。したがって、小説において藝が必要なのはあたりまえだけど、歴史の場合にも藝というものが必要になる。どうも歴史学のいちばん基本のところにあるその問題が、歴史が歴史学になったときに忘れられたんです。

山崎　高坂正顕という京都大学の哲学者は毀誉褒貶のある人ですけど、彼の『歴史哲学』はなかなかいい本です。そのなかで彼が主張したのは、まさにいま丸谷さんが言われたように、「最初に物語ありき」なんですね。それは語られた物語というよりは、世界を感受する一つの枠組みのようなものなんですね。

たとえば自然環境とか経済的環境とか、そういうものが直接に歴史をつくるわけではない。それは与件であって、それを民族がどういう物語の枠組みで、どういう神話的感受性で切り取るかで行動のかたちそのものが変わってくるんだという。たとえば日本は海に面している、地中海諸国も海に面しているけど、海についての神話がまったく違う。環境の読み解かれ方で歴史が決まってくるという考え方ですね。

私はそのとおりだろうと思うんです。高坂説の元にあるのはフロベニウスというドイツの人類学者で、この人のアラブ研究なんですね。西洋人が砂漠を見ると無限に広がっていると思うけれども、アラブ人にとっての砂漠は、閉じた世界だという説です。なぜかというと、砂漠の中に生きていると空は半球のように頭上を覆っている、つねに丸い地平線が見えるということは、世界が閉じられていることですよね。そこから、アラブの建築様式は中庭方式、インネンホーフというものになり、神話も世界解釈も、非常に内向きの内省的な世界観に傾いていく。

同じように自然環境を見ていても、西洋人の建築は外庭型、アウセンホーフです。西洋人は自分が世界の中心にいて外は無限だと思うから、ファウスト的衝動にかられてどんどん外へ攻めて行くのだという。この説そのものが正しいかどうかは別問題として、考え方は面白い。世界を感受する感覚のようなものがまず共同幻想としてあって、そこから歴史的事実が逆につくられてくるんですよね。

丸谷　ぼくはそうだと思うんだ。

山崎　それにつけて言えば、日本人は古くから権力と権威を分けておくのが健全だという、神話的感受性を持っていた。権力なき権威の中身は儀式であり、それを世俗化すると社交文化になります。この思想にとらわれすぎると、儀式のための儀式という滑稽なことにも陥るんだけれども、ある意味では非常に洗練された、人殺しのいちばん少ない政治形態が生まれる。これが、院政の終わりまで続くんです。

で、話はいきなり飛びますが待賢門院璋子は後世にとって非常に大きな不幸を残した人でもありました。同じお腹から崇徳天皇と後白河天皇を産み出し、その二人が争う。しかしこの争いを本当にひどいものにしたのは、藤原信西という男なんですね。

丸谷　そうそう。

山崎　彼も藤原家の一族なんだけれども、われわれの用語を使っていえば、藤原家的「物語」を理解しなかった男ですね。

丸谷　まあ、そうだ。（笑）

山崎　つまり、中国の大義名分論というか法家的思想というか、論理主義者なんです。

丸谷　外来思想に非常に熱心な男であって、帝国大学教授的な人なんだね（笑）。外来思想をすぐに受け入れて祖述してすぐに本を書くような。

山崎　なかなかの才人で、自分で宮殿の建築の設計もやっている。

丸谷　大変な読書家なんでしょう。

山崎　しかも対立の組み合わせが面白い。この時信西の敵になった、つまり崇徳帝側についた関白は藤原頼長。これは悪名高い男色家で、叔父と情交を交わしたりしているんですね。

丸谷　その話をしようと思っていた。(笑)

山崎　つまり、伝統的な藤原家的物語というか、日本的神話を背負っていたのが頼長で、そこに外来思想の信西が来て戦う。結果において信西が「保元の乱」で勝ち、これがしばらく日本を荒々しい世界にしましたね。まず死刑を復活する。なにしろ摂関時代、院政時代を通じて、人の罪を糺すことよりも穢れを防ぐほうが大事だったから、死刑を行なわなかったでしょう。とにかく血はいけない。宮中で犬猫が死んだりすると大変だったらしいですね。

丸谷　天皇は自分の父親が死んでも母親が死んでも、見舞いにもお弔いにも行かない。日本最高の大神主だから穢れに触れてはいけないんですね。日本という国柄にとって穢れはいちばん恐ろしいことだった。

山崎　そのおかげで角田さんは少し得をした点もある。璋子さんの生理の周期がどうしてわかったかというと、つまりあれは一種の穢れですから、記録がきちんと残っていて行動がはっきりする。宮中の女性は普通、生理のときは里帰りして宮中にはいない。璋子さんの場合だけ行動が逆らしくて、里帰りをするときは、つまり白河法皇と楽しめる状態なんですね。そういうことが後の文献でわかるのは、日本の中世貴族が徹底して穢れを嫌っていたからなんですね。

丸谷　いまの説、なかなかいいよ。（笑）

山崎　でないと、そんなこと記録に残りにくい。

政治的手法としての男色

丸谷　そこで男色の話ですが、院政期の宮廷では女色だけではなく男色も当然盛んで、これについては五味文彦さんの研究が最近、注目すべきパイオニア的業績を挙げているんですね。まず『院政期社会の研究』の中の「院政期政治史断章」、これが評判になった。ついで『文学』という雑誌の「男色の領分」という、渡辺守章さんその他との研究、これも充実したものでした。あれはいい特集でしたね。

ところで院政期の男色者と言えば、まず藤原頼長。これは関白藤原忠実の次男で「悪左府」と言われている人ですが、保元の乱で崇徳院側について敗れて死ぬ。この人に『台記』という日記があって彼の性生活がよくわかるんです。ぼくは読んだことないけど、ずいぶんずけずけ書いているらしい。

山崎　「会交」とか「濫吹」という言葉が出てくるそうです。（笑）

丸谷　これを晩年の折口信夫が読んで、頼長を中心にした歴史小説を書きたいと言ってたそうですね。書けば面白かったろうと思うな。体験の裏づけがあるもの。（笑）

この頼長の相手の貴族としては源成雅《なりまさ》、藤原忠雅《ただまさ》、藤原為通《ためみち》、藤原公能《きみよし》、藤原隆季《たかすえ》、藤原家明《いえあき》、藤原成親《なりちか》、これだけわかっているんです。五味さんによると、このうち忠雅、公能、隆季、家明、成親は一族なんですね。この家成の子どもたちの一門を自分の側に引きつけようという明確な意図をもって関係したんだと言っています。性を政治に応用するという方法を男色において使ったんだと思うんですよ。

さらに面白いことに、五味さんは後白河法皇の男色の相手を研究しているうちに、神護寺《じんごじ》にある藤原隆信筆の後白河法皇の似絵《にせえ》を囲んでいた、四点の似絵に描かれている四人の男――平重盛《しげもり》、藤原光能《みつよし》、平業房《なりふさ》の三人は確実に後白河院の男色の相手であることに気がついた。とすれば四人目の源頼朝もまた、男色の相手ではなかったか。

山崎　義経は違ったんですか。

丸谷　義経はまだ小さいもの（笑）。頼朝は保元四年には十三歳であって、これが上西院の蔵人になってすぐに右兵衛《うひょうえ》権佐《ごんのすけ》に昇進している、どうも怪しい、と言っている。そうだとすれば、重盛と頼朝の二人を政治に利用しようと思って男色の相手にしたあたり、後白河院の政治的触角はすごいと言わざるをえないですね。そういうふうに院政期は、恋と政治とがぐちゃぐちゃに入り交じっている度合いが強かった。単に女色だけではなく男色にまで及ぶほど政治的な時代だったと。

山崎　政治が、性的なエネルギーや魅力に強く支えられていたんですね。つまり、政治家の持つアウラが性的な迫力と未分の形であって、関白になるような人には、いまの言葉で言えばセックスアピールがあったんでしょうね。

丸谷　スター的な要素が強かったんじゃない？

山崎　それが非常に具体的であった。少し時代が遡るんですが、頼通は——有名な道長の息子ですが——関白としてはあまり有能ではなかったようですけれども、性的には魅力があった。朧谷さんによると、実資が『小右記』という日記にこういう文章を書いているそうです。

「今暁夢想す。清涼殿の東廂に関白（頼通）、下官（私）とともに烏帽子を取らずして懐抱し伏す間、余の玉茎、木の如し……」あとは略します（笑）。つまり実資としては、関白になった、一家の中心である頼通に対して、尊敬の念とか信頼感という程度ではおさまらなくて、もう「やってしまいたい」という感情に駆られる。そういうパッションで政治が支えられているんですね。ついでながら、平安朝の貴族の日記というのは実に即物的でリアリズムですね。

丸谷　漢文だからね。和文で書いたらああはならない。

山崎　それにしてもね（笑）。いまでもそういう節があると思うのは、やんごとない先祖を持ったご子孫、名家の息子というのは、わりあいリアリストで、下々が口にできないようなことを平気で言いますよ。

丸谷　お風呂に入って前を押さえないのが身分が高い證拠と言いますね。下関の何とかいう宿屋の風呂番は東郷元帥が前をしっかり押さえるのを見て、ああこの人は下賤の生まれだな、と思ったという。（笑）

山崎　先ほどちょっと触れた藤原忠平が、公家の心得を書いています。『九條殿遺誡』とか『貞信公教命』など、生活の規制がむやみに小うるさくて、爪を切る日まで決まっている。そういう儀式的な生活をしていると、吐け口としてどこかでリアリストになりたいんでしょうな。

丸谷　ハッハッハ、そういうことか。

宮廷サロンの成立

山崎　話はだんだん終わりに近づいてきますが、私は摂関から院政にかけての時代特性は、宮廷サロン文化、史上初の社交界が確立したことだと思います。万葉時代にすでに萌芽はあったのですが、この時代に量的にも賑やかになるし、質的にも深まって、『古今集』以下の八代集が生まれるという世界です。

なぜそうなったかを考えたんですが、宮廷サロンが成立する条件が幾つかあるんです。まず第一に、サロンは遊びの世界ですから、フィクションとしての平等性がないと成立しない。王様もゲームでは負けるかもしれないという、フィクションとしての平等がある。そのことが遊びの成立の原理であり、サロンの条件だと思う。裏返せば、勝った側の勝利も必ず限定的なもので、まぁわれわれが小銭の賭博をやっても、身ぐるみ剝ぐことはしない、ボクシングで殴り合っても殺しはしないというのと同じですね。

これを言いかえれば、神様は遊べないということですよ。王が本当に神のごとき権力と権威を併せ持っていたら、遊びの世界は成り立たない。したがって、中国皇帝の宮廷にはサロン文化は存在しなかった。後宮三千人、女はたくさんいますけれどすべて性的な道具であるか、逆に女が則天武后のように権力になるかのどちらかで、王と女性の間に遊びは成り立ちません。サロンが成立するには、まず王が世俗化しなければいけない。

その点、日本ではうまいことに、天皇を完全に純粋な権威にして、サロンから放り出してしまいました。たいていが幼帝ですから、もっぱら清らかに暮らしていて、祇園祭のお稚児さんのように潔斎している。残った大人だけで、つまり法皇と摂関とで遊びの世界をつくる。本来なら法皇は宗教的性格をもつはずですけど、日本の文化的文脈のなかでは、法皇は世俗的なんですね。彼が信じている宗教は、丸谷さんもお書きになっているように、毎日を生きるためには密教、死ぬためには浄土教（笑）。密教というのは、健康維持だとか怨敵調伏《ちょうぶく》だとか、非常にプラクティカルな宗教ですから、法皇は世俗化された存在です。

同時に重要な条件ですが、貴族が王に対して相対的に強くなることによって平等化が進む。これも中国にはなかったことですが、藤原家が強くなったことでこれが日本では成立する。その次は、女性が相対的に自由になること。具体的には女性の側に恋愛の自由がなければコケトリーは成り立たない。天皇家・藤原家並立の状況下でそれも可能になった。さらにその上に、ゲームにはルールが必要ですが、それがディシプリンを持った教養なんです。歌もつくれず管弦も嗜まないようではゲームにならない。これを宮廷人がみんな身につけるというのは世界的に驚くべきことで、十一世紀あたりをとりますと、世界中にまだサロンはないんですよ。

アイリーン・パウアーが書いた『中世の女たち』という本から学んだんですけれども、西洋で宮廷サロンができるのはほぼ十二世紀で、イギリスのヘンリー二世、フランスのルイ七世、アラゴンのペドロ二世の治世に、宮廷恋愛が成立し、宮廷の遊びができる。しかしアベラールとエロイーズなどを例外として、貴族たちのほとんどは無学文盲なんですね。僧院には教養があるけど、宮廷にはほとんど教養がない。恋愛にしても歌ってくれるのはミンネザングとかトロバドーレのような専門詩人で、王様とお姫様は遊んでいるだけ、聞いているだけなんですね。宮廷恋愛《ラムール・クルトウア》も十二世紀の産物で、日本からみると二百年ぐらい遅れている。中国では皇帝が寵姫を愛玩したという話はありますが、西施がどんな詩を詠んだとか、虞美人がどんな音楽を演じたかなんて、誰も知らないんですね。

丸谷　山崎さんがいまおっしゃった王と廷臣との対等ということがいちばんよく出ているのが、後鳥羽院と藤原定家との関係です。

山崎　ああ、なるほどね。

丸谷　歌の上ではまったく対等なわけですよ。後鳥羽院はむちゃくちゃに歌がうまいし、定家はもちろん名人だし、しかも定家の歌の良さと後鳥羽院の歌の良さとはまた自ずから違う。そのうえでの対等ですね。それから、定家は宮廷の和歌を洗練させ藝術的にする方向でやったけれど、後鳥羽院は宮廷の歌と民衆の小歌振りとの一致を求めて、定家とは違う前衛性を求めた。これは素晴らしいことですよね。

女性について言えば、後鳥羽院は女歌というのを大変重要だといって推進した。ルールについては、言うまでもなく歌はみなルールによるものだし、王朝和歌は本歌どりその他ルール性が強かったのを、さらにいっそう強めたのが新古今時代でした。

教養については、『万葉集』『源氏物語』などを吸収することによって『新古今集』は新しい段階に成熟していったわけですから、あのころの宮廷歌人は教養の塊みたいな連中ですよね。院政期の最後というのは素晴らしい文化状態に来ていたわけです。

院政文化の特質は民衆の文化との関係だと、家永三郎先生は言っていますね。後白河法皇の『梁塵秘抄』なんか典型的だけど、民衆の歌を集めて、宮中が習って、本をつくる。すると今度は民衆が、勅撰集の歌を学んで小歌振りのなかに吸収していった。その小歌振りを後鳥羽院がまた吸収して歌に仕組んでいく、というジグザグの可逆的な反応が強くて、これは単に和歌だけではなくて、いろんな面であったんじゃないでしょうか。そういう院政文化の爛熟があったからこそ、次の鎌倉・室町の文化の成熟というものがありえたわけですね。

山崎　これはのちの章の話題ですけれど、その基本形を踏襲したのが実は武士政権です。武士とはいうものの、将軍の傍には必ず、一條兼良《いちじょうかねよし》や二條良基のような貴族がいて、それが民衆文化を吸い上げて洗練すると、たとえば能が生まれてくる。最後に天皇がそれを天覧して権威づけるという形ですね。つまり摂関、院政、幕府という、そのちょうど中間のころにサロン文化ができてくるという構造です。

滅びへのパッション

山崎　最後に、璋子さんと白河院を見る、角田さんの共感のこもった眼差しにつくづく思うんですが（笑）、恋愛ってものを、日本人は本当に好きですね。恋愛を文化の中心に据えたのも、丸谷さんのご指摘のように、おそらく日本と限られた時代の西洋だけだと思いますね。

丸谷　そうですね。

山崎　あとの世界はだいたい、エロスかアガペーのどっちかになるんです。エロスは文字どおりセックスですし、アガペーとなると、性を超越して神に憧れるか、あるいは人類愛になる。肉体を持った特定の個人に惹かれながら、しかもそれを普遍的な愛で包むというのが恋愛ですよね。エロスとアガペーの中間をめざすというのは逆説的な行為で、愛する側から言いますと、絶対的主体性と自己放棄を両立させることなんです。「あばたもえくぼ」というやつで、惚れるということは客体の性質を超えた絶対的自己主張なんだけれども、しかし絶対的自己放棄でもあるんですね。相手と一体化したい、自分を失いたいという衝動でしょう？　異性を愛することの究極はエクスタシー、自己逸脱なんだけれども、一方でそれを自己制御してないと恋愛にはならない。そこで、長々と恋文を書いてみたり、ランデヴーの趣向をこらしたり、贈り物を送ってみたりする。これは、要するにエクスタシーという瞬間的な陶酔を引き延ばしているわけです。あらゆる面からみて恋愛は絶対矛盾の統一なんですよ。これは奇蹟のような不可能事の成立なので、本来長続きしないものです。

　そこで恋愛には二つの相が現われて、一つは西洋型の絶対に結ばれない愛が生まれます。『トリスタンとイゾルデ』についてドニ・ド・ルージュモンが解釈するような、愛は結ばれないから成立するんだという観念ですね。日本人は違うんですよ。恋人たちはまず寝てしまう。それからただちに別れる。そこで後朝の歌をつくる。もっと時代が下がると心中してしまう。結ばれたら最後、死ぬか、別れる。別れの相において見るか、結ばれない相において見るかという点で、日本型愛と西洋型愛とが二種類に分かれるんです。白河院と璋子さんも典型的で、二人は結婚していません。あれだけ権力者であっても、やっぱり憚るところがあるわけですよ。

丸谷　そうそう。どうして側にずっと置いておくことをしなかったのかが大問題ですが、でも、できなかったんですよ。

山崎　もう一つは白河院の老いですね。彼は死を迎えつつあって、璋子さんは人生最後の女ですよ。こんなことを思ったのは、丸谷さんが『毎日新聞』に、ある老詩人の恋愛詩を書評されたでしょう。あれは面白い詩ですねえ。

丸谷　いい詩でしょう。澤崎順之助さんの訳がすばらしい。

山崎　ちょっと紹介してください。

丸谷　ヘイデン・カルースというアメリカの老詩人なんですが、「どうか若い娘よ、私と寝るときは、からだを洗ってきみの愛人の染みを拭いとってからにしてくれ」という台詞から始まる詩なんですね。若い女が若い男の愛人をもっているのを彼は肯定している。「彼のところから来たなどと言わないでほしい――そんなことはすぐ分かる。行って思う存分淫らに、長い明るい日中、かれの若いからだを楽しんでくるがいい。そのあとこちらに来て」……自分と寝てくれ、自分は壊疽《えそ》のような存在であるけれど「きみは、壊疽に手を触れて、心あらば、それを嘘と憐愍《れんびん》にくるみこんで、いまをなお緑の春の季節と思いこませてくれ」と。

山崎 あの丸谷さんの解釈を読んだときに、ぼくは白河院のことを思い出した。「老いらくの恋」は普遍的なものなんですね。

丸谷 森鷗外の書いた詩のなかに、伊澤蘭軒という秀才が養子先から追い出された話があるでしょう。その養子先の男が年寄りで、その妻君に男の愛人があるのに養父がその存在を許している。ぼくはあの関係を思い出して、鷗外が史伝なんかであんなふうに書いてしまうのは惜しいと思った。

山崎 また始まった（笑）。それが鷗外の限界です。

丸谷 そうなんです。鷗外は史伝でそれを裏に回して、追い出された男がいかにけなげな少年であるかに力点をおいて書くわけです。でも、小説家は美談を書く必要はないんで、醜聞の研究をやらなければいけない。（笑）

山崎 そう言えば、白河院の老いの恐怖はあの道長にもあったと思うんです。自分が老い滅びていくなかで必死に女性を愛する、その切実さが、なにか摂関・院政時代の文化を特徴づけているような気がするんですね。藤原時代全体が、驚くなかれ末法思想というものを信じているんです。藤原家からみれば絶頂期ですよ。この世の極楽と呼ばれた平等院鳳凰堂をつくる財力と想像力があるなかで、無常観にさいなまれている。私は昔からこの逆説を面白いなと思ったんだけれども、それを一貫してつらぬいているものは、性的エクスタシーなのかもしれない。

丸谷　あの頃の文化が面白いのは裏にデカダンスがあるからなんです。単に健全なだけの文化というのはつまらないんだ（笑）。健全さの裏にデカダンスがあり、デカダンスの裏に健全さがある、そういうこみ入った味になってきたときに、文化というのは面白いですね。院政期の文化について人はもっぱら性的頽廃だけを言うけれども、そうじゃなくて、大変なエネルギーがあるわけですよ。

山崎　それが滅びへのパッションと重なっている。

丸谷　そうそう。そういう院政期の複雑な色合いが、いいですね。

山崎　性的エクスタシーと往生へのエクスタシー、エロスとタナトス。これが時代全体を貫いている。生きているときは密教で、その密教は司馬さんの言葉を借りて言えば、風が吹けば風と一つになる、自分が何かに没入していくような宗教的パッションですね。それが一転すると来迎を求め、阿弥陀如来の手から糸を引いて死のうとする。これは道長の場合ですけど。

丸谷　ですから、『新古今集』というのは非常にエロチックな歌集ですよね。最後の巻が釈教歌で。ここにおいてエロチックなものは極まって、それで終わるんです。

山崎　なるほど釈教歌、本当にそうですね。これで女人往生にもうまくつながりました。

異形の王とトリックスター

網野善彦『異形の王権』平凡社　一九八六年（平凡社ライブラリー　一九九三年）
山崎正和『室町記』朝日選書　一九七六年
植村清二『楠木正成』至文堂　一九六二年（中公文庫　一九八九年）
兵藤裕己『太平記〈よみ〉の可能性』講談社選書メチエ　一九九五年

「仁」がつかない天皇

丸谷　この章のテーマは南北朝時代で、その次は室町時代ですね。この両者のあいだには、当然のことながら共通する要素がたくさんあるわけです。たとえば、これは網野善彦さんの『異形の王権』で知ったことですけれども、「建武の中興」のとき後醍醐天皇の政治というのは、商人が内裏に出入りできたくらい、商工業を重視したという。それから、宋、元の文物、制度を大幅に採用するなどの点で足利義満の政治を先取りしている趣があった。

山崎　それは大賛成ですね。卓見だと思います。

丸谷　いやいや、網野さんが言ってるんです（笑）。しかし、この二つの時代は、対立する要素もまたいろいろあるわけです。その対立のほうに目を向けると、これは山崎さんの『室町記』でも触れていた中国学の大家・内藤湖南の名文句ですが、湖南はかつて日本歴史を論じて、「日本を知りたいならば、室町以降を知れば充分である。それ以前の日本は、まぁ外国みたいなものですな」と言っている。

内藤湖南のこの、暴言にしてかつ名言を、司馬さんもほめてますね、そのとおりだと言っている。たしかにそのとおりだという面もあるわけです。山崎さんの本にも書いてあったと思うけれども、室町時代に始まったものとして、生け花、茶の湯、水墨画、能、狂言、座敷、床の間、掛軸、庭、醬油、砂糖、饅頭、納豆、豆腐……こういうふうに、いろいろある。

山崎　四條流の包丁道から小笠原の礼法まであります。

丸谷　いっぱいあるんです。こうしてみると、現代日本人の生活の大筋のところは、みんな室町時代に始まったと言っていい。「生活の大筋」じゃ少し大雑把だから、逆にわれわれの使う具体的なモノは、あの時代から始まったと言える。つまり、それ以前は醬油も豆腐もない、だから「外国みたいなもんだ」ということになって、きれいに筋はとおるんです。

しかし、司馬さんが内藤湖南の説に喝采する心理的な動機としては、司馬さんの近代主義が大きく作用している。つまり、近代日本の胚芽は室町時代にある、それ以前は前近代だったという気持ちがあるわけですね。ぼくは、それはよくわかるんです。

その典型的な事柄として、南北朝時代というのは怨霊《おんりょう》が、ことに楠木正成の怨霊が社会を動かした時代だった。『太平記』というのは、あの動乱の時代にこの題はおかしいじゃないかとか、いや、おかしくないとか、諸説ありますけれど、要するに「怨霊で世の中が乱れるこんなばかばかしい状況は早くやめて、天下太平が望ましいな」という気持ちで題をつければ、『太平記』になるわけですね。御霊《ごりょう》に対する嫌悪感というよりも、ここは社交的な才覚として、御霊をほめたたえることによって御霊の跋扈を早くやめてもらいたいという、そういう本だったと考えればよくわかります。つまり供物としての歴史書です。日本史全体で、御霊の大物を三人立てようとすると、一人はどうしたって菅原道真ですよね。二番目は楠木正成。三番目が人によって贔屓の分かれるところで、山崎さんはなんにしますか。

山崎　私は一つ前の時代で早良《さわら》親王だと思いますが。

丸谷　ぼくは、平将門かな、あるいは浅野内匠頭、判官様かな、しかし女がいないのは寂しいから、お岩様にするか。(笑)

山崎　あれはやや私的な怨霊ですね。要するに御霊が出るのは、疫病や火事の多い都市の世界ですから、そうなると平安京の成立にかかわる早良親王じゃないかしら。

丸谷　まあ、平安時代に始まる御霊の支配する風潮は、この南北朝時代において最高潮に達したと言えるんじゃないか。そういう非合理的な時代精神がうんとのさばったあとで、ようやく合理的な時代、室町時代に入ったという、その歴史のダイナミズムとして、南北朝から室町への転換をとらえることもできそうな気がするんですね。

ところで、その南北朝時代を代表する人物は、戦前は言うまでもなく楠木正成でしたが、戦後になると後醍醐天皇に変わった。その途中、戦後しばらくは足利尊氏がかなり人気があったけれども、尊氏人気はだんだん落ちていって後醍醐天皇に変わった。この後醍醐をスーパースターにしたのは、網野善彦さんの『異形の王権』の力が圧倒的ですね。で、主としてこの本を参考にしながら後醍醐を論じたいと思っているんです。でも、何から何まで網野さんではナンだから（笑）、その前にちょっとひと言、ぼくの創見というのかな、新見というか、珍説というのかな……。

山崎 おどかさないでください（笑）。いつものっけにパンチが飛んでくるんだから。

丸谷 これは前にちょっと書いたんですが、学者がまだ論じてないことなんです。日本の天皇の名前で、後冷泉天皇の親仁《ちかひと》から第百二十五代、当今《とうぎん》の天皇陛下、明仁天皇に至るまで、「何仁」という形式でない名前の天皇は八帝しかいない。

山崎 ほォ。

丸谷 一般に、皇子《みこ》の名前は何仁という形式なのですが、この八帝は例外なのですね。

八十二代　後鳥羽（尊成《たかひら》）
八十四代　順徳（守成《もりなり》）
八十五代　仲恭（懐成《かねなり》）
九十四代　後二條（邦治《くにはる》）
九十六代　後醍醐（尊治《たかはる》）
九十七代　後村上（義良《のりなが》・憲良《のりなが》）
九十八代　長慶（寛成《ゆたなり》）

九十九代　後亀山（熙成《ひろなり》）

これだけなんです。運の悪い、かわいそうな帝ばかりですね。

山崎　そういえばそのとおりだ。

丸谷　おしまいの四人は南朝の帝で、そのうち後醍醐さんだけは勝手なことをしているからまあいいけれども、あとの三人はほんとにかわいそうでね。皇室というのは非常に保守的ですから、皇子の名前は何仁形式に決まっているのに異を立てて、何仁でなく命名するのは実に風変わりなことですよね。

この命名には由来があるんです。後鳥羽院の場合は、高倉天皇に皇子が四人いました。いちばん上が八十一代安徳天皇（言仁）。これは平　徳子《たいらののりこ》の産んだ皇子で、清盛の孫ですね。その次が守貞《もりさだ》親王、それから惟明《これあき》親王、その次が後鳥羽さんで尊成になる。

要するに「仁」の字は、記号論的に言うと後に天子になる可能性があるという符号ですから、清盛は自分の娘が産んだのでない皇子に「仁」というのをつけちゃいけないと言ったんだと思うんです。それで、みんなこういうふうに違った。そのときに、名前は儒者が選ぶわけですけれども、その儒者を清盛が脅したんだと思うのね。

山崎　清盛ならありうることですね。

丸谷　彼らは曲学阿世だから実に簡単に脅されて、守貞とか惟明とか尊成とかつけたんじゃないか。それがあるものだから後鳥羽は、順徳の時に「仁」という命名法を嫌って、しなかったんだと思うんですよ。仲恭さんのときもそれだったんじゃないのかな、たぶん。それで九十四代の後二條と後醍醐は、後宇多天皇の息子なんです。この後宇多さんという人は、朝廷の勢力を高めたいという気持ちがあって後鳥羽院崇拝ですね。で、後鳥羽にあやからせようと思って息子に「尊治」をつけて、その前の長男のほうにも「何仁」じゃない形式の「邦治」というのをつけたんだと思う。

山崎　なるほど。

丸谷　これで問題なのは、「尊治」の「尊」は、後鳥羽院の「尊成」の「尊」ですね。だから、後醍醐天皇は後鳥羽院を猛烈に意識して育った方だと思うんですよ。

山崎　それは慧眼だな。

丸谷　個人史の大事な要素として自分の名前に対する思い入れということがあります。気にしない人もいるけれど、気にする人もある。この帝は後者でした。後醍醐という諡《し》号《ごう》を亡くなる前に自分でつけさせたんですってね。お父さんが後宇多で、宇多天皇の息子が醍醐天皇でしょう。ひとつにはそれがあって後醍醐とつけたんでしょうね。

山崎　宇多、醍醐の二代は、日本の帝政史の中で理想的な時代だったとされていましたからね。

丸谷　そうそう、その二つがあってつけたんでしょう。そのくらい、ネーミングにこだわる気性の人だったと思うんですよ。そういう人が、子どもの時から自分の「尊治」という名前を見ている。そして、後鳥羽院の事蹟をいろいろ調べた。歌を詠んだり、関東に逆らったり、流刑にされたりする境涯を「ロマンチックでいいなあ」と思ったり（笑）、いろいろしたんじゃないか。つまり凡庸な帝として自分の人生を送るのは嫌だという、ヒロイックなものに憧れる少年時代が、この方には非常にあったんだろう、と思うんですね。

山崎　小説家らしい推量ですね。

丸谷　名前に対する執着の一例ですけれども、後醍醐の皇子たちの場合でも、尊良とか護良とか、「仁」を排除してつけていますよね。「何仁」形式の名前の、つまり平穏無事に帝としての生涯を終える一種サラリーマン的な帝と、ヒロイックな帝と、二つの類型があって、サラリーマン的帝を排してヒロイックな帝でありたい、あってくれ、という強い欲求が後醍醐天皇にはあったんだと思う。少年時代から始まる個人史の基本のところに、名前による自分の一生の進路というものが決まっていた。

山崎　それはたしかに新説だ。

邪教を利用した異形の王

丸谷　ところが、網野さんが引いている佐藤進一教授の説によると、後醍醐天皇の政治とか人事は、王朝国家の体制として定着していたいろいろな慣例の全面的な否定であって、古代以来の公家の合議体を解体して、恐るべき専制的な体制をつくった。その体制のモデルは、宋の君主独裁政治であったことになっている。これは非常に正しいだろうという気がするんです。外来文化に対して非常に敏感なところのある人だった。

それから、もう一つの要素として網野さんが挙げるのは、文観という律宗の坊さんとの関係ですね。文観は後醍醐に非常に近い関係にありまして、鎌倉幕府調伏の祈禱に大きな役割を果したため逮捕されて硫黄島に流されたんですが、後醍醐が鎌倉幕府に勝ったあとで京に帰り、小野僧正と呼ばれ、東寺一長者となって醍醐寺座主を兼ねるという、非常な羽振りをきかせた。ところが、この文観は、後年、立川流中興の祖と呼ばれるぐらい特殊な宗旨の坊さんだった。この立川流というのは……これが難しいんだなあ。「男女交合の淫欲成就の妙境の刹那こそ即身成仏の本体である」というのが中枢にある考え方らしいんです。まあ、邪教でしょうね。要するに真言仏教の一派で、大変極端なものであった。

当時、この教義は後醍醐周辺にかなり影響を及ぼしていたとみられます。これは笹間良彦さんの、説というよりもほのめかしている程度のことですが、『太平記』巻の一、「無礼講の事」というところに、日野資朝《すけとも》卿その他の連中が集まって酒を飲んだ。「男は烏帽子を脱いで髻《もとどり》を放ち法師は衣を不着して白衣になり　年十七八なる女の眄形《みめかたち》優に膚《はだえ》殊に清らかなるを二十余人　編《すずし》の単衣ばかりを着せて酌を取らせければ云々……」
とある、例の有名なところですね。そこのところに、「交会遊宴《こうかいゆうえん》の躰《てい》」とある。それで笹間さんは、交会遊宴と『太平記』の作者が書いているのは、乱交パーティなのではないか（笑）、これも立川流と関係があるんじゃないかと言っている。意外にそうじゃないかな、という気がするんですね。そういう連中が周囲にいて、それによって関東調伏の祈禱をしたりする天皇ですから、後醍醐天皇もこの派に属していたらしい。

図1　密教法具を手にした後醍醐天皇像
（網野善彦『異形の王権』より）

山崎　前章の文脈につなげて言えば、社交と宗教の「異形」の合体ですね。

丸谷　それで、後醍醐さんは天皇でありながら法服を着けて、真言密教の祈禱を行なった。しかも、後醍醐が行なった祈禱は「聖天供《しょうてんく》」というのか、大《だい》聖歓喜《しょうかんぎ》天浴油供《てんよくゆく》（図2参照）。聖天供の本尊の大聖歓喜天というのは、象頭《ぞうず》人身《にんじん》の男女抱合、和合の像である。この男女が抱き合っている像、象の頭に

図2　象頭人身の男女和合の像である大聖歓喜天像（網野善彦『異形の王権』より）

——これが実にグロテスクなんですがね（笑）——油をかけてやる祈禱があるんですが、「セックスそのものの力を自らの王権の力としようとした」と網野さんは言っています。そういう点で邪教の力を利用しようとした人ですね。

法服を着て密教の法具を手にして、なんだか奇怪な帽子を被っている後醍醐天皇の像（図1）は、われわれがふつう考えている日本の天皇というイメージとまったく違う、異様な感じのものですね。こういう異形の帝王というものを明るみに出したのは、戦前に平泉澄一派が尊崇した対象の真の姿をあばいた、偶像破壊的な業績ですね。日本史研究で戦後最高の図像学的変革は、網野さんのこの『異形の王権』だったという気がするんです。戦前、南北朝を代表するイメージが楠木正成の乗馬姿だったとすれば、戦後、この時代を典型的に示すのは、この後醍醐天皇の像でしょう。

これを前章で申し上げたことと関係づけて言いますと、後醍醐天皇は古代的なプリースト・キングが中世に適応しにくくなった形勢のなかで、まったくの新手を使って——つまり真言仏教のいわば邪教である立川流にごく近い信仰によって——呪術的な王になろうと試みたのでした。この場合、古代的神道的なプリースト・キングになることは彼にはできなかった。なぜなら彼はあまりにも知識人に過ぎ、外国かぶれに過ぎた。体系とかイデオロギーが好きであって、神道のような鷹揚な無体系、いわば無思想の仕組みでは満足できない人だったんです。

そういう人がいろんなものを総合して政治の核心に突進して行った結果、彼の積極的な行動がどんなに大きな災厄を世にもたらしたか。それが楠木正成という日本の代表的な怨霊を日本史にもたらし、その楠木正成という英雄のイメージのせいで、後世までどんなに長く迷惑をかけたか。(笑)

山崎　庶民娯楽の種も提供しましたよ。

丸谷　ということは皆さんがよくご存じでしょうから、ここで繰り返す必要はないと思います。

商業重視の「都市」づくり

山崎　後醍醐天皇については、「天皇御謀叛」という言葉が残っているんですね。論理的には大変おかしな言葉であって、君主の行動が謀叛になるわけがない。単に鎌倉幕府、北條執権政府に対して天皇が弓を引いたというのならば、「御謀叛」という言葉はあてはまらない。

当時の人たちがこれを謀叛だと考えたのは、むしろ文化的な観点からだったと思うんです。前章の話題にも出ましたけれども、天皇というのは本来、権力と権威の二分制の下で権威の役割をになっているものです。その傍らにあって権力をになっていたのが、たとえば摂関家であり上皇であったわけですね。ところがこの後醍醐天皇は、権威・権力の二分制という日本の不文律を破って、権威が同時に権力になろうとした。これをおそらく当時の日本の民衆は、素朴に「御謀叛だ」と感じたんだろうと思うんですね。日本の正統に反した。

後醍醐とはどういう天皇であったか。たしかに網野さんがおっしゃるように異形という側面はあります。本来なら神道の神官であるべき天皇が、自ら密教の呪術に、しかもそのなかでも特に異端的な呪法に傾く。風俗の面でも身辺に破壊的な人物を集める。そういう異形の面はあるんだけど、私はもう少しそれを広い文脈のなかでとらえる必要があるだろうと思います。

これは私の創見ではなくて、網野さんも他の歴史学者たちも触れているけれども、後醍醐がやったのは、要するに京都という町を都から都市に変えたんです。都というのは、天皇がいて、公家がいて、その周りに若干の補助的な従者たちが住んでいる、貴族文化の単一な趣味が支配する世界ですね。前章でわれわれが話しあった「恋と女の世界」、これが都であった。

それがやがて都市になる。それはまず、公家のほかに別の社会勢力が入ってくることです。第一が武士ですね。地方へ帰れば開拓農民であり、都に出てくれば公家の護衛兵にすぎなかったものが、独自の趣味と倫理を持った勢力になる。それから、非常に重視しなければならないのは商人で、これも固有の世界観を抱いて、町のなかにひとつの勢力として生まれてくる。

そして、これは網野さんがお好きなテーマですけれども、日本の中世の社会秩序のなかからはみ出したような人たち。藝能人、乞食、あるいは下層宗教者——聖《ひじり》の類ですね。これは林屋辰三郎説ですが、「聖」の語源は「日を知る＝日知り」だったようです。日を知るとは、暦を作ることで、本来は統治者の仕事、社会の最高級のインテリの仕事だった。ところが、その聖がとんでもないものになって、乞食のたぐいになるんですね。

湯聖《ゆひじり》なんていうのがあって、温泉に定着していたりした。「ここは、弘法大師がかつて発掘された温泉であるぞよ」などと言っていると、ちゃんと儲かるんです。それから勧進聖といって、「奈良の大仏様を修繕するから、勧進をします」と寄付金を集めて歩くと、半分儲かったんですって。

丸谷　寄付の半分をポケットにいれるのね。

山崎　効率、高いですよ（笑）。最初のうちは弥勒様のお札をばら撒き、最後は高野聖といって、高野山のお札を撒くといった形でやたらに流動している。そういった人たちが都のなかに住み始めて、ひとつの階層をつくっていく。こういう、いわば異なった階層、異なった職業の連中が一そろい揃ってくるのが後醍醐の時代からなんですね。そういう意味において、後醍醐がやったことは、実は都市化だった。

彼が「建武の中興」の政府で何をやったかというと、まず役人のなかに公家と武士を均等に混ぜて、公家・武士の秩序を壊してしまいます。同時に、文観のような異形の僧も近づけますけれども、楠木とか名和長年のような地方土豪を引っ張り込む。ところで、地方土豪というのはいったい何であったか。楠木の場合を見ますと、中村直勝さんの説によると、金剛山の山のなかに出る辰砂、つまり水銀の採掘者だったといいう。当時鉱業に携わったのは、中世的な社会秩序の外にいた人、貴族、武士、農民といった正業からはみ出した人たちですが、これはしかし非常にお金になるんです。辰砂は朱の原料ですから、神社仏閣をつくるときには大量に必要とされる。言いかえれば、それ自体、都市的な需要に強く結びついた商品です。農業には何の役にも立たない原料で、その辺は、たとえば鉄とは違う。そういう、いわば都市の贅沢品を掘り出して稼いでいる新興の商人であったという説ですね。

もう一グループは林屋辰三郎説ですけれども、たとえば運送業……馬借の類に従事して重要な役割を演じる人たちがいた。モノを移動させるわけですからこれも商業なんですよ。農業が定住定着という倫理、「一所懸命」の倫理であるのに対して、移動することで金を稼ぐのが楠木だった。名和長年のほうは家紋が帆掛け舟なんですね。これはおそらく海上輸送者であっただろうと考えると、これも商業です。

丸谷　なるほど。

山崎　江戸時代になると名和長年は鰯売りだったという風説まで流れる。佐藤進一さんが書いていることですが、彼が船木山に旗揚げをして後醍醐天皇を隠岐島から迎えるときに、兵糧を集める。彼のひと声で荷運び人が動員されて、たちまち兵糧が集まるというのは、もともとそういう職業、つまり運送業、商人であったと濃厚に推定できるんですね。後醍醐はそういう連中を選んで使っている。非常に商人重視の支配者なんです。

さらに後醍醐帝は「建武の中興」を起こしたときに、まずやろうとしたのが大建築です。志半ばに終わったようですが、宮殿をつくろうとする。つまり、都市的な建築物というものに関心が非常に強かった。次にやろうとしたのは貨幣の鋳造ですが、これは日本では長らくなかったことで、中国貨幣を輸入して使っていた。たぶんそれが相当程度に流通していたのでしょうが、彼は貨幣経済の重要性を見通して、その鋳造を押さえようとした。名前も威勢がよくて、「乾坤《けんこん》通宝」なるものをつくろうとしたんです。乾坤というのは天地ですからね、大変な意気ごみです。おまけに、これも成功しなかったようだけれども、日本最初の紙幣をつくった。

丸谷　そう？

山崎　さらに京都の町なかに米インフレが起こると、彼は直ちに米市場を開設させて、そこで安売りをさせる。つまり、市場操作を試みようとします。

もっと決定的なことは、後醍醐は検非違使、都市の警察と徴税権を一手に押さえるんですね。で、たとえば新しく酒に税金をかける。そして象徴的なことに、当時京の町は東と西に分かれていたんですが、その東　市　正《ひがしのいちのかみ》——西側は衰退していましたから、京都唯一の市場の長官ですが——それに、なんと名和長年を指名する。それまで歴代務めていた貴族の中原家をクビにして、新しい商人出身の武士を東市正に据えるんです。こうして、流通の中心を支配しようとする。きわめて合理的な経営者で、単なる異形の人ではなかったようです。

他方、これは丸谷さんもおっしゃっているように、この帝は国際感覚というか、中国に対する関心が非常に強くて、宋学イデオロギーはどこまで勉強したかわかりませんけれども、坊さんの衣まで黒から黄色に変えようとするんですね。

丸谷　あれは、元がそうなのね。

山崎　そうなんです。中国の僧の衣は黄色ですから、そういうところまで、いわばかぶれがはなはだしい。金を重視して、人の流動を大事にして、国際性に関心があって、そのうえで異形のものをも迎え入れる——つまり多様性ですね。これは実は都市文化の原則なんですよ。後醍醐という人は、それをことごとく追求しようとした人で、もしも平安以来の日本の伝統が農業にあるとすれば、これもまた「御謀叛」なんですよ。都市が農村に対して謀叛を起こしたんです。

そういう意味において、私は網野さんの説に敬服するにやぶさかではありませんが、ちょっと異形という面にだけ重点がかかり過ぎている。合理性をも大いに含んだ、彼の都市性を重視しなければいけないんじゃないだろうか。

大常識人・足利尊氏の治世

丸谷　なるほど、ぼくはどうも後醍醐さんを後鳥羽院寄りにとらえている傾向があってね。つまり歌が上手でない後鳥羽院……。

山崎 でも、後鳥羽という方も相当に都市文化の擁護者でしたよね。

丸谷 ぼくがよく知っている文学者としての後鳥羽院は、なんといっても流行歌の歌詞をどんどん自分の歌のなかに取り入れるという点ですばらしい才能があったわけで、それは彼の歌のライバルである藤原定家ができなかったことですね。そういう意味で時代に先駆けていた人でしたから、都市的文学者、都市的詩人という面は非常に強い。そこへいくと定家は、もっと保守的な宮廷的な人なわけですね。

山崎 それに対応する源実朝は、ある意味で挫折した都市人だったわけですよ。武家の統領でありながら、呪術も行なえば公家にもなりたがる。宋に行きたいとまで考えたんですからね。実朝は田舎にいたから、憧れというか、理念のなかだけの知識人だった。

丸谷 そうね。宮沢賢治的な世界人なのかもしれませんね。

山崎 首都をとび越して、世界につながろうとしたという意味でね。もう一つ、これは結果論ですけど、後醍醐天皇の敗北そのものが京都を大きくしたと言える。あまりにも観念的な都市主義者であったために敗北するんですが、敗北した結果、南朝というものを立てて吉野に頑張るわけですね。すると、対抗者であった尊氏は、ここは日本の古典的伝統に従わざるをえないと考えます。言うまでもなく、権威と権力の二分です。自分が強い権力ですから、権力対権力の戦いなら勝てる。しかし、権力対権威の戦いをやると不利でしようがない。そこで、「うちも天皇を立てよう」というので、持明院統の北朝をつくるんですね。

ところが、北朝は天皇ですから京都にいなければいけない。ここが非常に面白いんですね。つまり、すぐ近いところに南朝がいるわけですから、放っておいたらたちまち北朝が潰れてしまう。そこでやむをえず武士政権が京都に乗り出してきて、京都に幕府を開いた。しかし、これは武士にとっては自殺行為なんです。

丸谷　東にいるべきだったのに。

山崎　かつて頼朝は、都にいると武士の純粋性が危ういというので鎌倉に幕府を開いて、権威と権力を地理的にも分けていた。それが、たまたま南朝ができて、それに対抗すべく北朝を立てたばかりに、京都に幕府を開かざるをえなくなった。その結果、京都は本当の都市になるんですね。そして室町時代が開けていく。

足利尊氏という人は、かつて私は『室町記』にも書きましたが、伝統的な日本の武士の典型だったと思います。つまり、農民的な家父長です。非常な常識人で、天皇に逆らうことは怖くて仕方がない。それから、実をいえば北條に弓を引くこともいささか憚られた。彼は、いろんな口実を使って、自分を励ましながら戦いに参加する人なんですね。たとえば北條に弓を引く直接の理由は、自分の父親の喪中に戦場に駆り出されたことだという。これはもちろん、屁理屈にすぎませんよ。本来、彼は北條と戦いたいんだけれども、しかしなにか名目が、それも自分を説得する名目が欲しい。

そこへもってきて、足利家には、七代目の子孫が天下を取ると源義家が残した「置文」がある。その七代目家時は取れなかったものだから、「三代のうちに天下を取らしめよ」と祈って自殺をして償ったりするんですね。それで、家時の孫にあたる尊氏はやむをえず天下を取りました。しかし、彼は偉大なる常識人、巨大なる凡庸人だったと私は思うんですね。日本はだいたい凡庸なる常識人によって治まるんですが、その孫にあたる義満というのは、これは天才だったんですね。ですから、京都を都から都市にした偉大なる天才は、後醍醐帝と義満だったわけです。皮肉にも、二人は政治的には敵対関係にあったわけですけれども。

丸谷　後醍醐は、そのくらい偉いわけですか。

山崎　後醍醐が独りで計算してやったとは言ってません。南朝を開いた結果、幕府が京都に来たなんてことは、計画できることではありませんよね。でも結果的にはそうなった。そして、実は義満がやったことの中身は、ほとんど後醍醐がやりかけてしくじったことなんです。

丸谷　うん、それはそうなんですね。

山崎　たとえば土倉、酒屋を抑えて、そこから税金を取る。日宋貿易を盛んにする。大陸からの教養の受け入れにしても、たとえば『高麗版大蔵経』を後醍醐は大量に輸入する。義満もいろんな文物を輸入したからこそ、その目録と言うべき『君台観左右帳記』

というものが生まれるわけです。一説によると中国側では、日本人を馬鹿にしていたらしいんですね。あまりにも日本人が唐物を好むから、それならというので工場を建てて盛んに偽物を作って売りつけた。そこで本物を鑑定するために目録を作って、貿易商人たちに分け与えたといいます。そのくらい、国際化は進んでいくわけですね。

もっとおかしいことに、後醍醐は天皇でありながら、伝統にたいして「謀叛」をした。義満は逆に臣下でありながら、日本国王を名乗るんですね。

丸谷　そうそう。

山崎　もっともそれについて私には別説があって、義満は国際関係、つまり中国との関係のなかでだけ「日本国王」を名乗ったんで、「天皇」と言ったことはないんです。そこは上手に使い分けたと思うんですけどね。

丸谷　ぼくはそうだと思う。あれを大きく論じるのは実際政治の感覚とずれることだと、ぼくは前から思ってたんです。

山崎　ただ、彼は准三后になりますね。准三后というのは天皇、皇后の次ですから、そこまでは自分を引き上げた。それから二條良基を重用して、非常に貴族的な文化を身につけます。結果的に世阿弥を生むわけですけれども、そういう武士の公家化、あるいは天皇文化化とでもいうべきものをやるわけですね。だから私は、後醍醐—義満でワンセットと見てるんです。

丸谷　ただ、あの時代に権力というか王権というものが、それ以前とは違った非常に混沌としたものになって日本人全体に迫ってきたということは、事実ですね。

楠木正成はトリックスター

山崎　おっしゃるとおりですね。そこで、せっかくだから楠木正成の話を少ししましょう。これは面白いんです。彼はどうやら鉱工業者で、運送業者で、身分としては低いけれどもかなり豊かな土豪であったことは確実なんですね。だから一方で彼は、都市的な側面を色濃く持っている。まず商人的合理主義があります。それがいちばんはっきり現われるのは、もう後醍醐朝が傾き始めた頃、彼は尊氏との和睦論を唱えますね。それまで最も勇敢に戦った忠臣筆頭の楠木正成が、「敵の尊氏と手を結べ。新田義貞ではだめです」と言う。

丸谷　あれは、山本五十六が和睦論を唱えたという、そういう感じ……。

山崎　そういう話ですよ。

丸谷　それを植村清二先生の『楠木正成』は、正成がいちばん偉いことにして、あれを書くのね。

山崎　私は本を読んで植村さんという人を、人柄として非常に好きになったんですけど

ね（笑）。つまり一方で正成を冷静に客観的に見ながら、正成の持っている純情さにも入れ上げているでしょう。（笑）

丸谷　そうそう。

山崎　その両面性が面白いんですけれども、実は正成という人物そのものが、まさに矛盾の産物だったと思うんです。一方は商人的合理主義で、そのゆえに大向こう受けのする奇抜さを好んだ。正成の戦闘方法は、従来の農民的律義さと言うか、由緒正しい武士の戦闘方法ではありませんよね。千早城のいろいろなエピソードがありますけれども、あれは……。

丸谷　トリックスターなんだね。

山崎　まさにそれを言おうと思った（笑）。楠木正成はトリックスターなんです。明らかに人に見られることを意識しています。隅田と高橋という北條方の武将が攻め込んで、さんざん翻弄されて負けると、旬日を経ずして京都に落首「渡部の水いかばかり早ければ高橋落ちて隅田流るらん」が出るでしょう。あれは正成が書かせたんだと思う。

丸谷　なるほど。そうかもしれない。

山崎　「私はこれだけやったよ、みんな見ておくれ」と、ちゃんと宣伝する。これは都市人のセンスですよ。実質主義じゃなくて見掛け主義なんです。

丸谷　あの千早城の籠城そのものが見掛け主義だと植村先生の本に書いてありますね。

北條幕府は疲弊しているから、ここでしばらく籠城して時間を稼げば、方々で反乱軍が決起するだろう、と正成は思っていたんだと。だから正成という人は、ジャーナリストなんですよ。新聞を出す代わりに新聞記事に書くにふさわしい大事件を起こしたんです。それで人心をゆすぶる。それじゃあテロリストなんかはみんなジャーナリストということになるかと言うと、そんなことはない。たとえば二・二六の青年将校たちはジャーナリストじゃなかった。新聞記事というのはニュースとヒューマン・インタレストとの組み合わせでできています。こういう事件が起こったというのはニュースですが、その主役である人物の人柄の魅力、楽しさを伝えるのがヒューマン・インタレストですね。こういう冗談を言ったとか、こういう服装をしていたとか。ところが初期の正成は、千早城なんて大事件を起こしながら、泣き男を雇って正成は死んだと言って泣かせて敵をだますとか、何か面白いことをやる。その明るさがつまりジャーナリスト。

山崎　都市とは、ジャーナリズムの世界なんですよ。そのくせ他方で彼は、やはり伝統的武士、農民の倫理観を持っているんですね。忠臣イデオロギーです。この矛盾で結局、彼は滅びていく。最後に生死を決するときには、武士・農民イデオロギーに戻るんです。正論を述べているのに通らなかったら、「しようがない、間違った説のために死んでやろう」と言って死んでしまう。

面白いのは、彼の息子二人がその矛盾を分け持つんです。正行《まさつら》というのは古い男で、父親の保守的な側面、忠臣イデオロギーの塊です。弟の正儀《まさのり》は権謀術数家で、後に高《こうの》師直《もろなお》とやり合ったり佐々木道誉《どうよ》とも張り合うんです。南朝が一時期京都を支配したときに、正儀が攻め込む。そのくせ彼は公武合体論者で、北朝を代表する佐々木道誉と和議交渉をして治めてしまうんですね。合理主義の側面は正儀が引き受けていた。

丸谷　ぼくはこう思うんですよ。結局なんといっても、楠木正成のいちばん大事な文献は『太平記』なんですね。『太平記』がないとなにもわからなくなるみたいなものなんです。ただし、『太平記』は、矛盾撞着を極めた実に混沌とした本なんですね。あの混沌があるからこそ、正成をとらえることができた。あれは整然とした近代小説の人物論の調子でやったらだめなんです。

正成という人は実に多面的な人物ですね。それを一つ並べてみましょう。

第一に忠臣。これは言うまでもない。

第二に作戦の天才、軍師。これも説明する必要ありませんね。

第三に樹木の精。後醍醐天皇が夢のなかで楠の夢を見て、それを解くところから楠木正成が登場するわけですが、あれは桃太郎と並ぶくらいの樹木の英雄化でしょう。樟《くすのき》は芳香を発するし、虫害に強いから、象徴的なんです。いまの日本でも巨木を一〇選ぶと、その大半は楠だそうですが、昔は楠の大樹が全国的に多くって、それが全国民に印象が強かったと思います。当然、樹木信仰とダブってくるでしょう。

山崎　それは賛成。鋭い指摘ですね。

丸谷　第四に謎の人物。建武の中興の忠臣のなかで、彼ほど出自のはっきりしない人物はほかにいないでしょう。忍者の家柄だったなんて言われるくらいだもの。

第五に、これはさっきも言ったけれどトリックスター。いろんないたずらをして面白がるし、また面白がらせる。何か真田幸村と猿飛佐助を合わせたような（笑）感じがありますね。

第六に、さっきも言った現実的な政治家。

第七に父、第八に兄ですが、夫とか恋人とかいう色っぽい面がないのは本当に残念でした。

山崎　そっちは新田義貞が受け持つんですね。

丸谷　ええ、分業ね。（笑）

第九に、反逆者。これは明治以後言われなくなった。単なる忠臣になったから。でも明治維新以前はあくまでも北朝が本筋なので、南朝はいわば裏だったんです。だから南朝の忠臣というのは体制に逆らう者で、それだからこそ逆転に賭ける危険なエネルギーがいっぱい詰まっている英雄でした。

そして第一〇にもちろん御霊。あれは大活躍する亡霊だった。こういうエネルギーをはじめ、いろんなものをそぎ落として、美談の主、つまらない男にしてしまったんですね。

片方には大変な合理主義者がいて、もう一方には「樹木の精」とでも言うしかないような童話的な人物がいる。その両方を、われわれは別になんとも思わずに受け入れてしまう。そういうところが、『太平記』は近代文学のかなり手前の壮大な物語としてかなりうまくいっている……。正成伝の初めの部分は明るくて喜劇的でしょう、むしろ。それが悲劇的に、悲壮に終わる。そして死後には怪奇小説（笑）になる。この三様な変化のつけ方がなかなかうまくいっています。

山崎　こういうふうに見てもいいんじゃないでしょうか。日本文化というのは、ある意味で正統性をよく守った文化だと思うんです。たとえば和歌の伝統は連綿として現代まで続いています。権力・権威の二分構造という政治の基本も相当長く続いていて、これに弓を引くと「天皇御謀叛」になって、たいがい失敗する。

しかし、実はもう一つ、日本には裏文化というものが脈々とあったんだと思います。たとえば、いま言われた『太平記』の複雑さ。裏文化が表に出てくるその一面に目をつけられたのが、網野さんのような学者です。

たとえば、われわれはたいてい農村と都市を見ていますが、もう一つ「山」という別世界があるんですね。丸谷さんのおっしゃる樹木信仰とも深い関係がありますね。『太平記』のなかで大事な役割を果たすのは、みんな「山」なんですよ。

丸谷　なるほど。

山崎　楠木正成は金剛山に立て籠もります。名和長年は船木山で旗を揚げます。赤松円心は書写山という山で旗を揚げる。そして、つねに渦巻いているのは叡山と高野山。つまり山ですね。その山には、農民的文化秩序に服さない人たちがたくさんいる。たとえば鉱工業者も、猟師も、炭焼きも、木こりもそうだ。ほかにも山伏というのがいる。児島高徳がどうしてあんなに早く情報を隠岐まで伝えられたかというと、あれは実は山の民なんだという説もあります。山の民は、木の枝を結ぶとか、幹を削るとかいうサインで独特の通信方法を持っていて、どんどん情報が流れるらしい。そういえば児島高徳は桜の幹を削って、「天勾践《てんこうせん》を空しうする莫《なか》れ……」と書いた。

丸谷　あれも暗号？

山崎　暗号というよりは、木を削ってものを伝えるという山の民の伝統の現われですね。

丸谷　通信技術ね。

山崎　「熊野信仰」も山の文化ですね。清盛の頃から後醍醐まで「熊野信仰」が非常に強く入っている。これがまたややこしくて、修験者には密教と、道教と、日本の神道の原型と、雑密《ぞうみつ》のようなものまでみんなまとまって入ってるんですが。

丸谷　何しろ忍者かもしれない人だから。

裏文化が表に出る混乱期

山崎　もう一つ面白いのは、たとえば兵藤裕己さんという人が『太平記〈よみ〉の可能性』というい い本を書かれて賞もお取りになっているんですが、その中に聖徳太子伝説が出てくる。私たちが表文化で理解している聖徳太子とは、仏教を広めた天才、学者であるわけですが、裏文化では、聖徳太子は軍師だったという面白い指摘がありましてね。

丸谷　その本、読んで、書評しましたよ。いい本です。

山崎　聖徳太子が物部守屋《もののべのもりや》を滅ぼしたとき、彼は真の武将であって、そのとき太子が使った軍学は漢の高祖の参謀・張良将軍の書いた兵書であった、それが聖徳太子に伝わっていたという伝説があって、それに山伏とか陰陽師《おんみようじ》たちの呪術的な兵法が結びついて『太子流神秘之巻』という軍学書までできている。それが大塔宮《だいとうのみや》と正成に流れていただろうという説は面白いですね。事実、正成は聖徳太子を深く信仰していた。

丸谷　そうでしたね。

山崎　聖徳太子ひとつを取り上げても、裏情報によればあの人は忍術と兵法の神様であって、しかも、それが例の伊賀流、甲賀流の忍術にまでつながるらしい。そういう裏文化が、混乱の時期に一斉に噴き出してくる。それが『太平記』の持つ複雑さだし面白さですよね。

丸谷　「本日より正成あらわる」という札が出ると、みんなが講釈を聞きに行ったというでしょう。それは、正成に対するいろんなものが、民衆の想像力のなかにすでにあったから、「正成」という名前を聞いただけでワッと興奮した。そういう『太平記』的正成というものを明治維新以後、ひとつは実證主義的な歴史が滅ぼした（笑）。もうひとつは尊皇史観が滅ぼした。

山崎　マルクス史観も滅ぼした（笑）。寄ってたかって滅ぼした。

丸谷　実におかしく滅ぼしたわけね。それで、みんながわからなくなっちゃったんですよ。植村先生の本をほめてくださってとても嬉しかったんですが、あの先生の『楠木正成』が面白いのは、大阪の方だから、明治維新以前の大坂の町人の、正成との関係がよく残っていて、しかもそれが近代史学の方法と手を結んで出てくるところですね。

山崎　正成という人は、それこそ講談の世界でまで尊敬されていますが、そういう日本のヒーローは、ひとつの構造的原則があると思うんです。「忠誠なる反逆者」「正統なる異端」なんですね。正成は天皇に対して忠誠であった。しかし、やることなすこと常識はずれ、見せびらかしであった。かと思うと、ひどく誠実でもある。実は一休さんもそうなんです。非常な奇人として有名で、伝説のなかでまでその女色をうたわれているけれども、彼は天皇のご落胤であって、しかも禅宗の名僧であったという正統性でバランスがとれるわけね。その原型が義経なんですよ。『太平記・評判』という本のなかに、「正成五十にして義経を師とする」というのがある。

丸谷　そうか。奇人という項目を一つ立てるべきでしたね。いまの奇人という問題ね、これは日本文化にとって非常に大きな問題だと思っているんですよ。われわれは奇人というのが好きなんです。

山崎　なぜ好きかと言うと、根本的には常識人に支配されたいからなんです。たとえば、日本人はナポレオンに支配されたくはないんです。支配は退屈な、たとえば尊氏さんにしてもらいたい。しかしそうすると、面白くないから奇人を、それが支配しない限りにおいて尊重する。

丸谷　本心では常識人に支配されたいけれど、心の表面では奇人を面白がるというのは、日本人に限ったことじゃありませんよ。たとえばイギリス人もそうで、ハムレットという奇人をデンマーク王にしないで、フォーティンブラスという常識人を王位につかせる。

山崎　なるほど。

丸谷　昔の奇人の系譜がずっとあって、たとえば一休、曾呂利新左衛門……とあるでしょう。

山崎　いちばんの原型は聖徳太子でしょうね。

丸谷　そして、いちばん新しい奇人の典型が、永井荷風だと思うんですよ。

山崎 それは高級過ぎますよ。私や丸谷さんは永井荷風が好きだけど、一般の人には西郷隆盛だと思う。

丸谷 ちょっと待って（笑）。永井荷風のいまの人気、ものすごいもんですよ。陸続として毎年あんなに本が書かれる人はいない。

山崎 大した作家じゃないのにね。（笑）

丸谷 ぼくもそう思う（笑）。ただ、反逆の姿勢とか一片の志とか、そういうものはあるわけです。もちろん奇人性、これはもう不自由しない（笑）。逸話が多い。志賀直哉なんて人は何も逸話がないでしょう。しかも、荷風が日本文学の中心になることは、まずないわけですよ。

山崎 ないですねえ。

丸谷 中心になるのは志賀直哉とか谷崎潤一郎とか、どっちに転んでもそういう人なんですよ。永井荷風は絶対に中心にはならない。だから、いくら面白がっても大丈夫なんです。（笑）

日本歴史のなかの祖型反復

山崎 正成の先祖が義経だとしますね。義経も正成によく似てまして、京都が大好きです。情報に強い。そして、彼も見せびらかしの戦術をやります。「鵯越《ひよどりごえ》のさか落とし」などというのはまったく非合理な、ただの見せびらかしの戦術だったらしい。壇ノ浦の八艘飛びなんてのも、義経の見せびらかしの匂いがしますね。やることなすこと、農民的な頼朝からみると腹の立つことばかりやる。ところが一方で、彼は正成と同じ矛盾を持っていて、家に対する忠義心が強いんです。だから腰越状《こしごえ》を書いて、兄貴の許しを得て源家の一人として認められたい。決して反逆はできないわけです。

そこで私は想像をもっと広げて、義経の時代と正成の時代、時代そのものが同じ構造を持ってないかと考えてみたら、うまく言えそうなんですよ。つまり、後醍醐から義満までが都市の独立の時代であるとすると、その萌芽を作ったのは平清盛と後白河院であった。それぞれ両者相敵対しているところまで似ているんですけれども、要するに二人がやったことは、公家と武家という異質なものを都市のなかに共存させた。

清盛がやったことは武士の公家化なんですね。まず自分自身が参議になり、太政大臣になり、高倉帝の義兄になり、安徳帝の祖父になる。

平家というのは武士団としては非常に弱体で、地頭制度を始めるんですけれども所領は少なかった。つまり農村で食ってないんですね。なにをやったかというと、もっぱら宋銭を輸入します。金銭というものを世の中に広めた最初の男が平清盛なんです。

丸谷　そうですね。

山崎　で、流通を、商業を押さえます。もう一つ、これは網野さんの説のなかにありますけれども、たとえば「異形の人」を始めるのも平清盛なんです。彼のもとに当時、「禿髪《かむろ》」というものがいて、これは六波羅に直属している少年団でした。

丸谷　ああ、あれね。

山崎　これが、まるで紅衛兵のごとく暴れるわけですが、そういう異形の者も清盛は使っている。そして平家納経だとか、平忠度《ただのり》の歌だとか、都市文化にどっぷり浸かっていくのが平家政権でしょう。清盛は兵庫に港をつくり、対宋貿易を盛んにし、『太平御覧』という中国の百科事典を輸入する。

それを敵になり味方になりしながら助けたのが後白河院で、この人も遊女を集めて今様を歌うわけですよ。異形の者——娼婦を宮廷に引き入れて、喉が涸れて声が出なくなるまで歌う。ちなみに後白河と後醍醐は、どちらもたしか即位するとき、周囲からは一時の中継ぎだと考えられていたらしいんですね。

丸谷　天皇というものは普通、自分の子に後を継がせるのが本来の姿でしょう。だから、天皇家の理想としての「万世一系」は、レトリックとしていろいろ問題があるんだけれども、それをうんと愚直にとれば、長子相続がずっと続いていく。場合によっては長子でなくても、とにかく続いていく、それが理想の形だという気持ちがあって言っているわけですね。ところが持明院統と大覚寺統の場合には、ひどいときなど十年ずつ代わる代わるやろうという申し合わせがあって、それが結局うまくいかなかったんだな。

山崎　うまくいっていませんよね。

丸谷　まるでホラ、田舎の県会議長のやりとり（笑）。自民党二派のなかでの県会議長がどっちになるかみたいな話を大真面目にやったわけでしょう。ああいう状況を「一代の主」と言ったらしい。われわれは、一代男とか一代女のせいで、一代というのはなんとなく恰好いいことのような気がしてますが、実は、「一代の主」というのは非常に無様な感じであって、体をなしていない変なものだったわけですね。あれは君主制の原則に反するから。王権がそういう状況になってきたところを網野さんはつかまえて、いかに天皇制が相対的なものであるか、危険に瀕しているものであるかを言外に言おうとしてますね。

山崎　それは私流に言えば、天皇制というものに二つの原理が集約されているからです。つまり全日本の農業の祭り手である天皇が、それと同時につねに都市の中心にいるという矛盾がある。つまり、天皇は都市性と農民性という両面性の象徴ですから、当然、矛盾を含んで揺れ動いているわけですね。普通は、象徴天皇とは農業文化の象徴なんですよ、権威として。それがときどき、権力になり、都市的になる。

それはともかく、清盛と後白河は共同して、京都を都《みやこ》から町にする祖型をつくっているわけですね。そうこうしているうちに頼朝―北條路線、つまり反都市勢力によって滅ぼされ、その間に飛び出してきたトリックスターが義経だったわけです。

まったく同じ構造が繰り返されて、後醍醐―義満というコンビが都市文明をつくりあげると、それは次に戦国大名によって――つまり農民文化によって――潰されていく。その間に飛び出したトリックスターが、もちろん楠木正成であった――と言うと、この構造は非常にうまく祖型反復になるんです。

ついでに次の世代に入ると、信長―秀吉の二人でもう一回、都市文明づくりをやるんですが、やがて家康による農本主義に潰される。そこでもやはりトリックスターが出現して、これが真田幸村です。これも日本人の大好きな奇抜人です。その次に明治。このときは大久保だとか渋沢だとか、日本資本主義の本流の連中が都市文明をつくりますが、二代目軍閥によって軍国主義という形で農本主義に戻っていくんですね。その間に飛び出してきたトリックスターが西郷隆盛であった。そうするとまた、祖型反復が成り立つんです。

丸谷　こういうふうに山崎さんの話を伺っていると、結局、後醍醐天皇の功績はかなりのものであったという感じになってきますね。後醍醐が宋の思想、いわゆる宋学だけじゃなく、宋元の商業的なものの考え方も取り入れていたことはありうるでしょう。いったいにあの時代は本がたくさん入ってきましたからね。例の『徒然草』のなかに、薬の輸入はいいけれど本なんかこんなにたくさんあるんだから写せばいいなんて言ってる。

それを見てもいろんな本が輸入されていたことがわかります。そして、かなりの量が亡んでしまったわけでしょう。『平家物語』大原御幸の有名な「甍やぶれては霧不断の香をたき、枢落ちては月常住の灯をかかぐ」という詩句の出典がわからないのも、輸入した本が消滅してしまったからでしょう。とすると、後醍醐天皇ないしその周辺がいろんなものを読んでた可能性は非常にありますね。それなのに史料として残ってるものだけで考えても、うまくイメージが浮かびあがらない。

山崎　画期的な人でしたね。でもね、祖型反復って本当にあてはまる。先ほど、裸の女を集めて宴会をやったという話があったでしょう。まったく同じことが、後白河時代には、清盛打倒のために「鹿ケ谷の宴会」という形であったんですね。

丸谷　いや、それはね、みんな宴会ぐらいしますよ。

山崎　要するに都市なんですよ。変なやつが集まって、変な宴会をする。坊主がいる、侍がいる、貴族がいる。後醍醐の御世には、とうとうヌードの女の子まで出てくるというわけですね。

丸谷　ああいう職業が成立していたんですね。

山崎　でしょうね。いまで言うとなんだろう。吉野作造賞の授賞式に行っても制服を着たバンケット嬢がいるだけだけど、当時はちょっと念が入っていたんですな。

丸谷　なにか不満らしいですね。（笑）

足利時代は日本のルネッサンス

原　勝郎『東山時代に於ける一縉紳の生活』筑摩選書　一九六七年（講談社学術文庫　一九七八年）
同　『日本中世史』冨山房　一九〇六年（平凡社東洋文庫　一九六四年）
伊地知鉄男『宗祇』（伊地知鐵男著作集1）汲古書院　一九九六年
林屋辰三郎『町衆』中公新書　一九六四年
九鬼周造『「いき」の構造』岩波書店　一九三〇年（岩波文庫　一九七九年）
丸谷才一『後鳥羽院』筑摩書房　一九七三年
余英時　森紀子訳『中国近世の宗教倫理と商人精神』平凡社　一九九一年

武士のエネルギーに満ちた足利時代

山崎　私たちの対談も時代がだんだん下がって、この章は東山時代とその少し先の時代を含めて論じたいと思います。この章でとりあげる二冊のうち一冊は、西洋史学者の原勝郎が、大正六年ごろ京都大学の『藝文』という雑誌に連載して、後に一本にまとめられた『東山時代に於ける一縉紳《しんしん》の生活』です。この分野における古典と言っていいでしょう。もう一冊は、戦後日本を代表する日本史学者・林屋辰三郎さんが昭和三十九年に書かれた『町衆《まちしゅう》』（中公新書）です。まずは『東山時代に於ける一縉紳の生活』をご紹介します。

原勝郎という人は、鈴木成高氏の解説によれば、もともと南部藩士の生まれで、日露戦争には少尉として従軍している。同時に大正リベラリズムを体験する世代でもあり、この本が書かれた大正六〜七年は、日本の知識人が量的にも増え、かなり自由を謳歌できた時代です。そういう原勝郎の二面性——つまり尚武の心をもった律義で厳格な南部藩士としての人柄と、大正リベラリズムがうまく混淆して、この人の精神をつくっています。京都大学教授として西洋史を教え、大正十三年に亡くなりましたが、『古寺巡礼』を書いた和辻哲郎さんも一高で原さんに教わっている、と言えばおよその世代がおわかりいただけると思います。

この人がこの本でなにをしたか。一言でいえば足利時代というものを発見したのであります。長らく日本史のなかで、足利時代は消極的にしか見られていなかった。そもそも乱世で政治は混乱しているし、当時は英雄史観が支配的ですが、この二百年余にはろくな英雄もいない。せいぜい足利義満の姿がちらりと見えるものの、しかし、足利家は天皇史観の立場から見れば逆賊の一家で、どうしても暗い翳を落とします。とにかく足利時代はみんなに忘れられていました。

ところが、この原勝郎は、「実は、足利時代は面白い時代だった」と言いだしたわけです。彼は足利時代を、「藤原文化のルネッサンスの時代」ととらえました。原さんは大変な教養人ですから、一方で王朝の美——『源氏物語』『伊勢物語』に代表される藤原文化を強く肯定している。同時に、南部藩士の裔《すえ》として、武士政権のエネルギーを愛している人でした。

彼の定義によると、足利時代とは、王朝文化の持っていた優美さが鎌倉時代を経過したことで、武士のエネルギーによって日本全体に広がった時代である。実際に、『源氏物語』『伊勢物語』は足利時代にわが国民の文学になり、古今伝授の習慣が確立して『古今集』が日本人の中心的な好みになりました。原さんはまずいかにも西洋史学者らしく、この時代を「ルネッサンス」と名づけました。

ついでに彼は、乱世というものを肯定してしまいました。要するに、藤原時代の経済的基盤である荘園制の崩壊をよしとしたうえで、それを徹底させるために武士たちの力が強くなり、地方にそれぞれ擬似的な封建制が成立していく。そういう過程として、乱世に大いに意義があったと考えています。ここには若干の矛盾もあるように見えるんですけれども、藤原時代の文化および美の趣味を肯定しながら、その政治あるいは経済の構造は否定する。

たとえば東山時代の一大教養人であった一条《いちじよう》兼良《かねよし》は、関白であり『源氏物語』の注釈者でもありますが、原さんはいささかの批判を加えています。兼良は日野富子の顧問役もしてたんですが、富子をそそのかして息子である義尚《よしひさ》将軍に、近江の六角高頼《ろつかくたかより》を攻めさせるんですね。それは近江の六角が朝廷の持っていた荘園を横領して、納めるべき年貢を納めなかったのを懲罰するという名目だったわけです。原さんに言わせると、これは武士を公家のいわば手下に戻してしまうことであって、時代を逆流させる試みだった。そこで「義尚が近江の征伐で敗北したのはまことに結構」だと、原さんは言う。

一方で、時代を見る目が実に正確です。乱世、乱世と言うけれども、この時代は貴族であれ市民であれ、毎日の生活が手につかないような大混乱や飢餓のどん底という事態ではなく、市民たちは結構平和な生活をしていた。全国あちこちで戦乱が起きて盗賊たちも跳梁するけれども、一方、この時代に船旅が確立して地方の産物が都に、都の文化が地方に流れ、日本全体の交流が、むしろ盛んになった時代でもある。

実は『東山時代に於ける一縉紳の生活』の前後に、原さんは「足利時代を論ず」とか、「足利時代に於ける堺港」とか、いくつかの論文を書いて総合的に室町時代を見ているんですね。そのなかで注目すべきことは、公家文化あるいは宮廷の権威――権威というのは権力ではなく文化にほかならないわけですが――の支配力が、想像されるよりははるかに強かったことを指摘しています。たとえば地方の農民上がり、盗賊上がりのような侍ですら、宮廷の官位を欲しがって、宮中はもちろん公家たちにも貢ぎ物をする。あるいは公家たちの嗜む文学という情報が、この時代はお金になり経済を支え、同時に力になって政治も支えた、というのが原さんの見方です。ついでながら、公家たちは自分自身の官位についてはたいへん厳格で、この作品の主人公・三条西実隆《さんじょうにしさねたか》も、出世のためにたいへん苦労をしています。

いま主人公と言いましたが、この「一縉紳」と呼ばれる三條西実隆は中流公家で、最後には内大臣になります。ただし、なるにあたっては最初から、二ヵ月で辞めるという契約があった。言ってみれば退官後の称号のために、そういう職分を与えてもらう。引退後、彼は逍遥院内府という仇名で呼ばれるようになりますが、端倪すべからざる文化人です。

日本の「生活史」の始まり

山崎　で、原さんが三條西実隆に注目してこの論文を書いた理由は、この人が一四五五年に生まれて一五三七年に死ぬまで、八十年余の寿命に恵まれた。同時に、『実隆公記』という表題で知られる日記を延々と書き続けたので、この人の人生はいわば東山時代後半の時代史にもなっている。ちなみに実隆が生まれた年は、将軍足利義政――有名な銀閣寺の建立者でありますが――が将軍になって六年目で、十二歳のときには「応仁の乱」が起こって、京都はかなりの範囲が焼け野が原になるような戦乱に巻き込まれます。銀閣寺が建立されたとき、実隆は二十七歳。ちなみに彼の死の六年後には、種子島にポルトガル船が漂着して初めて鉄砲が到来する。そういう時代を生きた人です。

この人の日記『実隆公記』を材料に、当時の一人の中流公家がどんな生活をし、どういうことを考え、どんな信仰を持っていたかなどを克明に復元してみせたのが、この本であります。大変な能筆でたくさんの本を筆写したことでも知られ、生涯に『源氏物語』五十四帖をたしか二回書き写しています。しかもそれはしばしば生活の種になった。筆写した『源氏物語』を売りとばしたり、あるいは親切にしてくれる人への贈り物にする。同時に、古典学者ですから図書の収集を行ない、それによって救われた古典は多数にのぼったそうです。古典収集の拠点として、宮中というものがあったことも教えられます。
彼自身は浄土教の信者であったらしくて、原さんの考えによれば土佐派の画家とも仲がよかった。なによりも注目されるのは、当時の連歌師・飯尾宗祇《そうぎ》（一四二一～一五〇二）と深い交流をもち、宗祇を助けかつ宗祇に助けられるという、身分を超えた交際をしています。
目の至るところ実に幅が広い。まず、経済面では、残り少ない荘園からどういう収入があったか。これには穀物もあれば、縄を作る苧《からむし》、畳表の材料、筵《むしろ》、魚などもある。もちろんそれだけではたりないので、文筆をもって生活をした。この場合の文筆とは、もちろん文章を書いて出版社に売るわけではなく、毛筆で書き写した本を売る。

丸谷　つまり書家なわけですね。

山崎　ときには将棋の駒を書かされていささか不満だったようでありますが（笑）、しかしやむを得ずやったようです。
彼は京都の町なかに、かなりの程度の住宅を構えていた。召使もいます。この時代になっても、公家でありますから、たとえば長年かしずいてきた召使が病気になって死にかけると、屋敷の外に捨ててしまうという習慣があった。

丸谷　捨てるといっても、別のところに連れて行くわけですね。

山崎　穢《けが》れを避けるという意味ですね。

食事は一日に二回。どんなものを食べ、どんな社交をしていたか。当時ご飯はなかなか貴重で、ご飯の出ない宴会もあったようです。主人は、汁だけを用意して、客は弁当を持って集まる。丸谷さんや私の世代だと、戦争中、戦後期の記憶として身につまされるものがあります。（笑）

風呂は当時は蒸し風呂で、それを経営している店がある。風呂を沸かさせて入りに行くのがひとつの楽しみになっていた。しかし、一人で風呂をたてさせるのはお金がかかるので、貧乏な公家たちは割り勘で風呂をたてさせた。それを当時の言葉で「合木風呂《ごうぼくぶろ》」と言った——という具合に、細部にわたって実隆の生活が浮かび上がってきます。

これは日本における、いわゆる「生活史」の始まりではなかろうかと私は思うんです。

丸谷　アナール派ですね、これは。

山崎　アナール派よりも古いわけでね。

丸谷　そう、そう。ぼくはアナール派の本のなかでは、ル・ロワ・ラデュリの『モンタイユー』が傑作だと思ってるんです。これは十三世紀から十四世紀の南仏の村の村民の、カトリックの坊さんにした告解の記録を材料にして書いた本で、じつにまあ品行が悪い。一つにはそれがおもしろいんですが、最近この本について批判が出てきた。それは、「誰がカトリックの坊主に本当のことを言うもんか。彼らが喜ぶような、エロな話を大げさにして言うに決まってる」と言うんですって。

山崎　不品行を喜ぶ時代だったことは確実ですね。

丸谷　なるほど、と思いましてね。でも、その点、原勝郎の公卿日記は信頼できるから、大丈夫ですよ。

山崎　私が卓見だと思うのは、この東山時代――あるいは足利時代全体を貫いて――は、個性的な肖像画が成立した時代だという指摘です。言われてみればそのとおりで、もちろん鎌倉時代には頼朝の肖像画、南北朝時代には後醍醐天皇の肖像画もあるけれども、本当に表情と個性のある肖像画が、一部の支配者や禅僧の頂相《ちんそう》だけではなく、広く数多く東山時代に描かれた。

原さんは学者で慎重な人ですから、あまりそれを敷衍してはいませんが、おそらく彼は足利時代が、個性とか個人というものが芽生えてきた時代、その意味でも日本のルネッサンスだったと言いたかったのだと思います。

いろんな意味で日本の歴史学に残る本だと思うのですけれども、長らく忘れられたこの本が再発見されて、一般の人々の目にも届くようになったのは、実は戦後のことなんですね。

丸谷　『東山時代に於ける一縉紳の生活』は、山崎さんともご一緒に『近代日本の百冊の本』を選んだときに取り上げましたね。もう一つ、九鬼周造氏の『「いき」の構造』も入っていたと思います。京都大学文学部の先生方のお書きになった本のなかで私がもっとも好きな二冊の本です。

山崎　内藤湖南も忘れないでください。（笑）

丸谷　なぜ好きかというと、どちらも一種、文雅な態度が全編を貫いていて、学問、藝術に遊ぶという趣が強いんですね。読んでいてとてもいい気持ちです。ただし、原さんの文体は文語体的な口語体、九鬼周造の文体は非常に洗練された口語体である点が明確に違いますね。原勝郎の文章には、大正前半の文語体の心意気がまだ脈々と残っている感じがします。

山崎　実は、彼の処女作『日本中世史』が文語体で書かれていますが、その文語体を当時の書評が絶賛しているそうですね。

丸谷　あれは、今度少し読んでみました。あんまり文章がいいんで、事柄が頭に入りにくいかもしれない。（笑）

山崎　当時の評伝によれば、「高山樗牛のはただの美文である、こちらは中身のある名文だ」と。

丸谷　「大正という時代は日本のロココだ」というのは中村真一郎さんの名言だとぼくは感心しているんですが、いかにも日本のロココである大正時代に、大正時代らしい態度で、極めてロココ的な東山時代というものを発見した。これはまさしく大正中期に書かれるべき本であった。生きている大正時代と扱う時代との関係が大変うまくいっているという気がします。そして、なんといっても西洋史の先生だから、いちいち西洋史みたいにやるんですね。だから読んでいて、しっかりと頭に入るという感じがある。

山崎　ありますね。おそらく、彼が京都大学の教授であったことと、西洋史の専門家であったからこそ、伸び伸びと東山時代を論じられたんだろうと思います。東京帝国大学の教授で、国史学の先生だと、もう少し武張って、『神皇正統記』を書かざるをえなかったかもしれない。

丸谷　これは非常に実證的な本だけれども、東大文学部国史学科的な実證性とは遠い。

山崎　そうです。それと、私はこの人がどうしてこういう鋭い感覚を持ったのかと思うんです。たとえば乱世について、私も『室町記』で「豊穣なる乱世」だったと書きましたけれども、それは原さんによって目を開かれたからであって、当時の乏しい資料と研究の浅さからみて、「あの乱世は実は相当いい時代だったぞ」という鼻が利くのは、すごいと思うんですよ。

これには、ひょっとすると二つ理由があって、一つは彼が幕末の名残りの人であった。つまり、お父さんかお祖父さんぐらいは明治維新の騒動を見てるでしょうし、南部藩だとすると、おそらく内戦の敗北も見ていただろう。もう一つは、彼は陸軍少尉として日露戦争に従軍して、彼の言う当時の「支那人」を見ているんですね。乱世の中で、彼らが「われ関せず焉」と暮らしているのを実に好意的に見ている。その意味で、この人はたいへんな教養人なんだけれども、やっぱりどこかで荒々しい現実というものを知っている人です。

丸谷　まったく賛成なんですが、さらに一つの補強として、ぼくはこの方が京都の先生になって行った先で、京都の町のお年寄りで幕末維新の経験者たちと親しくつきあって、その体験談を聞いたに違いないと思う。その幕末維新の京都の町人たちの生き残り方をもって、たとえば「応仁の乱」にどう処したかを考えたのじゃないかな。

山崎　彼が東北から京都に来たのがよかった。つまり、明治維新にかかわる立場から言えば、どちらも敗北者です。しかもそれをやり過ごし、適宜出世もして、うまく生きているという点では相通じるものがあったかもしれませんね。

丸谷　なるほどね、敗者の立場の生き方の研究。

山崎　要するに、いかめしいもの、威張っているものとちょっと違うところで、したたかに生きられた人、そういう生活の視点が持てた人なんでしょうね。

旅する情報家・宗祇

丸谷　面白いのは、この東山時代に京都という町は、何を売るべきかを発見した。つまり、文化を売ればいいんだということを京都が発見したのが東山時代だったでしょう。

それ以前、たとえば藤原定家が封切り以前の『新古今和歌集』を実朝に売ったりなんかして儲けてはいるけれども（笑）、それは個人の才覚であって、それが都市全体の職業になるのは東山時代からでしょう。

山崎　職業文化人をどう定義するかによるでしょうけどね。早い話が鎌倉時代の仏師たちは、プロの藝術家と言えるでしょう。それから、ごく一部の画家。まだ大部分の画家は僧院に属していましたからね。しかし、文学を職業として飯を食ったのは、おそらくこの時代の宗祇をもって初めとするんじゃないですか。

丸谷　心敬、宗祇――しかし心敬は身分が高くて、権僧都まで行けたのは、ほかのことで金を稼いでないからですよ。

山崎　なるほど。

丸谷　その点、宗祇は一都市の生計の立て方というものを発見した大変な人ですね。ひょっとするとこれは三條西実隆と宗祇の二人で考えだした都市計画――これこそ都市計画――だったんじゃないか。素晴らしい天才的な人間が二人いると、一人ではできないことができるというのかな。変な例だけれどもドン・キホーテとサンチョ・パンサ。シャーロック・ホームズだって、ワトソンとの二人組だからうまくいく。その場合、対照的な二人でなければならない。

山崎　ボケと突っ込みですね。

丸谷　この場合に、三條西実隆は最後には内大臣までなれた大変な貴族です。宗祇は、伊地知鉄男さんが『宗祇』という本のなかでその出自を論じて、おそらく「後世に伝えられるのを憚られるやうな卑賤なもの」ではなかったかと推測している。小西甚一さんは、「具体的にどんな性質の卑賤さであったかは不明としても、公家や武将と対等につきあえるような身分でなかったことは疑いない」という言い方で伊地知説を肯定しているわけですね。おそらく普通の町人の出というようなものじゃなかったんでしょう。

それから三條西実隆はほとんど京都だけで暮らしているような人で、京都以外に出ることがあまりない人だったでしょう。旅行のこと、書いてありませんね。

山崎　当時の公家にとって旅行は大仕事で、いまの吉田山——京都大学が存在するところです——へ行くと一泊したんだそうです。それほど感覚的に遠かった。おそらく実隆もせいぜい奈良あたりへ足を延ばすくらいで、これでも大変な距離だったでしょう。この点でも対比して言えば、実隆は動かない人、宗祇は動き回る人ですね。宗祇は結局、旅の空で死ぬんですよね。箱根のあたりで。

丸谷　ほとんど日本じゅう歩いている旅行の専門家だったわけですす。で、当時は東国と西国が急上昇した時代です。東国の上昇は簡単に言ってしまえば黄金のせいですね。

山崎　黄金と馬でしょうかね。

丸谷　それで鎌倉が非常に大きな町になっていた。西国のほうは、中国との外国貿易のせいでしょうね。

山崎　大内がいちばん活発でしたね。それから、石見の銀がある。

丸谷　ところが、上昇してきた東国および西国の情報が入るルートは確立していなかった。そのルートをつくったのが連歌師であって、その代表が宗祇だったと思われるわけです。

宗祇は話が大変上手で、こういう話があった、ああいう話があったと、実隆はチラチラッと題目だけ書いている。具体的にどう面白がらせたかは、『実隆公記』を読んでもわからないらしい。そこで非常に大胆な、小説家にしか許されない便法を使って……。

山崎　劇作家にも、許していただきたいですな。（笑）

丸谷　考えてみると、『見聞談叢』に「筑前の黒田侯が帰国の途中、大坂の屋敷に西鶴を招いて、次の間ではなしをさせて聞いたことがある。話の内容はわからないが、黒田侯はたいへん感心して聞き、『世上へ出シ、使番、聞番、留守居ノ役ニイヒツケ侍ラバ、カユキ処へ手ノトヾクヤウニアラン人ガラ』と舌を巻いた」という話が載っているんです。西鶴という男は、四方に使いして君命を辱しめないような、有能な官吏にもなれるような大人物であったらしいですね。そこでわたしたちは、『西鶴諸国咄』とか『日本永代蔵』を読んで「西鶴は、こういう話を黒田侯の前でしたろうな」と見当をつけることができるでしょう。さらに俳諧師の元祖は連歌師なんだから、グーッと遡って、『西鶴諸国咄』の類の話を、宗祇は三條西実隆にしたかもしれない。

山崎　それは大いにしたでしょうね。

丸谷　ひょっとすると『好色一代男』にあるような話もして、三條西実隆が膝を打って喜んだかもしれない。（笑）

山崎　原さんの本の中に、宗祇を講師として『源氏物語』『伊勢物語』など古典の研究会が公家を集めて催され、実隆も弟子になって聞きに行く話が出てきますね。非常に高尚な学問的サロンなんですが、いまのお話に結び付けて牽強付会をすれば、どのみち両方とも好色文学ですからね。（笑）

丸谷　ぼくは非常にありうると思う。そういう話も交えながら諸国の最新の状況をいろいろ説明した。そういう情報を仕入れておくことは、三條西実隆にとってものすごい政治的な力になったわけですね。

山崎　少し視野を広げておきますと、いま話に出た「プロの藝術家」の濫觴《らんしょう》を告げる一人は、おそらく観阿弥、世阿弥（一三六三〜一四四三）の親子だったと思うんです。それまで、たとえば金春とか金剛の元祖たちがいるわけですが、その人たちは奈良・興福寺のいわば嘱託みたいなもので、庇護を受けて特定の観客に奉仕をしていた。ところが、観阿弥、世阿弥親子は、後発であったために、興福寺に行ってもいいポジションにつけませんから、奈良を通過して京都に出て行く。これが大変な戦略だったんですね。

そこで若き日の足利義満に出会って、当時十二歳だった世阿弥の美貌も含めて義満の歓心を買うわけですからね。

世阿弥親子は義満と二條良基の教育を得て、洗練された都市的な藝能をつくりあげるんですが、世阿弥の目にはすでに不特定多数の観客がはいっています。足利将軍家の庇護を強く受け過ぎて完全に自立したプロとは言えませんから、ちょうどこれが中間的な形態になるわけです。ちなみに観阿弥は日本国じゅうを興行して回ったことになってい て、駿河まで行って上演をして、そこで死んだ。死に方が少し不自然なので、一説には観阿弥スパイ説というのもありまして、興行をしながら諸国の情勢を探って、諸国咄を集めていたという。

丸谷 なにしろ諸国を回ると、なんでもスパイにされちゃうんですよ(笑)。エーバーハートというドイツ人の書いた中国文明史を見たら、孔子スパイ説というのがありました。

山崎 しかし、それは大いにありうるな。諸子百家はみんなスパイであったと。

都市文化と貨幣

山崎 ともかく北山時代はその意味で、都市文化が全国を支配する端緒をつくった時代です。もちろん都市は、前章でもお話ししたように、たぶん清盛のころから少しずつ成長したもので、後醍醐天皇も大いに都市の自立を図ったでしょう。しかし、都市が全国の中心になって、地方から汲み上げた素材を「洗練」という濾過器にかけ、それをまた全国に広めていく装置となった。そういう意味での都市の成立は、北山時代がその準備期で、東山時代が完成期だったと私は思うんですね。個人の側から言えば、セミプロ藝術家が観世親子で、完全に自立してしまった藝術家が宗祇である、と。

そう言えば、三條西実隆も宮中に伺候していますけれども、彼は自立して飯が食えるんです。将棋の駒を書けばいいんですよ、いよいよ困れば。（笑）

丸谷　うまい話だった。

山崎　実隆が扇子にさらさらと『古今集』の歌などを書いて、それを宗祇が持って田舎大名のところに行くと高く売れる。おそらく三割は宗祇にやって七割は実隆が貰うとか、あるいはその逆だったたか。

丸谷　ぼくは五分五分ぐらいじゃないかと思うんだな。（笑）

山崎　前章の話題でも、聖《ひじり》が勧進をすると五〇パーセントはポケットに入ったといいますからね。もちろん、宗祇は自分でも稼げるわけですよ。地方へ行って連歌興行をやればいいわけで授業料がずいぶん入ったと思う。

丸谷　そう思いますね。明智光秀の連歌の相手をした里村紹巴《じょうは》（?〜一六〇二）が、歌仙でどのぐらい金を貰ったかというのがわかるんです。小高敏郎さんの研究によると、紹巴の住まいはかなり広い家だったようです。昌叱《しょうしつ》や心前という門弟を同宿させているし女中もいたようですから、かなり広い。

庭も広々としていて、烏丸光広など公卿が遊びに来て樹木を褒めている。桃、柳、果樹などが植えてあったようです。永禄九（一五六六）年四月六日には自宅で会を開いて、四辻《よつつじ》大納言季遠《すえとお》、その子の参議公遠《きんとお》、権中納言山科言継《やましなときつぐ》、その子の言経《ときつね》、甘露寺《かんろじ》経元《つねもと》、飛鳥井《あすかい》雅経《まさつね》なんて堂上の文人が集まってます。これだけではなく亭主側には、紹巴のほかに、辻玄哉や心前などが集まり、そのほかに、これは芸者みたいなものでしょうな、声のいい美少年を四、五人、座に侍らせています。いかにも男色趣味の時代ですね（笑）。

これだけの人数が入るのは大広間ですよ。

山崎　草の庵なんてものじゃないですな。（笑）

丸谷　そのくせ連歌師は、「世にふるもさらに時雨の宿りかな」なんていかにも貧乏そうなふりをするんだから。（笑）

山崎　連歌そのものは、すでに大変な普及をしていますからね。「花下《はなのもと》連歌会」とか、「編笠連歌会」だとか、大衆と上層とが一緒になって連歌を作る座があったり、アマチュア時代が長くあった。大成者としては宗祇だろうけれども、元があったんですからね。

丸谷　そうそう。

山崎　原さんも推察しているけど、『新撰菟玖波集』を宗祇が作れたのは、三條西実隆が斡旋したに違いないですね。

丸谷　その斡旋料も、かなりのものが入ったんじゃないでしょうかね。

それで宗祇があれだけ諸国に行って連歌の教師をやり、それで生活を支え、さらにはジャーナリストとして情報の運搬者であった前提として、東山時代に貨幣が非常に発達して、持ち運びもできる形になり、謝礼を払いやすくなった、このことが大きいと思うんですよ。文学の教師、ジャーナリストという職業や、さらにはパトロンというものが成立しやすくなった。そういう社会的背景、経済的条件があるからこそ、東山時代の審美的な文化があったんだと。

山崎　もう一つ言えば、「応仁の乱」をはさんで室町時代になぜあんなにしょっちゅう長々と、しかも徹底的でない戦争ができたか――私はお金の動きが大きかったと思います。これが徹底的に領地を争う戦争だと、一遍で勝負がついて大殺戮が起こるけれど、それでおしまいです。お金は、足して二で割るという取り引きができる。実際に日野富子は将軍の妻でありながら、「応仁の乱」の東軍と西軍、両方の陣営に金を貸したそうですから。

丸谷　そうですってね。銭のことを「あし」と呼ぶのは、『徒然草』が初出らしいんです。

山崎　それは気がつかなかった。

丸谷　「亀山殿の御池に水車を造らせられけり。多くのあしを賜ひて……」それが初出らしい。

山崎　面白いですね。

丸谷　厳密に言えばどうかわかりませんが、兼好法師だから、いかにもお金のことを世に先がけて書きそうですよ（笑）。で、あし＝銭という言葉ができてしばらくしてからのこと、『新撰菟玖波集』に、当然入集していいはずの桜井基佐《もとすけ》の句が一句も入っていない。それは彼と宗祇との間に確執があったことを予想させる、という話があるんです。そのときに基佐が詠んだという有名な歌がありましてね。「あしなうてのぼりかねたるつくば山　和歌のみちには達者なれども」というのがあるんですって。（笑）

山崎　よくできてるなあ。

丸谷　これをもって見ても、宗祇と「あし」との関係は極めて深いものがあった。（笑）

権力と富が京都に戻って来た

山崎　原さんによれば、宗祇は自分の生涯の財産——古典、さまざまな文献、物書きとして食えるネタである図書全部——を実隆に遺贈しているんですね。

丸谷　あれはすごい話ですよ。それで思い出したけれど、東山時代とは、一言にしていえば古典主義の時代ですね。

山崎　私は北山時代もそのうちに入ると思うんですが。

丸谷　もちろん入るんですが、古典主義と言っても大変審美的な古典主義であることが特徴です。『平家物語』なんかが作られた鎌倉時代には、作者が意識する古典は、つまり中国の歴史の本ですね、簡単に言ってしまえば。

山崎　『太平記』までそうですね。

丸谷　日本の歴史に起こったばかりの事件を中国の歴史にあてはめ、それで見立てる、あるいはこの男の生き方を中国のあの英雄豪傑の生き方になぞらえるという態度であって、それに感動し、あるいは感慨に耽る。これは大雑把な言い方だけども「人生論的古典主義」だろうと思う。

山崎　なるほどね。

丸谷　「人生論的古典主義」をどんどんやっているうちに、どうもちょっと見立てが大雑把だな、と気がついてくる（笑）。さらにこの時代は、以前と違って中国のお金、貨幣を使ってるんです。

山崎　それは大きいですね。

丸谷　そのことがもっとも象徴的であるように、中国が以前よりもっと差し迫ったものになっていて、「中国見立て」の粗雑さにもいろいろ気がつく。それから、中国を尊敬すればするほど今度は、自国の前の時代——王朝文化の時代ですね——に対する関心が増してくる。時代が遠のいてきて、平安中期のものが読んでわからなくなっているんです。

山崎　同時に、美化できますよね。理想化するというか。

丸谷　それやこれやがあって、中国を典拠とする「人生論的古典主義」から、平安時代を典拠とする「審美的古典主義」に大勢としては移っていったと言えそうな気がする。

山崎　つけ加えれば、やはり幕府が京都に戻って来たことが大きかったですね。つまり、藤原時代はまさに京都にあったわけで、そこに権力も富も戻って来たということで、もう一度京都の古典が見いだされたということがありうるでしょう。

丸谷　そこのところが、ぼくは非常に面白い。

山崎　私が先ほど「北山時代も含めてください」と申しあげたのは、それを最初に大々的にやったのが、世阿弥だった。ご存じのように観世流は南から上がってきた大和猿楽です。もう一つ、近江猿楽という北の猿楽があったけれど、大和猿楽の特色はリアリズムであって、観阿弥の書いた能は、かなり劇的あるいは人生論的なんです。ところが、それが京都に来て公家文化と接触する。仲介したのは義満ですが、大きな功績を果たしたのは二條良基だったと思うんですね。彼が世阿弥に古典を教え、その結果、複式能や、前後段をもつ「変身」の能が、いわば見立てとして成立するんですよ。

丸谷　そうです。

山崎　おそらく京都の町には、年老いた女乞食がたくさんいたと思うんですね。前段では、その女乞食を大和猿楽のリアリズムでまず演じてみせる。しかし、「実はそれは小野小町であった」という見立てが後段に現われて王朝世界が出てくる、この二重構造ですね。これをやったのが世阿弥だった。

先ほど言い落としましたが、世阿弥は京都を高く評価した人で、「自分たちは地方にも公演に行く。しかし田舎の趣味は偏っている。都会に来てこそ、田舎で曲がったものが真っ直ぐになる」というぐらい、京都の批評家的能力を買っていた。同時に、彼の言う「幽玄」とは、王朝の美なんですね。大宮人のお姫様の美しさが幽玄なんです。最後に世阿弥の到達した境地は、「リアリズムか幽玄かどっちか取れと言われたら、幽玄のほうに寄れ」という言い方をしている。そこまで王朝文化が復活してくるんですね。おそらくその辺で、われわれがいま思い浮かべるあの『源氏物語』の世界というものが成立したんだと思う。『源氏物語』が成立したのは藤原時代じゃなくて、室町になって思い出されたときに成立したという気がするんです。

丸谷　現在のわれわれと同じ意味での『源氏物語』の読者が、東山時代に誕生した。

山崎　ええ。それまではおそらく、藤原時代に『源氏物語』を読む人たちは、われわれが週刊誌のゴシップを読むがごとく読んでいたと思うんですよ。

丸谷　猥本と思って読んでた。(笑)

山崎　そこまでは言わないけど。

丸谷　いや、猥本という言い方は乱暴だけれども、いまの国文学者の解釈を見ていると、本当に読みが浅い(笑)。あれは、ほのめかしの言葉の連続で書いてあるわけだから、当時の人には、そのほのめかしがいちいちピシピシ身に迫る言葉だったわけでしょう。だから、大変な挑発力がある。そこのところを、いちいち上品に上品にとらなきゃと国文学者は思っているんですね。その上品さが東山時代に成立したわけです。

山崎　それは一條兼良の功績であると同時に、大失策であったかもしれませんね。

丸谷　そう、つまりゴシップ集ないしポルノとしての『源氏物語』と、幽玄の物語としての『源氏物語』、その両方を読む眼力を、これからの読者は備えなければならない。

山崎　ついでに駄洒落を言うようですが、私は室町時代を支えた三つの「條」があると思うんですね。最初が二條良基、これは世阿弥を育てました。次が一條兼良、これは日野富子の政治顧問であると同時に大文豪でありました。関白なのに逼塞して、おそらく彼から見れば三流貴族の富子——の政治顧問になって、『小夜寝覚《さよのねざめ》』などというゴマスリ本を書きつつ、他方で、『源氏物語』をせっせと注釈する。三人目が三條西実隆で、これで一條、二條、三條が全部揃ったわけです。(笑)

丸谷　なるほどね。君に具して冗談を言うと、『源氏物語』が東山時代にあれだけ流行るようになったのは、あのころは『平家物語』が普及してみんなが『平家』を読んだ。『平家物語』を読むと物語の面白さに引かれるんですよ。変なあれだけれども、ちょうど現代日本の誰とかの恋愛小説を読んで小説とはこんなに面白いものかというので『ボヴァリー夫人』を読むというようなことが、『平家物語』と『源氏物語』の関係にあったんじゃないか。（笑）

山崎　その冗談は私を触発して面白いことに気づかせました。いま「読む」とおっしゃったけれど、物語を目で読むというのは、この時代に始まったんじゃないでしょうかね。それまでは誰かが朗誦して聞いたんですよ。『源氏物語』ですら、後宮の女性は膝元に『源氏物語絵巻』か何かを見ながら、侍女に朗誦させて、紙芝居を聞くがごとく鑑賞したのではないか。『平家物語』にいたっては琵琶法師が語る。『太平記』も、もちろん『太平記』語りが語る。しかし、室町になって『源氏物語』語りというのは聞いたことがありません。

丸谷　平安時代は、侍女たちが朗読したんですね。

山崎　つまり目で読むという近代的な読書——独りの楽しみのための読書は、この時代にできたんじゃないかしら。

丸谷　そうかもしれませんね。ただし、『源氏物語』を読んでわかったかどうか。

山崎　だから一條兼良が注釈書を書き、宗祇が講義をした。

丸谷　ぼくは、講義をしてもらわないとわからなかったと思うんですよ。『平家物語』は、琵琶法師がベランベランとやれば、耳で聞いて全部わかったけれど、『源氏物語』になったら、耳で聞いては絶対わからない。

町衆——市民の成立

山崎　ところで、足利時代についてはまた後にまとめて語ることにして、ひとまず林屋辰三郎さんの『町衆』に移りたいと思います。原さんの本が足利時代の発見であったとすると、この本の功績は日本における市民の発見であると言ってもいいかと思います。ちなみに原さんという人は、足利時代の多面性をこれほど見事に描き出したにもかかわらず、一つ見落としていたのが商人です。なるほど彼の文章には、堺も商人の存在も出てはきますが、占める位置は決して大きくない。南部藩士の限界かなという感じが若干します。そこへいくと林屋さんは金沢の豪商のご一族であり、しかもこの本を書かれたとき、日本は戦後二十年を閲して池田内閣のもと経済成長の階段を駆け上っている時期でした。当然のことながら、商人というものが林屋さんの念頭に浮かんできます。

私が『町衆』を名著だと思うのは、日本に市民というものが存在しかけていたことを、この時期ここまで大胆に語った本はほかになかったからです。ちなみに、当時のいわゆる国史学会の主流を占めていたのは、封建制に対する農民の反乱という図式であって、「善玉＝農民、悪玉＝封建領主」というマルクス主義のマンガのようなものが流行っていた時代であります。

丸谷　ハッハッハ。

山崎　しかし林屋さんは敢然として、「町衆」というものを発見した（笑）。いやほんとです、戦後の都市史は林屋さんをもって嚆矢とするようなものです。

丸谷　そうですね。

山崎　著者は、律令制における「京戸《きようこ》」という言葉から始めて、京都に住んでいいと認められている住民がすでにいたことを指摘します。藤原時代になると、それが「京童《きようわらんべ》」という言葉になって現われてくる。藤原明衡の『新猿楽記』の中に、「京童は虚《そら》ざれを好むものである」と言って、言葉遊びを好む者、つまりは「お喋りだ」と書いてある。これは今にも通じる都市民の生活の特色を表わすもので、見事な押さえ方だと思うんですね。

室町に入ると、農業生産の向上を反映して、京都にはさまざまな商業と職人による家庭工業が発達します。酒屋とか土倉という金貸しも生まれるんですが、それだけなら「市民」とは言えない。林屋さんは市民の成立のめどとして「町衆」という言葉の誕生に着目します。それまでは「なになに町の衆」というふうに使われていたのが、やがて一般名詞としての「町衆」という言葉に変わっていく。そのとき――税金は足利幕府が直に取っていたようですが――ある程度の自治組織と自衛組織が生まれた。

しかもそのなかで土倉と小商人、職人など町の住人たちが団結を始めて、そのなかにはなんと公家まで含まれる。公家のいい例は、一人は山科言継（一五〇七～七九）で、『言継卿記』という日記によると、町のうどん屋さんの女中が大火傷をして苦しんでいると、言継が家伝の薬を持って駆けつけて、治してやったという話が載っている。

丸谷　ありましたね。

山崎　さらに面白いのはここに三條西実隆が登場する（笑）。お祭りの日に幕府の下っ端役人が来て町の人たちを弾圧する。争いになりかけたときに、三條西実隆が仲裁に乗り出して円く収めるのです。ですから三條西実隆も一面において市民であった。しかも、ここは日本史学者の林屋さんにとってかなり冒険的な発言ですが、「いわゆる農民による土一揆に対して、町衆は抵抗して戦った」と書いてある。相当な度胸だと思います。

丸谷　そこは面白いですね。

山崎　この町衆は、天文初期（一五三〇年代）を境に最高潮に達して、やがて信長入京（一五六八年）あたりから質を変えていく。一つは、いわゆる江戸時代の町人の流れになり、他方は、後藤家とか茶屋《ちやや》家であるとか角倉《すみのくら》家という大豪商に分化していく、というわけです。

同時に、林屋さんは藝能という、歴史学のなかでいわば忘れられていた分野に大きな鍬を打ち込んだ方ですけれども、当時の風流、あるいは猿楽、狂言、さらには祇園会《え》の行列や、大文字の送り火なども「町衆」の文化の産物だったというあたりを、抑えた筆致ではありながら、嬉しくてしようがないというような文体で書く。

ついでながら、もう一つ原さんが忘れていたものに、京都における法華信仰があります。原さんは禅宗と浄土教を説いたわけですけれども、林屋さんは法華信仰に大きく目を向けた。実際、当時の町衆たちには日蓮宗の信者が大変多かった。鎌倉仏教のなかでもっとも排他的、よく言えばリゴリスティックな宗教が法華信者だった。一向宗や後の浄土真宗は、「南無阿弥陀仏」と唱えれば何をしてもいいようなところがあったわけですが、法華は非常に厳しくて、商人の倫理とか信用を支えるのにたぶんつながったのでしょう。

これを私流に言い換えれば、当時の日蓮宗は、マックス・ウェーバーの言うプロテスタンティズムに対応して、日本経済の正しい歩みを助けたと言えると思います。これには傍証もあるんです。有名な本阿弥光悦（一五五八〜一六三七）は、お祖父さん以来の日蓮信者なのですが、これが商売における「正直」ということにつながっていたようです。本阿弥光悦は非常に潔癖な人で、友人が節季に支払いをする。なぜだろうと思って聞くと、「節季は忙しいので少々の小銭をくすねてもわからない」と、友人が威張って言った。それ以来交わりを絶ったという……。

丸谷 そうそう、思い出しました。

山崎 これは、『本阿弥行状記』のなかに出てきますけれども、そうした倫理主義が、後に不受不施派というような強烈なイデオロギーに発展していく。いずれにせよ、長い歴史のなかで市民らしきものが成立していく過程を跡づけたのがこの本です。

これを、原さんの『東山時代に於ける一縉紳の生活』と重ねて読むと、実にこの時代が活き活きと見えてくるんですね。時代柄か、林屋さんは日本の公家文化について表立って強く肯定していません。しかし後の豪商たち——後藤、茶屋、角倉の王朝趣味について肯定的な書き方をしている。たとえば角倉家、了以《りょうい》（一五五四〜一六一四）と素《そ》庵《あん》（一五七一〜一六三二）親子について別の本があるんですが、彼らの古典教養にたいして絶賛に近い言葉を述べている。角倉家について、金貸しであり、技術者であり、測量技術などの発明家、貿易業者であり、出版業者であり、藤原惺窩《せいか》の友人として学問のパトロンであり、自分自身も大変な学者であると、まさにルネッサンス人として書いているわけですね。原さんが「足利時代ルネッサンス論」を夢みて、それを実證したのが林屋さんの本であると言えるかもしれません。

乱世の中の文化の力

丸谷　この本のなかで林屋さんは、没落公家が町衆になるというコースを非常に強調していますね。お公家さんの男の子たちがお寺に入れられて神人《じにん》になる。その神人が、今度は資本を持っているから町衆になるというコースがあるわけです。したがって、町衆を単なる町人ととらえないで、公家の後身であるととることができる。そういうふうにとれば、宮廷文化を商品化する町としての京都が、非常に明確に見えてくるわけです。

しかし「宮廷文化」という言葉が、林屋さんの本にはあんまり出てこないですね。

山崎　だから「時代柄」と申し上げたので、これが書かれたころの日本の歴史学会の状況を考えると、当然でしょうね。

丸谷　ぼくが『後鳥羽院』を書いたのはずいぶん後だったんですが、あの本で「宮廷文化」を強調して珍しがられたんですから。「宮廷文化」というものを入れると、織田信長が勤皇の志が篤かったとか、ああいう種類の事柄がよくわかってきます。やはり「雅びなものを持っている武士だ」ということにならないと、武士が力を持てなかったわけですね。

山崎　田舎に至るまでそうなんですからね。

丸谷　それはあらゆる国が、単に警察と軍隊だけ強いのを持っていれば一国を牛耳れるかというと、そうじゃないんですよ。やっぱり博物館も大学も劇場も持っているからこそ、一国の統治ができるのであって、実際問題として、ものすごい警察組織、ものすごい憲兵組織、それだけで統治しようとしたら、その手間のかかることはやりきれないですよね。

山崎　ちょっと余談になりますが、私が足利時代に関心をもった時期はかなり長いんですけれども、『室町記』を書いたのは、実は大学紛争の時代だったんですね。それはもう、当時大学教師をしていると、大学紛争というのは本当に生死にかかわる事件でね。

丸谷　そうでしょうねえ。

山崎　私も、怪我をしましたし……。

丸谷　怪我を？

山崎　目をやられてます。とにかく殺し合いの世界なんですよ。学生は火焔びんを投げ、機動隊が入って催涙弾を打ち上げている。ところが一方、町は極めて普通なんです。お茶の水界隈で明治大学の学生が警察と乱闘をやっている最中に、すぐ横の山の上ホテルの喫茶店では男女が逢引きをしている。そういう不思議な光景を見て、「あ、室町時代とはこういう時代だったんだ」とわかったんですよ。つまり、喫茶店は文化サロンですが、そこへ来ると、いままで殴り合いをしてたやつもノンポリ学生も、一緒になってお茶を飲んでいる。そこで暴れる人間はいないんですよ。そういう社会の重層性と同時に文化のもつ……力のようなものを感じました。

丸谷　インフルーエンスですね。パワーというか。

山崎　ほとんどパワーです（笑）。学園紛争がなかったら、私はあんなに室町時代を生々しく好きにはなれなかった。原さんがその感覚を持っていたのは非常に不思議なんですけど、彼も乱世を知ってたんですよね。

丸谷　そうです。

山崎　この時代は非常に不思議な時代で、まず権力というものが――日本では昔から権威と分離していますが――さらに分散して対立し始める。ほとんど権力がなくなってしまう。同時に権力の使う権威のほうも、多元化するんですね。朝廷と言ったって、南朝の後裔が東山時代になっても残っていまして、「応仁の乱」のときのどちらかの陣営が、担ぐんですね。

丸谷　あ、後南朝の話ね。

山崎　将軍家が二つに分かれて、わけがわからない状況のなかで、一方では文化的権威が統一力を持っている。地方の地頭みたいな連中が、「あいつが右京大夫になったから、おれを左京大夫にしろ」とか、「いや、こっちは修理大夫だ」とかやってるんですよね。宗祇の持ってきた実隆の扇子がお米になる。もうちょっと後になって三好や松永久秀

（一五一〇〜七七）の時代まで下っても、九十九髪《つくも がみ》の棗《なつめ》が何万両という金になる。平蜘蛛の釜を抱いて松永弾正は火とともに死ぬんですが、「それを譲ってくれたら、助けてやる」というような話も起こってくる。それほど文化というものが力や金になっている時代なんですね。

丸谷 そうなるにあたっては、平家が滅ぶときに下関の海岸で剣がなくなって出てこなかったでしょう。ぼくはあれが、非常によかったと思うんですよ（笑）。あれで、古代的フェティシズムによる権威づけというものが滅んだんだと思う。

山崎 残ったのは鏡と玉だけだ。鏡は女で、玉は男。あとは男女の仲だけと。（笑）

丸谷 ハッハッハ、どうも不真面目な話になった。

山崎 いや、私は丸谷理論を平易に説明しただけです。（笑）

丸谷 というわけで古代的、政治的フェティシズムというものが権威、力を失った。「それじゃ、一体大事なものは何だろうか」と、一国民が目覚めた。それは文化というものだとわかったんだと思うんですよね。それでずっと来て、明確にそれが自覚化されたのが東山時代だったんじゃないのかな。

「都市・京都」の成立と孤立

山崎　ある意味で都市としてはじめて統一される、それが町衆ですね。町衆のなかには公家も、武士の一部も、商人も職人もいる。階層的なものを横断して町の住人というものができてしまう。これは、時によって農民が「土一揆だッ」と攻めてくると戦うわけですから、非常に具体的なまとまりになったわけです。

それと同時に、京都は孤立するんです。ここが日本文化史にとって非常に残念なことだけれども、この当時、都市が複数ないんですね。鎌倉は都市ではなかったし、江戸もただの野っ原。堺がようやく都市になりかけてるんですが、ついに未成熟に終わった。

丸谷　いや、いつも首都だけを都市に仕立てがちなのが日本文化ですね。

山崎　まぁ、のちにお話しすることになると思うけど、江戸時代は京、大坂、江戸という三都があった。

丸谷　そうそう、あれはいいんです。「三ケ津」というあの制度を、今も復活すべきなんですよ。

山崎　しかし、そのときにはすでに江戸による政治的中央集権が成立しています。つまりそこが、日本が本当の意味でルネッサンスをつくれなかった大きな理由の一つだと思う。イタリアを考えると、フィレンツェがある、ジェノバがある、ローマがある、ミラノがある、シエナ、ベネチアがある。さらにドイツに行けばハンザ同盟があるというように、自立した都市の交流があるでしょう。それが、残念ながら日本国内では成立しなかった。中国とのあいだで成り立てばよかったんですが、不幸なことに少々距離が遠すぎる。日本海は波が荒過ぎて地中海ではないんですね。そこで、都市の個性同士の衝突が起こらなかった。

ちなみに、私は足利義政という人物をかねてから弁護しているんですが、義政を褒めると怒る人がたくさんいる。ドナルド・キーンさんですらその一人で、司馬遼太郎さんが「義政は立派な銀閣寺を造ってくれたんだからいいじゃないですか」と言ったら、「あれは『応仁の乱』を起こした男です」と言ったそうです（笑）。私はちょっと疑問がある。というのはこの夫婦——日野富子と足利義政——は非常に面白いんですよ。当時のキーワードを二人で分け持っている。富子はもちろんお金で、東西両軍に金貸しをして息子・義尚のためにせっせと蓄財します。義政は何をやったか。普通は「政治を投げて無責任にも隠遁して、文化的生活を楽しんだ」無能な男と言われているけれども、私はそうではないという大胆な仮説をとります。

つまり隠遁こそもっとも政治的な手腕ではなかったのか。足利家の武力をもって日本はおろか、自分の家来すら治められないのは、あながち彼自身の責任ではないですね。その上で彼は考える。「おれは公家になろう。しかし、普通の公家になっては本物に負けるから、武士的公家というものを発明しようではないか」と。それが、あの侘び・寂びの世界の元祖になるような銀閣寺の美なんです。

丸谷　なるほど。

山崎　義政の一挙手一投足を見て、家来たち、地方の有力な大名たちは真似をしたと思うんですよ。「おれも成功したら、ああいうふうに優雅に暮らしたいものだ」と。その「おまえたち、偉くなったらこうなれるよ。これが理想だよ」というのを見せている限り、義政は殺されないし、日本も文化的パワーによる統一ができていく。彼が隠遁の風を装えば装うほど、政治的支配力が増したというのが私の仮説です。

丸谷　君は足利時代が理想の時代らしいですね。

山崎　ほんと、そうかもしれません。でもこの時代、惜しかったと思うことがいくつかあるんですよ。またしても中国への恨み言ですが、当時の明は一面において大きな可能性のある商業国家で、例の有名な「鄭和《ていわ》の大航海」というのが行なわれたのもこの時代です。陳舜臣さんに言わせると、なにしろ八千トンの大船が——木造で八千トンですよ——六二隻、三万二千人を運んだというんです。行った先はもちろんアラビア海の向こうまで。中国が海洋というものに、一瞬だけ目覚めるんですね。

丸谷　でも、あの一瞬だけ目覚めて、あれだけ大きな船がちゃんと動かせたというのは、すごいと思う。

山崎　それは中国の国力なんでしょうね。おそらくその前からいたアラブ人——中国は多民族国家ですから——の知恵とか、いろんな情報が入っていたんだと思います。

丸谷　入っていたにせよ、それをすべて使えば、それは中国というものの力でしょう？

山崎　そうです。だけど、それがパラドックスなんです。つまり中国は、同じ時期に日本とちょうど逆の政治形態をとっているわけです。中国の伝統ですけれども、皇帝専制ですよ。パワーはすべて皇帝に集まっていて、永楽帝が「船を造れ！」と言ったら造れるが、そのかわり、次の皇帝が「二度と、あの永楽帝の真似はしたくない」と言えば、それで終わりになってしまう。

　現代中国の経済史家で余英時という人がいまして、この人がマックス・ウェーバーに対抗して『中国近世の宗教倫理と商人精神』という本を書いた。

丸谷　知らないなあ。

山崎　なかなか面白い本なんです。明が士大夫に対する政策を改めた結果、「科挙を通ったら一生、一族幸せ」というふうにはならなくなった。そこで「儒を捨てて賈《こ》に就く」、儒者であることをやめて商売人になる士大夫が増えるんです。一方、王陽明が、「四民は業を異にして道を同じくす」と言いだす。多額納税者に仕官の道を開くとか、儒者が大商人のために墓碑銘を書くとかいうことが起こってきて、商業主義が高まってくる。特に南の沿海地方では、商業が非常に盛んになるんですね。もしこのとき、日本の商業主義とうまく結びついて交流が興ったら、アジアにもルネッサンスが起こっていたと思うんですよ。ところが、残念ながらそうはならなかった。ふたたび中国に恨み言を言えば、やっぱり彼らは内陸に戻り、商業を低く見る思想に戻ってしまうんですね。

ちなみに当時、足利政権はできたばかりですが、東アジアにおいて李氏朝鮮ができたのはその後で、明の誕生は三代将軍義満が就任した年ですから、政権としては実は東アジアで最も兄貴分だったのに、日本は力弱くしてアジア経済圏形成のリーダーシップはとれなかった。義満のやった対外貿易、国際交流の努力には大きなものがあったと思うんですけどね。

丸谷　狙いはいいんだけれども足下が不安定でしょう。これはしようがない。

山崎　逆にあのときの日本が、たとえば大内《おおうちの》国《くに》と足利国に分かれていてもよかったと思うんですよ。つまり、ベネチアとフィレンツェのごとく……。

丸谷　分かれていたようなものじゃないですか、あれは。

山崎　いや、でも結局、信長が統一しちゃった。

丸谷　まあ、統一癖があるんだなあ（笑）。京都の町衆の先駆としての堺の町衆がもっとずるければよかった。

フロイスの目の正確さ

山崎 最後にちょっとつけ加えますと、三條西実隆が死んだのは一五三七年、さっきポルトガル船の話をしましたが、一五五一年になるとフランシスコ・ザビエルが京都まで来てるんですね。この間わずか十四年。その後にフロイスが来まして、義輝将軍という権力者に会っている。そして、これも中央公論社から翻訳が出てますが、『日本史』を書いてるんですね。

それを読むと、ちょうど「応仁の乱」が終わって京都は大混乱を経過した後で、実隆の死後ですけれども、実に立派な都市だったということがわかるんですね。私はナショナリストでもないし日本人であることに熱狂もないんですけど、フロイスを読んでいてなんとなく快いのは、彼がよく日本を理解していて、しかもその日本人像が、われわれのいまの常識の感覚から見て気持ちがいいんです。彼は日本に五年ぐらいいたと思うんですけど、その間にどんどんキリスト教徒が増える。その過程を追うフロイスの観察は正確で、「いちばんの強敵は法華宗だ」と言っている。たしかに法華宗というのはキリシタンのごとく、いわばリゴリストですよね。

丸谷 いまでもそうじゃないですか。(笑)

山崎　また、「真言宗の坊主は大日如来をゼウスにたとえている」というのも正確な比喩で、実はゼウスを「大日」と訳す案があった。それから、禅宗の坊さんが瞑想の中で把握する――カオスと言っているんですが「空」だと思う――それは、キリスト教の「神」と同じだと言っている。しかも、「日本人は、甚だ論理的である」と言う。たとえば、日本人を改宗させるのに、どんな武士でも公家でも利益をもって誘導してもだめだ、彼らに世界観を教えろ、理論的な論争に勝てば必ず改宗してくると言っている。

それから都市も家庭も個人も、実に清潔にして均整がとれていると。この清潔は日本人の最大の特色らしいんですが、彼らはずっとアジアを見てきたあとで、「日本には自分たちと同じ人間がいた」と思うんですね。また、「均整」は西洋ルネッサンスで讃えられた最も高い徳目の一つですが、一方で三十三間堂へ行くと、阿弥陀様じゃなく隅っこにいる婆相仙人を見ている。これは痩せ衰えて苦しんでいる老婆の姿なんですが、フロイスはこれを実に見事な彫刻だと褒めている。彼らがそこに見いだしたのはバロック趣味であり、後期ルネッサンス・リアリズムだったんですね。その後に、もちろん悪口は型通りにつけるんですよ。「支那人、インド人とこんなにも違う日本人が、それでも邪教に迷っているのはどうしたことであろうか」と。（笑）

丸谷　日本人の清潔好きは大変なものですよ。明治になって衛生思想があんなに受け入れられたのもその下地があるからです。福田恆存さんだったかな、ストラットフォー

ド・アポン・エイヴォンへ行って、イギリス人がお手洗いで手を洗わないって、びっくりしてましたね。(笑)

歴史家と想像力

山崎　当時の室町というものの面白さですね。京都のあちこちに戦乱の跡が残っているとフロイスは書いていますが、それでも非常にきちっとした生活が営まれていた。原さんの勘がいかによかったかということを実証するものです。当時、おそらく原さんは、フロイスなんか読んでないと思うんですよ。

丸谷　原さんの本を読んでいちばん感じるのは、この人は歴史家なのに想像力というものを実に活き活きと持っていることですね。

山崎　「なのに」とは、私はいささか抗議したい。歴史学者だから、持ってなければいけないんです。(笑)

丸谷　本当はね。世界の歴史家ならば。日本の明治以後の歴史家は、十九世紀西欧の実証主義というものを非常に偏狭に、あるいは漢字の字義どおりに受け取って、むやみに自分を拘束して「ここから先は言わないのが学問的」と……。

山崎　そうでなければ極端なファナティズムか。

丸谷　そうそう。その両方を兼ねたのが、平泉澄という人。前半ゴリゴリの実證主義で、フランスに行って帰ってからやったのはものすごいイデオロギーで、今度は実證性を捨てるわけです。

山崎　あれはなぜでしょうね。戦後に林屋さんを苛めた代々木派マルクス主義の歴史学者も、同じようなもんですよ。

丸谷　それをぼくは言いたかったんです。平泉澄と同じようなことを大半のマルクス系統の史学者はやったわけです。例外の代表は網野善彦さんでしょうね。『大航海』という雑誌の最新号に網野さんのインタビューが載っているんですが、このインタビュアーの三浦雅士さんがなかなか鋭くて、マルクス系統の学者としての網野さんのことをいろいろ聞いている。

「一九六〇年代に網野さんのお考えは、かなり変わったのですか」と三浦さんが聞く。網野さんが、「私はマルクス主義から離れたという意識はないんですよ。先ほど、落ちこぼれたと申しましたけど、落ちこぼれてからもまず何をしたかというと、マルクス、エンゲルスの著作をあらためて丹念に読み始めたのです。合わせて、マックス・ウェーバーなどの古典や日本の近代史学の古典を読み直したのですが、同時に古文書についても、一点、一点を大事にして可能な限り正確に読もうと決心をしたのです。だから、いまも私はマルクスは偉い人だと思っているので、そういう人間をマルクス主義者だというならば、私はマルクス主義者でしょうね」と言っていて（笑）、「昔、マルクスの図式どおりに書いた観念的な論文があった。『若狭における封建革命』などという論文を昔は書いたことがあって、その若いときの愚劣な論文を消してしまうために、それ以後本を書いている」ということを言っているんです。

ぼくはね、いまの日本人のなかで、マルクス系統の人であると思われながら、しかもこれだけ褒められているのは、網野善彦一人だと思う。（笑）

山崎 林屋辰三郎さんがその先達なんですよ。

丸谷 いや、林屋さんはマルクス主義者じゃないでしょう。つまり、実證性というものを大事にして、構えの大きい、視野の広い学問でやっていけば、それはそれで非常に尊敬に値する学問ができるわけですよ。ぼくはいまの日本が、経済学者もそうでしょうけれども歴史家なんか特にそうで、マルクス系統の人は意気消沈しているように見えるわけです（笑）。ぼくは、それは間違いだと思う。

山崎 意気消沈してるのかな、そうでもないですよ。

丸谷 ちょっと待って（笑）。つまり大事なのは、自分の学問的旗印ではなくて真実なのであって、真実を探るための非常にいい機会を、いま得たわけですね。だから、わたしたちのこういう対談は絶好のチャンスなんです。すれっからしの大学院生から質問されているようなものなんです。その質問をまともに受けて立って、答えればいいんですよ。そうすれば議論が広がっていく。

山崎　つまり、この対談がそのための教室で、丸谷さんと私がその学生なんですよ。

丸谷　そうだ。

山崎　答えていただきたいですね。

演劇的時代としての戦国・安土桃山

村岡素一郎『史疑―徳川家康事蹟』民友社　一九〇二年
（「明治文学全集」77『明治史論集(1)』筑摩書房　一九六五年）
隆　慶一郎『影武者徳川家康』二巻　新潮社　一九八九年（新潮文庫　三巻　一九九三年）
林屋辰三郎『歌舞伎以前』岩波新書　一九五四年
神坂次郎『元禄御畳奉行の日記』中公新書　一九八四年（中公文庫　一九八七年）

「影武者」の活躍

丸谷　一九〇二（明治三十五）年、村岡素一郎という、視学官のような職の地方官吏が『史疑——徳川家康事蹟』という一八二ページの薄い本を出しました。著者はまったく無名の人ですが、版元はすごい。徳富蘇峰の民友社で、いわば明治在野史学の本拠であります。しかも巻頭には、内閣修史官兼東京帝国大学教授重野安繹《やすつぐ》博士が序を書いている。定価二五銭、五〇〇〇部印刷。ところがこの本は発売と同時にたちまち売り切れました。徳川家ゆかりの人々が買い占めて、圧力をかけて重版させなかったという評判があったそうで、ありうることでしょう。これは、徳川家康の出自および幼時について疑った本で、重野安繹は序のなかで、「もしも豊臣家の治世が三百年も続いたのであったなら、秀吉の生まれが卑賤だったことは伝わらなかったろう。それと同じ話だ」と述べています。この台詞によってすべてが察せられるような本であります。

さて、この本は長く埋もれていましたが、一九六〇年代に作家南條範夫さんがこの本をもとに、『願人坊主《がんにんぼうず》家康《いえやす》』と『三〇〇年のベール』を書き、村岡素一郎の遠縁にあたる作家榛葉英治さんが、この本の注釈本を刊行しました。さらに一九六五年、筑摩書房「明治文学全集」の第七十七巻『明治史論集(1)』の中に、竹越与三郎の『新日本史』や、小泉三申《さんしん》の『由比正雪』などとともに収められました。一九七六年には歴史家桑田忠親さんが、『戦国史疑』と題する反論の書を著わすという事態も生じました。そして一九八六年から八八年にかけて、小説家隆慶一郎さん——故人でありますが——の『影武者徳川家康』が静岡新聞に連載され、後に新潮社から刊行されましたが、これは村岡素一郎の本に重大な示唆を得て成った想像力の所産でした。

村岡はこう言うんです。新田の子孫である江田松本坊なる流浪の僧が駿府に来て、源応尼なる巫女の娘、於大と関係した。源応尼は、歳暮には節季候という祝事をなし、銭を乞う。平素はザル、味噌コシなどを売り歩く稼業の者であったが、この男女の子として生まれたのが徳川家康である。ただし隆慶一郎の心を打ったのは、村岡論の全体ではありませんでした。村岡は『駿府政事録』という、これは家康の側近・林羅山の著といわれる本なんですが、この本のなかにある、慶長十七年八月十九日、家康が家来たちと雑談をしていて、「昔、自分が小さかったころ、又右衛門なるものが自分を銭五貫で売った。それで九歳から十八、九歳まで駿府にいた」と語ったという箇所を引いています。

ここからはじまる家康の奇怪な幼少時代の伝承が、じつになまなましいんですね。たとえば、家康が売られたのが駿府の八幡小路の願人坊主——修験者ですね——であって、この家は維新後還俗して宿屋をやっているが、家康公の遺物は八幡小路円光院に預けてあるという。そこへ行ってみると遺物というのは、直径八寸ばかりの編笠と、紺麻の法衣の一片をこれにくくりつけたものであった。これらの伝承が示すのは、家康は今川家の人質というような、身分のある武士の子ではなくて、当時「ささら者」と呼ばれた、牢内の雑役をする職務の、非人に近い身分の出身だということでした。隆慶一郎は村岡の説の全体には賛成しないんですが、家康の幼時のディテイルのなまなましさに衝撃を受けたんです。

その結果、家康が晩年に語った幼児の体験は事実である、それを語ったとき家康は、幼い日の思い出をついうっかりと述べてしまったのだと判断して、これは影武者の述懐談であったと考え、この『影武者徳川家康』を書くんですね。すなわち、関ヶ原の時に本当の家康は殺された、影武者は家康の役を演じ続けた、というわけです

ここから始まる『影武者徳川家康』は、じつに面白い時代小説ですし、とりわけ贋の徳川家康が家康の愛妾たちとの関係をどうしたか。

山崎　あのくだり、実感がこもっていました。

丸谷　勝ち戦の直後に、あの好色な家康が女色を慎むとはとても考えられないので、影武者はやむをえず愛妾たちと関係する。そして、本物の家康と違って彼が子ども好きであるせいで、愛妾たちが彼に対して好意をもつ……。

山崎　女性にも優しかった。

丸谷　もちろんんね。でも、子ども好きであるところで女性の気持ちをとらえる。ここの

くだりは小説のディテイルとしていいなと思いました。

さらに大坂冬の陣、夏の陣のころの家康が、豊臣家に対してそれ以前と比べて妙に温情主義なのもこのせいだという考え方――人が入れ替わったせいだという考え方――も面白い。しかし最も私を刺激したのは、日本歴史には西洋史にない――ないというとおかしいけど言葉がない――「影武者」というものがあるなあ、ということでした。サイデンステッカーさんにも確かめたことですが、英語には「影武者」にあたる言葉はないんですね。「強いて言えばダブルでしょうか」と、サイデンステッカーさんは言ってました。

ただし、これは言葉がないのであって、存在そのものはあるようですね。アーサー・フェリルという人の書いた『戦争の起源』という本がありまして、これには「アレクサンドロス（アレクサンダー大王）は部下を自分に似せて変装させて野営地にとどまらせ、自分は部隊の一部を率いて川を渡り、上流方面へ進んだことがある」と書いてありました。この言葉遣い、まさしく「影武者」という言葉がないことを示していると思います。あったら、すぐ書けばいいわけだから。そして、このあいだ私はジャック・ヒギンズの戦争小説に、ロンメルの影武者が出ていたことを思い出しました。ロンメルが部下の一人で自分に似せた奴に自分のなりをさせて、本営をしきりにうろつかせる。そのあいだ、自分は別のところに行って大活躍して、また帰ってくるという筋立てでした。だからモノはあるんですけど、言葉がないんですね。

西洋では、たとえば「建前と本音」という言葉はないと言われていますが、そういう現象はあるに決まっている。現象はあっても、それを呼ぶ言葉の必要はないほど……。

山崎　無意識であるか……。

丸谷　制度化していない、型として確立していないということでしょう、おそらくね。「西洋には甘えという言葉がないから、西洋人は甘えないんだ」と言うでしょう（笑）。あれも、いくら西洋人だって甘えるに決まっているけど、言葉を必要とするほど顕著な現象になっていないということでしょう。同様に、影武者も制度として、型としてしっかりと確立してはいない。私はこのことに非常に興味を持つんです。

日本文化ではなぜ「影武者」が、これほど鮮明にわれわれに意識されているか。どうもいちばん古く影武者がいたと言われるのは、平将門らしいですね。

山崎　あ、そうですか。

丸谷　それからずっと来て『太平記』巻第七、「吉野城軍事《よしののじょういくさのこと》」のこと、村上彦四郎義《よし》光《てる》が大塔宮《だいとうのみや》（護良《もりなが》親王）の鎧を着て大暴れをして、「大塔宮なるぞ」と言って切腹する。それを、「出羽入道道薀《どううん》ハ、村上ガ宮ノ御学《オンマネ》ヲシテ、腹ヲ切《キッ》タリツルヲ真実《マンマコト》ト心得テ、其頸ヲ取《トッ》テ京都へ上《ノボ》セ、六波羅ノ実検ニサラスニ、アリモアラヌ者ノ頸也ト申シケル」というのがある。このころは「影武者」という言葉はできていなかったわけですね。武田信玄には影武者が八人いたとか、豊臣秀吉には八人とか、西郷隆盛にもいたとか、これは本当かどうかわからないんだけども、西郷隆盛の肖像はあやしいと。

山崎　ええ、そうらしいんです。

丸谷　なぜないかというと、写真を撮らせなかった。写真を撮らせなかったのは影武者がいっぱいいたからだという説があるそうですね。山本五十六の影武者なんていうのは聞いたことないけれど。(笑)

山崎　軍艦に乗ってたんじゃ、だめでしょうねえ。

丸谷　でも、飛行機だから。

山崎　飛行機なら空っぽで飛ばすという手はあるでしょうけど(笑)。やはり、影武者は見えるということが大きな条件なんです。野戦のなかで人の姿が見える時代の産物ですね。

丸谷　影武者はもちろん敵をあざむくための仕掛けですが、西洋にこれが少なく日本に多いのは、われわれには、大将を倒しさえすれば敵軍の死命を制することができるという考え方があるからでしょう。つまり、実質よりも形式を尊ぶ。

そういえば日本の王権というのは、とりわけ形式面を重んじるものです。中国の天子が最高の官僚であるのに対して、日本の天皇は最高の神官であって、いわば政治の実務を他に委ねていっこうに構わない。天皇の権力は、上皇、摂関、征夷大将軍その他に委譲されて平気である。それから王権のしるしは、三種の神器という単なるモノであって虚器にすぎない。歌舞伎その他では、小倉の色紙とか千鳥の香炉とかのあるなしによって、大名の家が続いたり断絶したりする。

そういう形式を重んじる社会においては、大将としての影武者は代替可能のものであって、影武者が戦場で活躍すれば、それでもう大将軍は要らないという事態さえありうるんじゃないでしょうか。とすれば、敵をあざむくと同時に味方をあざむく影武者という設定は、日本人の精神の図式とかなり深く結びついているような気がするんですね。

戦国の不安と自己劇化

山崎 いや、おっしゃるとおりで小説も面白かったたし、日本文化論と影武者とのつながりも異論の余地がありません。つけ加えると、隆慶一郎さんの小説『影武者徳川家康』は、一方では影武者の話ですが、一方では忍者の話なんですね。二郎三郎という贋物の家康、以後少々ややこしくなるんですが、われわれがイメージしている本当の家康――つまり影武者――を十二年の長きにわたって生かし続けたのは、じつは大半が忍者の能力なんですね。

魅力的な忍者がたくさん出てきます。伊賀、甲賀はもちろん、家康の敵になった息子の秀忠《ひでただ》の周りにいる柳生宗矩《むねのり》、「影柳生（裏柳生）」といわれる忍者たち、それからこれは創作だと思いますが、高麗人の裔で日本に流れ着いて一族をなしている風魔《ふうま》と称する忍びがいる。そのリーダーの風魔小太郎、あるいはその父親で隠居した風斎が非常に魅力的な人物で、その上に、本物の家康を殺して影武者に出番を与えたのが、石田三成の家来・島左近の抱えていた天才的な忍びである甲斐の六郎という人物です。

その甲斐の六郎が、ふとした経緯から女忍びと恋をして、その女忍びが風魔小太郎の娘であったために、風魔の一団が贋家康・二郎三郎を支えていくというお話なんですね。だから、小説の表を読んでいると、二郎三郎のさまざまな政治的能力、影武者としての虚しさ、誇りが書かれているわけですが、波瀾万丈の筋立てのほとんどは忍者対忍者の戦いで、その細部が楽しかった。しかし、これは主題のうえでも大事なことだと思うんです。影武者と忍者は表裏の関係で、両方とも「演技する人間」であって、仮面なんですね。

仮面というのは両義的で、一方は人に見せるという側面、一方は隠す側面がある。で、徹底的に自分を見せる仮面になりきろうと七転八倒しているのが、贋家康・二郎三郎で、徹底的に自分を隠すことによって仕事をするのが、六郎を始めとする一群の魅力的な忍者たち。この背中あわせの群像を描いた点で、見事な小説だと私は思いました。

ところで、影武者ですが、ヨーロッパにも中国にもいたのでしょうが、それを表立って文化として認めることは、たしかにどちらにもなかったような気がします。

丸谷　さっきの村上彦四郎義光の話は、『太平記』の作者たちが中国の俗書の影響下にあって書いた、宋、元の雑書にある話だと前に読んだことがあります。中国人の想像力なら当然考えそうなことですよね。

山崎　「死せる孔明生ける仲達を走らす」という逸話もあるから、詭計としての替え玉はあっただろうし、シンボルとしての将もあったでしょう。しかし影武者が大衆的な関心事になる、物語の主人公になることは西洋や中国にあまりなさそうです。少なくとも豪傑、英雄の類と比べて、それが圧倒的に見えないのが西洋、中国で、妙に目立つのが日本である。

しかも、日本も戦国から後だと思うんですよ、みんなが「影武者」という言葉を使うようになり、注目し始めたのはね。その背景にあったのは、丸谷さんのご指摘のように天皇制、とくに院政以後の天皇ですね。つまり天皇が仮面と化して、実際の政治を動かすのは院であるという構造がもちこされて、鎌倉幕府のなかですらその祖型が反復されてしまう。

丸谷　執権と将軍との関係ね。

山崎　もっと言えば、執権すら象徴的な存在になって、そのまた影に誰かがいるという構造になる。

丸谷　そうそう。

山崎　たしかに黒幕と影武者という関係は、探れば古いんです。そういう文化があったればこそ、狭義の影武者文化も花開くんですが、そのきっかけは戦国だと思います。というのは、明らかに天皇家が衰微し、のみならず将軍家——足利将軍ですが——という偉大なる影武者が姿を消して、いったん実力者の時代になるんですね。実力者の時代は、常識的には見せるとか隠すとかいう技術とは無関係の、力の時代であるはずなのに、そこが日本史の逆説的なところで、実力の時代になればなるほど権威というものが生き返ってくるんですね。その権威は、丸谷さんもご指摘のように、たとえば名茶器のようなモノであったりさえする。

丸谷　そうそう。

山崎　松永弾正は、平蜘蛛の釜を抱いて焼け死ぬ。明智光秀の弟で近江に立て籠もった秀満は、持っていた大名物を豊臣側に引き渡して自殺する。これが褒められるんですが、それほど逆説的な、権威が尊重される実力の時代が、私は影武者を生んだんだと思う。

丸谷　古今伝授的なものが尊ばれる。

山崎　そうです。しかし、権威、権力の二重構造がきっちり成り立っていた時代には、影武者は要らない。すべての権威が影武者ですからね。それから、純粋に実力だけの時代というものがもしあったら、西洋や中国のように影武者は一時期の詭計にすぎなかったでしょう。ただ、隆さんの推察が当たっているとすれば、十三年間も影武者が天下を支配したというのは凄い（笑）。しかもこれはかなり納得できる想像なんですね。これが日本文化だと私は思う。

もう一つ、戦国時代というのは非常に不安な時代で、それゆえにはったりの時代になるんですね。つまり実力者が本当に腕力だけで、あるいは金力だけでは心もとない。自分を励ます見掛けをつくらなければならない。もちろん、見掛けを承諾してくれる観客、他人の眼が前提なんですけれども、それ以前に、まず自分自身に対して自分を演じてみせなければならない不安があった。その原型を探っていくと、私は信長だったと思う。

信長はまず、「ばさら・かぶき者」系統の、うつけを演じるわけですね。父親の葬式に縄帯一本で出て行って、位牌に香をぶっかけたというような伝説がありますが、少なくともそれに似た、「ばさら・かぶき者」を演じていたことは確かでしょう。あの小藩の父親を失った若者、周りは敵だらけという人間にとって、それは偽計でもあったでしょうが、そうしなければまず自分が生きていけなかっただろうと思うんです。自分を励ますための自己劇化というのかな。

そう言えば、彼は戦場に出る前に幸若舞を舞ったそうです。そこで、「人生僅か五十年、下天のうちを比ぶれば……」と歌うわけで、つまり非常な無常観が戦う前からある。そして彼はそこから生涯の自己像というものを、演技でつくっていきます。たとえば安土城に天守閣というものをつくって——これは彼の天才的発明だと思うけど——天下に自分の権威を見せびらかす。彼が最初に上洛したときに、天皇から「なにが欲しい?」と言われて、正倉院御物であった蘭奢待《らんじゃたい》という香を一寸ばかり切って貰うんですね。これ、みんなお芝居ですよ。(笑)

丸谷　そうそう、蘭奢待ね。

山崎　その真似をしたのがもちろん秀吉で、桃山城を安土になぞらえて建てる。大名を集めて金をばらまく、お祭りをやる、北野で大茶の湯の会をやる。ことごとく自己顕示で自己劇化で、最後に自分の天下ができあがったのちには、「太閤能」というものをつくって、本当に自分の生涯を芝居にして自分が主役をやるんですよ。

丸谷　そうそう。

山崎　これは世界に例がないと思う。アレクサンダー大王が自分の事跡を芝居にして主役を演じるようなものです。それを「傲慢の極み」と見るのは浅薄であって、そうでもしなければいられないほどはかなく不安だったんだろうと思うんですね。裏返せば、自分が舞台で主役をやっているんですから、「生涯は全部お芝居だった」と告白しているようなものでしょう(笑)。で、最後に「なにわのことは夢のまた夢」と言って死ぬ。

丸谷　あれと、まったく同じことでしょうね。

山崎　先ほどの「人生僅か五十年」と。「夢のまた夢」というのは、まさに響きあっているんですよ。で、どちらも自己劇化の天才である。ところで三人目の家康は、通説では非常に地道に武士支配の官僚制社会をつくりあげたことになっているんですが、その定説を隆さんが覆したということですね。

丸谷　隆さんのこの小説の素晴らしさは、信長でも秀吉でもなくて、家康という、影武者をおよそ使いそうもないような気がしていた人物をもってきたことでしょうね。つまりあまりにも……。

山崎　見た目が派手じゃないですものね。

丸谷　散文的で演劇的な要素がない人だと思っているからなんでしょうね、おそらく。ぼくはいまでも、うまいことを考えたもんだなとあっけにとられる思いがするんですが、家康と影武者というのは虚を突かれました。

山崎　ほんとに。ただこの時代、信玄にも影武者がたくさんいたという説がある。一番極端なのは、「上杉謙信は女であった」という説ね。これは丁寧な説明がついていて、月のうち数日は毘沙門堂に籠もって出てこなかったという。(笑)

阿国を迎えた芝居心の時代

丸谷　もう少し続けますと、「影武者」という言葉の文献上の初出は浄瑠璃らしいんですね。

山崎　それは知らなかった。

丸谷　『近江源氏先陣館』盛綱陣屋の場、時政が言う。「第一の大敵、佐々木高綱を討ち取つたれば、腹心の害は払ふたり。さりながら此の佐々木、古往《いにしへ》の将門に習ひ、一人ならず二人三人影武者あつて、何れを是と見分け難し」。

山崎　なるほど。しかし、言葉はそれ以前からあったかもしれない。それだから、浄瑠璃で聞いてもわかったんでしょうね。

丸谷　山崎さんがおっしゃっている影武者の演劇性、これが非常に大事なことだと思うんですね。いったいにあの時代は演劇的な時代だったと、私は考えたいんです。そこで影武者とは少し別の角度から、演劇的時代としての戦国・安土桃山時代について喋ってみたい。

家康は出雲阿国とほぼ同時代人なわけです。で、出雲阿国らしい人物の初出は、『時慶卿記』という公家日記の一六〇〇（慶長五）年七月一日の「近衛殿ニテ晩迄雲州ノヤヤコ跳一人ハクニト云菊ト云二人其外座ノ衆男女十人計在之」という記事だそうです。「雲州」は出雲です。「ヤヤコ跳」は歌舞伎の原型と言われている「ヤヤコ踊り」ですね。

その三年後の慶長八年四月、『当代記』に、「此頃カブキ踊ト云事有、出雲国神子女、名ハ国（但非好女――美人ではない）出仕、京都ヘ上ル、縦バ異風ナル男ノマネヲシテ、刀・脇指・衣裳以下殊異相也、彼男茶屋ノ女ト戯ル体有難クシタリ、京中ノ上下賞翫スル事不斜、伏見城へモ参上シ――伏見城には家康がいる――、度々躍ル、其後学之カブキノ座イクラモ有テ諸国エ下ル、江戸右大将秀忠公ハ不見給」。

山崎　あれは、象徴的な一行ですね。秀忠という男が、いかにつまらない男であったか。

丸谷　この一六〇三（慶長八）年というのは、徳川家康が征夷大将軍となって、豊臣秀頼が内大臣になり、千姫がお輿入れをした年。この年に出雲の国の巫女、阿国なる者が京都に上って、男装をして、茶屋の女――というとまぁ料理屋ですな――と戯れる体を上手に演じた。

山崎　料理屋は少し上品すぎるんじゃないですか。（笑）

丸谷　茶屋遊びの場で、女の役者――つまり阿国――が茶屋女をして、男の役者が流行の伊達男を演じたのであったならば、さほど人気を呼ばなかったろうという服部（幸雄）さんの説があるんです。そうじゃなくて女優が男装してかぶき者を演じ、男優が女装して水商売の女に扮する。その二重の倒錯によって、みんなは非常に興奮したろうというんですね。

山崎　そうでしょうね。

丸谷　いまの歌舞伎と宝塚歌劇とをごっちゃにしたようなものですね。これは、やったら面白いかもしれないなと思った。

山崎　それに似たことはシェイクスピアがやってますね。十七世紀ですからほぼ近い時期ですが、当時は女優がいないので若衆が女の役をやっていた。ところがその女が劇中で男に扮装して女に恋をされるのが『十二夜』です。『お気に召すまま』のロザリンドもそうで、美人を少年が演じ、その美人が劇中で男に化けて男を追っ掛ける。非常に複雑なことになる。

丸谷　それで、阿国一座の演し物として有名な、名古屋山三の亡霊が出てくる芝居があります。この名古屋山三は実在の人物でありまして、最初は蒲生氏郷《うじさと》の小姓というからおそらく男色の相手でしょうね。天下に名高い美男で、氏郷の死後は朝廷の女房たち、仙洞の女房たち（上皇に仕える女房たち）、公卿のお女中などを相手にして艶聞が雲のごとくにあった。淀君もそうであって、秀頼がじつは名古屋山三の胤であるという伝説さえある。

山崎　いい話ですな。（笑）

丸谷　ところが名古屋山三は、慶長九年に刃傷沙汰で横死した。これは史実なんです。このときに阿国の亭主である狂言師の三十郎――これはなにしろ「阿国歌舞伎」を始めた男ですから、日本演劇史最高の天才といってもいいぐらいのプロデューサー――に天才的なアイデアが浮かんだ。阿国と名古屋山三とは必ず噂があったと思うんです。淀君との噂が出るくらいだから、出雲阿国との恋がなかったはずはない。
山崎　なくても、つくったでしょうね。
丸谷　そうそう。これを利用して、亡霊が阿国のところにやって来るという芝居を仕組んだら当たると思ったんですね。その場合、阿国はもちろん女役でなければならない。名古屋山三役には、いままで女役をやっていた伝助という役者を出す。

図3　阿国の舞台の前に現われた名古屋山三の亡霊（右）。手前左が狂言師三十郎か。
（阿国歌舞伎草紙〈部分〉大和文華館蔵）

巫女の阿国が出雲大社から花の都へ上って、花ざかりの北野の社頭で念仏踊りを踊っている。その念仏の声に引かれて名古屋山三の亡霊が大勢の観客のなかに現われる（図3参照）。すぐ傍に坐っている観客の一人が、「いったいこの人はなんだろう」と思って見ている。名古屋山三もお客も、出雲阿国も、みんな派手ななりをしています。

そこで名古屋山三は、「なふなふ、阿国に物申さん。我をば見知り給はずや。その古《いにしへ》のゆかしさに、これまで参りて候ぞや」とある。つまり、昔の恋が懐かしくてやって来た。阿国は、自分だっておまえの愛人の一人だったじゃないかと呼び掛けるわけですね。すると阿国は、「思ひも寄らずや貴賤の中に、わきて誰とか知るべき。いかなる人にてましますぞや。御名を名のりをはしませ」女優はとぼけて、シラを切ろうとしている。「貴賤の中に」は、見物席の中にということですね。

山三は「いかなる者と問ひ給ふ。我も昔の御身の友、馴れしかぶきを今とても、忘るることのあらざれば、これも狂言綺語をもつて、讃仏《さんま》転法輪《てんぼうりん》のまことの道に入るなれば、かやうに現れ出しなり」。

阿国は「さては此の世に亡き人の、現《うつつ》にまみへ給ふかや」おや、あなたは亡霊だったんですかと言って騒ぐ。

それから阿国は名古屋山三を舞台へ招き入れる。大事なのは、名古屋山三が客席のところから出てくることです。この絵で、「不思議だ」と見上げている男がいますね。これが、阿国の亭主、狂言師の三十郎だとぼくは思うんですよ。

山崎 なるほど。演出家兼「さくら」ですね。

丸谷　三十郎ぐらいに悪い奴になると、自分がここに出ているとお客たちがいよいよ喜ぶ。そういうことを考えたろうし、またそういう芝居心の時代だったろうとぼくは思う。

山崎　いいですね。

歌舞伎とイエズス会劇

丸谷　ここでひとつ重大な疑問があるんですが、それは林屋辰三郎さんが提起したことです。名古屋山三が観客のなかから現われるという演出は、能や狂言にはまったくない、じつに斬新なもので、いったいこういう技法をどこから思いついたものだろうか。そう疑問を提出して林屋さんは、「舞台の演技と観客との間に、よほど密接な融合がなければならない。このような『阿国歌舞伎の清新な発展』は、阿国一座と当時の京都の町衆――観客――との完全な融合から生じたものだ」と論を進めます。町衆のエネルギーを強調する林屋史観の典型的な表われなんですけれども……。

山崎　『歌舞伎以前』ですね。

丸谷　ええ。しかし私は、この論は少し納得がいかない。あるいは別の考え方ができるという気がする。

いったいに歌舞伎は、能や狂言とは非常に感じが違うんです。能や狂言がスタティックなのに対して、すこぶる動的である。能や狂言が古典主義的なのに対してこちらはバロック。能や狂言が渋好みで禁欲的で、地味に地味に——例外はありますけど——ゆくのに対して、歌舞伎はにぎやかで派手で、華美で、エロチックで、まるでレビューみたいである。能の筋書きがわりに綾が少ないのに対して、歌舞伎は綾に富んでいて趣向が多い、つまり変転に富む感じですね。

これだけの違いが、女猿楽とか、風流《ふりゅう》踊りとか、女曲舞《くせまい》とか、念仏踊りとか、そういうものからだけで出てくるものだろうか。どうも、何かほかにありそうだと、ぼくは思っていました。

ところが、『新カトリック大事典』なるものを見ていましたら、イエズス会劇という一項目があって、イエズス会は音楽と演劇を非常に重視して、十六世紀、十七世紀ヨーロッパにおいて教育上の方便としておおいに用いた。しかも日本でも、イエズス会劇はかなり上演されたことを知ったんです。

山崎　それは丸谷さんの発見ですね。事典に書いてあるにしても、それを歌舞伎と結びつけるのは創見ですよ。

丸谷　ありがとうございます。それで、イエズス会劇を論じた英語の本を一冊、読んだというよりのぞいてみたんですね。すると、研究が行き届いていないんですよ。あまり材料がない。どこかの点在する修道院にある時期の資料がゴソッとあるという調子であって、よくわからない。
それから、文献が全部ラテン語で調べるのに大変なんです。ただし今後、開拓されるべき領域ではある。たとえば、ラシーヌとかモリエールとか、スペインの……。

山崎　ローペ・デ・ベーガ？

丸谷　そう。みんな少年時代、イエズス会劇に参加して、そこから出ていってやっている。だからイエズス会劇というのは、ある意味で世界演劇をつくったとすら言えるわけですね。

とにかくあらゆる布教国で非常に上演され、日本でもかなり上演されたという記録があって、日本ではラテン語でなく日本語でやっています。切支丹大名の城下町では必ずあったんじゃないかな。いままでわかっているのは、たとえば府内（大分）とか、平戸とか、度《たく》島、堺、島原、そういうところしか出てこないけれど、ほかでもずいぶんやったんじゃなかろうか。一五八七（天正十五）年に秀吉のバテレン追放令が出ていますけれども、この禁令は非常に不徹底で、しかもその三年後に、ヴァリニャーニという切支丹が再来日したときに携えてきた印刷機によってあの切支丹版ができました。とすれば、そのあともずっと容認されていたに違いない。

それが本当に厳しくなったのは、一六一二（慶長十七）年の家康の禁教令からなんですね。とすると一六一二年まではは日本でイエズス会演劇は、上演されていた可能性があると思う。そう考えてみると、出雲阿国や狂言師三十郎がイエズス会劇を日本で見た可能性もあって、それでイエズス会劇的なもの、あるいは西洋演劇的なものが彼らの心を刺激して、日本の歌舞伎に火をつけたということもありうるのじゃないかと推定するんです。

山崎 面白いなあ。イエズス会劇が歌舞伎成立のきっかけになったかもしれないというお考えは、私には魅力的ですね。というのは、先ほどのヴァリニャーニが四人の九州の少年をローマまで連れて行って――これが有名な「天正少年使節」ですが――法王に会った帰途、マカオまで来たときに秀吉の禁令ができて足止めを食うんです。そこで、四人の対話という形で旅行記がつくられて、これが『デ・サンデ天正遣欧使節記』です。原文はラテン語ですが邦訳もあります。

この本が非常に面白いのは、ヴァリニャーニは最初から何を意図して四人の少年を連れて行ったかが、よくわかることです。日本の戦後再建なんですね。戦国時代という混乱のあとに、どういう日本をつくればいいかを非常に意図的に考えて、少年たちに例を見せたんです。たとえば政治形態は何がいいか。民主政治から寡頭政治、独裁政治までちゃんと議論をさせその優劣を比較させて、最後の結論は王政復古、天皇独裁なんですけどね。いかにも西洋風の、皇帝支配の国家をつくらせようと考えていた。そのほか、軍事から商業まであらゆる面にわたって、日本をどう再建するかを考えた見聞記になっているんです。

　そのなかで、行数こそ少ないけれど私の目を刺激したのが、能に対する批判です。「日本の演劇は改革しなければならない」という主旨のもとに、少年たちが、「あの喉を締められたような苦しい発声法を聞いていると気分が暗くなる。その点、西洋に行って見た演劇の美しさ、華やかさ、軽やかさはじつに素晴らしい」と言ってるんですよ。

丸谷　ほう。

山崎　しかもこの四人の少年は、ちゃんと音楽の教育を向こうで受けて、秀吉の前で御前演奏をしたことが知られている。これは歴史的事実なんです。秀吉も禁教といっても西洋文物が大好きな男ですから、弾圧は中途半端にやるつもりでいたらしい。四人のなかでミゲル千々石《ちぢわ》（千々石清左衛門）というのがいちばん頭のいい男なんですが、これなどが西洋文化の話をすることを非常に喜んだようです。

　また、当時のイタリア、スペインはルネッサンスの後期になるわけですけれども、非常に見世物が盛んだったようです。もちろんダンスや演劇もあったんですが、なかには機械仕掛けの大海戦――プールのなかに機械仕掛けの船を浮かべて戦争を見せる模型があったそうです。時計が非常に発達した時代ですから、立派なものができたでしょう。そういうものを少年が見て帰ってきたということは、イエズス会の連中が日本でその話をしなかったはずがないし、そういう催しもやったに違いないというのは、大いに想像できることだと思います。

じつは丸谷さんのご指摘を聞くまでは、私は『デ・サンデ天正遣欧使節記』の能に対する批判だけが、妙に突出していて意味がわからなかった。唐突に日本の芝居の悪口が書いてあるのはなぜだろうと思っていた。どうやら能に対しては、宗教的な内容だけではなくその演技様式も含めて、宣教師たちは批判的だったようです。

丸谷　そうなんですねえ。

山崎　研究すると面白い成果が出てくるかもしれませんね。

丸谷　イエズス会演劇の特徴はいろいろあるわけです。音楽を多用するとか、円形舞台的であって、会堂のなかでもやるけれども街なかの広場でもやるとかね。広場でやれば円形舞台になっちゃう。それから、貴族たちから衣裳とか馬とか鎧とか、実物をみんな借りるせいで、非常に衣裳、服装が華美でした。

山崎　名古屋山三は、はっきりと西洋服を着ていますよね。

丸谷　そうそう。あれは当時のかぶき者の代表だしね。ぼくがいちばん面白いのは円形舞台的だということで、そうすれば当然、観客席の後ろから登場人物がやってくることはありうる。したがって、名古屋山三の亡霊が観客席の後ろから歩いてきて出雲阿国に語りかける。それを、観客席の最前列で阿国の亭主が茫然と見上げるという、その仕組みはありうる。その演出がしばらく続いた後で、今度は能の橋懸かりが前のほうに来る。

それが芝居の花道に変わる、という展開になるんじゃなかろうかと思います。

バロック精神の高潮と衰退

山崎　歌舞伎の発生史のお話はそのぐらいにとどめて、丸谷さんの発言の前半につなげて名古屋山三との関連の話をしたいんです。戦国時代に影武者が生まれ、あるいはそれに続く初期徳川時代がきわめて演劇的な時代になったのには、もうひとつの理由があったんじゃないでしょうか。戦国というのは当然ながら社会を混乱させます。単に社会だけでなく個人のアイデンティティを混乱させる。たくさんの家が潰れ浪人が生まれます。武士的な家の観念から言えばアイデンティティを失った連中が生まれ、同時に、流亡農民ができます。

そして、隆さんの影武者二郎三郎もそうですが、「道々の者」と呼ばれるような、地縁・血縁とは関係が薄く、一芸に秀でるか、世渡りの術を自ら開拓した素性のわからない連中が、圧倒的に増えるわけですね。これは現実的にも影武者のいわば資源を提供するし、精神としても、みんなが自分が誰だかわからなくなるわけですから、自己演出して生きざるをえない時代風潮を養うんですね。誰もが、いわば本物であって贋物であるという時代になってくる。象徴的なのが名古屋山三だったと思うんですね。

先ほど申し上げた信長とか秀吉は、いわば目的のある不安のなかの自己劇化ですけれども、名古屋山三は、他方ではもう生きる目的が具体的な形で見えなくなって、漠々とした状況のなかの自己劇化ですね。本来は人間、律義に生きている人が大多数でしょう。目的について不信のない人、毎日働いて給料を貰って、これで世の中に盡くしていると思える幸せな人です。

しかし、そう思えない人間がやたら出てきた。そうすると自分というものを過剰に人に見せる。ここから、後には伊達者ですが、当時の言葉で言えばかぶき者が出てくる。そんな意味で名古屋山三は、蒲生氏郷の小姓であって、それも浪人したというのが大いに象徴的だと思うんです。

しかも、阿国歌舞伎のなかに最初に彼が現われてくる現われ方は、亡霊です。亡霊とは遍在する存在です。つまり無数の名古屋山三がいたんだと思うんですね（笑）。すべての人が、少し美男であって浪々の身であれば、自分を名古屋山三に見立てて生きられる時代であった。そうしないと生きられない時代であったというふうにも言える。だから舞台の上の名古屋山三は民衆の影武者なんです。

ところが、やがて秀忠の時代に入ると世の中はもう一度整理されて、律義な人々が支配的になります。

丸谷　そうそう。

山崎　これが、隆さんの小説のなかで言えば本多弥八郎。頭のいい人だから、秀忠という人物には疑いを抱きながらも、しかし徳川体制というか、徳川家に対しては忠誠を盡くしている。彼にはアイデンティティの不安はないんですよ。

丸谷　徳川家と一体になっているから。

山崎　その中身がいかに空虚なものであっても、とにかく制度ですからね。彼はそれを知って制度に賭けている。

制度が整備されてゆくなかで、制度的な律義な人が出てくる一方、はずれる奴も出る。その遠い祖先が名古屋山三であって、その果てが、いつぞや丸谷さんと別の機会にとりあげた朝日文左衛門。『鸚鵡《おうむ》籠中記』という日記を書いた、尾張藩の御畳奉行ですが、この人の生活などに典型的に表われていたんですね。

丸谷　あれは太平になって困っちゃった典型的な例ですね。

山崎　神坂次郎さんが『元禄御畳奉行の日記』という解説版にされたので、人口に膾炙している話ですけれども、朝日文左衛門は元禄の人です。近松門左衛門が生まれ、（市川）団十郎、（坂田）藤十郎が活躍している時代、演劇が舞台の上でも非常な隆盛を迎えた時代なんです。

しかし、この『鸚鵡籠中記』――『元禄御畳奉行の日記』を読みますと、時代そのものが一面において非常に演劇的だ。まず主人公の朝日文左衛門はお城の畳の差配をしているんですが、あまり出仕しなくていいらしい。暇です。そこで友だちと集まって盛んに酒を飲む、詩文を作る、漁色に耽る、劇評などに筆を走らせる、最後は酒毒と腎虚で死んでしまったという男ですが（笑）、この人物自体の生き方も極めて演劇的です。つまり、彼の現実のアイデンティティは御畳奉行ですけれども、彼が本当に生き甲斐を感じているのは想像上の文人墨客の世界で、彼はそれを演じているわけです。

この時代は非常に面白くて、たとえば日本最初のお化粧術の本が出るほど、みんながお化粧にうつつをぬかす。

尾張藩の藩主の生母はひどく淫乱な人だったらしくて、素行が乱れたと噂される。すると町の女たちが御生母さまと同じように淫行に耽る。あきらかに物真似なんです。いわば自分の淫行を藩主の生母に見立てて安心するわけですね。

これはいつぞや丸谷さんと話しあったことですが心中する男女ですら、自分の死に際がどういうふうに評判されるかを意識して自殺をする。しかも心中評判記が出てくるんですね。『曾根崎心中』の道行にも書かれていますが、今度の心中は恰好がよかったか、悪かったか、みんなが評判している。

丸谷　それと、四十七士の討入りというのは、まったく芝居仕立ての事件ですね。さらに言うならば、これは日本だけの事件ではなくて、イエズス会演劇はバロック演劇の母体だったわけですね。東西軌を一にしてバロック的な時代があったんじゃないか。

山崎　それを私は申し上げたいなと思って来たんですよ。

丸谷　バロック精神の根本にあるものは、「世界は舞台であって、われわれはみんな一人一人が役者なんだ」という考え方でしょう。この考え方は裏と表と二つあって、表は、非常に快活で楽しい。裏は、非常に無常感があって寂しい。その二つがごちゃまぜになってて、どっちが表でどっちが裏なのかわからない。そういう世界観ですよね、あれは。

山崎　どうも丸谷さんと私とは同じことを考えているらしくて……。

丸谷　ハッハッハ。

山崎　朝日文左衛門とほぼ同じころに、神沢杜口という『翁草』という随筆を書いた京都の侍がいるんですね。これも武士でありながら文人として生きて、芝居の批評や赤穂義士の討入りについて批評を書いたりしている男です。そのなかに、「人生は芝居である」とはっきり書いてあるんです。

丸谷　あるんですか。

山崎　一方「世界は芝居だ」のいちばんの源は、「テアトロ・ムンディ（世界演劇説）」といってローマに発する。しかしこれが本当に花咲くのは、じつは十七世紀のイギリスなんですね。有名なシェイクスピアの劇場、グローブ座の入り口の庇に「世界は劇場だ」と書いてあった。そして、『お気に召すまま』のジェイキーズという重要な人物が、演劇史上に残る名台詞「世界は劇場。男も女もみんな役者」と語っているわけです。これはシェイクスピアの創意でも何でもなくて、当時の世界の演劇思想の表われにすぎない。じつによく似てる。どうしてこんなに似るんだろうと私は不思議なぐらいなんですけれども、日本人とイギリス人は人生観の点ではどうも似てるんじゃないかという気がする。

丸谷　ことにあのころ、似てたんですね。ほかの時期にももちろんそういう要素はあるでしょうが、あの十六世紀、十七世紀のころほどはっきりはしてない。

山崎　ところで、先ほどの影武者の話の締め括りに、影武者の思想というのは本当に西洋では乏しいんですが、私は実例を一つ見つけて、ほくほくした。

丸谷　なになに?

山崎　『シラノ・ド・ベルジュラック』。

丸谷　なるほど!

山崎　あれはシラノの影武者がクリスチャンで……。そうすると、あんなに芝居がかった芝居ができるんですよ。だけどあれは空前絶後で、あんな手を考えた劇作家は東西にあまりいない。もうひとつ、影武者の思想が日本で後々まで続いているなと思うのは、襲名です。ほかの国にもあるかどうか、私の狭い見識のなかにはあんまりない。名人がある域に達すると、突然、先輩や親の名前をなのる。

丸谷　あれはないでしょうね。つまりエリザベス二世というのは襲名ではないからね。

山崎　つまりある固有名詞が、特定の藝風や技術の名前であって、個人が修練するとその名前を負った人間になるという感覚ですね。エリザベス二世は戴冠したときからエリザベス二世でしょうけれども、襲名は、どんどん格が上がるんですからね。こういう感覚は、かなり日本独自のものかもしれませんね。つまり、自分を磨いてアイデンティティを深めると、逆転して他人になるわけで、非常に複雑な構造を持っているんですよ。

丸谷　そういうバロック精神の非常に露骨な表われ方、あるいは芝居好き、派手好みというものは、日本の歴史全体で言うと、ばさら大名のころから来て、元禄のあたりまで。

山崎　そうでしょうね。ばさら、かぶき、伊達……「いき」をどう見るかですが、まあその辺まででしょうね。

丸谷　それ以後はやはり衰えている。そのことでぼくは思い出すんですが、徂徠門下は放逸と恭倹と二派に分かれていた。放逸なのは服部南郭とか平野金華とか、要するにしきりに酒を呑んで、吉原に行って遊んで、花見をしては詩を作る。片方は太宰春台で、もう本当に大真面目。この人は、人を決して褒めない人だったそうですね。褒めたせいでその人物が悪くなる恐れがあるから褒めない、と自分でも言っていた。ところが先生の荻生徂徠はむやみに褒めた。地方から徂徠のところに来た十五歳の少年に漢詩を作らせて、それを「じつに素晴らしい」と徂徠が褒めたら、弟子の一人が平仄《ひょうそく》が一ヵ所違っていると指摘したんです。すると徂徠は、「そんなのは末の末のことだ。この詩全体の素晴らしさが大事であって、そんなことを十五歳の男の子に向かって求めるのはおかしい」。

山崎　正論だな。（笑）

丸谷　と言ったと徂徠門下のゴシップ集にあるんですけど、いかに徂徠が人を褒める人であったかを書いたついでに、「なお、春台は決して褒めない人であった」とある（笑）。そのことを人は、荻生徂徠なる大人物の門弟は二派に分かれる、さながら――ここからはぼくの見立てですが――ヘーゲル門下が左派と右派に分かれるがごとくだ（笑）と、この対立を騒ぐわけですよ。しかしぼくは、徂徠門下だけではなく元禄期の日本人全体が、放逸と恭倹と二派に分かれようとしていたんじゃないか、と思うわけです。

山崎　つまり、秀忠と影武者・二郎三郎に分かれつつあった。

丸谷　そうですね。そのころから以後、恭倹（人に対しては恭しく、自分は態度を慎む）が非常にはびこってきて、演劇的精神が衰えているような気がする。

山崎　ある意味では歌舞伎がますます爛熟する――と言えば聞こえがいいけれども、狭義の芝居の世界に閉ざされていく。

スパイ好きの日本人

丸谷　日本の藝術の特色というのは、生活が藝術であり、藝術が生活であることだとよく言われます。生活と藝術の境界線が非常に曖昧で、たとえば屏風絵は、外国で言えば美術ではなくて工藝に入るものだけれども、日本では美術の代表になる。それから扇に絵を描くとか、帯に絵を描くのは、一流の画家がやってちっとも恥ずかしいことじゃない。歌仙の連句なんて社交遊戯にすぎないといえばすぎないんだけど、しかし文学だといえば文学だという、それが日本人の精神ですね。ところがその日本人の精神において、演劇だけがあれ以後、演劇の世界だけに限定されてしまった気がするんですね。

山崎　だから同じころから、律義者の夢として影武者の物語が愛されるようになるんですよ。同時に、講談などに盛んに出てくるのがスパイの話、つまり忍術遣いの話です。

ここでちょっと、影武者の裏になるスパイの話をしたいんですが、忍者やスパイを大きく分けると二種類あると思うんです。第一は、斥候・偵察型。もちろん後方攪乱もするし、暗殺もしますが、このタイプのスパイは、あくまでもある陣営のメンバーとして敵中に忍び込む。彼の技術はともかく、精神構造は基本的には一般の武士や戦闘者と変わらないわけです。中国の場合、たとえば「壮士ひとたび去って復た還らず」というのは斥候偵察型スパイなんですよ。

第二の範疇が自立職業型。こちらは、スパイの技術を磨きに磨いて、しかしフリーで生きている場合が多く、集団をつくったとしても職業組合としての集団しか持っていない。斥候型なら集団的アイデンティティが確実ですが、自立型は非常に不安なわけです。

職業集団の仲間はあって、たとえば風魔一族のごときもの、伊賀同心のごときものですが、しばしば自分の技術を頼って味方さえ傷つけることがあるし、依頼者への忠誠心にいたってはかけらもない。このタイプのスパイが日本に非常に多い。少なくとも物語の中に多くて、非常に尊敬され愛される。

このタイプのスパイが西洋にいるかどうかですが、ある席で会田雄次さんが、「ルネッサンスのピエトロ・アレチーノがそうだろう」と言っています。この人は風刺作家で、ローマの人間なんだけどベネチアに逃げて、そこでどうやら二重スパイを働いていたらしい。暴露小説というか風刺小説も書いて、強請《ゆすり》たかりもやる。だけど誰もアレチーノを倒せない。最後に彼は「おれは勝った」と言って、大笑いに笑いころげて笑い死にをしたという男なんですが、これぐらいじゃなかろうか。

日本でどのぐらいスパイが愛されているか。猿飛佐助、霧隠才蔵、服部半蔵……私どもの世代だと子どもでも知っている名前ですね。伊賀忍者、甲賀忍者、少し高級ならば山田右衛門作――例の島原の乱のときに、キリシタンでありながら陣営を裏切って、しかし最期は満足に死んだ――画家であったと言われています。目明し文吉、石光真清、スパイM（ないしは村松）、非常にプロフェッショナルな、二重スパイになりかねない人物が日本では愛されているんです。スパイMなんてまさに典型的で、日本共産党のなかに忍びこんで――忍びこんでというより中から発生したんでしょうね――警視庁に共産党を少しずつ売る。しかし全部は売らないで大物は逃がす。最期は満洲に渡ってそこでもひと働きして、引き揚げて来て、晩年は北海道で無事に亡くなったそうですけど、そういうスパイが日本人は好きらしい。

これは、やはり日本文化のある一つの側面だろうと思うんだけど、その点でもイギリスが似ています。サマセット・モームがスパイだったし、二十世紀ではフィルビー。ジェームズ・ボンドという架空の人物。これはやっぱりプロなんですよ。

丸谷　イギリスの産業でイギリス人が誇るものが五つあって、演技、製薬、陸上の中距離、スパイ、スパイ小説だそうです。製薬とイギリス人との関係はむずかしい。が、中距離というのはわかったような気がするでしょう、いかにも策略に満ち満ちている感じがする。（笑）

山崎　なるほど。策略と言えばじつはイギリスというのは、劇場そのもののいろんな仕掛けについても先駆的なんですよ。ジョン・ディーとかイニゴ・ジョーンズとかいう人が現われて、たとえば雷が鳴るとか、火事が起こるとか、神様が出てくるとか、こういう仕掛けを考える。これはルネッサンスの魔術思想と大いに関係があったようなんですが、日本でも竹田出雲や近江掾の「からくり」が盛んでした。

丸谷　なるほど。フランシス・イェーツなんて。

山崎　ええ、イェーツの『世界劇場』はそのことを書いています。先ほどの製薬にも関係があるんですけど、魔術、仕掛け――人をだますめくらまし、これはイギリス人と日本人の好きなことなんですな（笑）。テアトロ・ムンディ思想と言えば、あれが十七世紀のイギリスに盛んだったのは、バラ戦争のせいではないでしょうか。日本の戦国と似た意味で、あのバラ戦争の影響は、シェイクスピアの英国にどっしりのしかかっていますよね。貴族間の実力闘争はもういやだというので、妥協の産物として改めて国王をつくる。だからかなり影武者なんですよ、イギリスの王様は。

丸谷　そうね。要するに大人のつくった制度だな。

影武者の孤独

山崎　そもそも「君臨すれども統治せず」というのは英語でしょう。権威としての王様を発明した、ヨーロッパでも珍しい国ですよ。だから王室がいちばん長持ちしちゃったわけですね。牽強付会をすれば、そのこととスパイ好きとは、関係がある。

　もう一言加えますが、私は日本でスパイや影武者が生まれてきたということは、日本文化の両義性を非常にうまく語っていると思います。一方では、制度・権威というふうな目に見えない実力をみんなで信じる。そのなかでしか、みんなが動けないという点では、個が弱いというふうに言えるかもしれない。

しかし、じつは裏腹でありまして、その影武者自身は恐ろしい実存的孤独のなかにいる。自分は何者でもない、何者でもないけどちゃんと生きているし、彼の決断によって世界がひっくり返るわけですね。その辺の書き方が、隆さんの小説の際どく面白いところで、つまりあの二郎三郎という男は影武者であることに終始悩んでいるがために、なんとかして理想を探そうとするんです。その理想の一つが「公界《くがい》」で、つまり西洋型自由都市というものを彼は夢見ていたことになっている。これは作家としての隆さんの、いわば苦し紛れのアイデアで、そうとでも想像してやらなければ、影武者には救いがないのではないかと作家は言っているわけです。

ところが、作家自身がときどき信じなくなるわけです。二郎三郎はあのいちばん大事な大坂夏の陣のときだったかな、真田幸村の奮戦を見て、「立派だ、おれは殺されてやろうか」というようなことを、ふと言う（笑）。家康の首を取らせてやろうかと。つまり、そういうニヒリズムと背中あわせになった、しかも道徳的にはきわめて善意の人物なんです。

丸谷　あれは読者が好意をもつ人なんですよ。それは、読者がそれ以前にもっている家康に対する反感があるでしょう。ところがそれとのコントラストで、どっちも家康だから、読者は非常に困るんですね（笑）。だから小説論的に言って非常に面白い手口ね。

山崎　面白い手口ですね。私は、隆さんが行間に書いたニヒリスト、個人主義者・二郎三郎のほうを愛するんですけどね。そういう文化の系譜が日本には一方にあって、これが同時に忍者も生むんです。
一つは、日本人はまず旅行好きなんです。こんなに旅行が文化の中心を占めている社会はないんですね。
丸谷　代表的な古典が、たとえば『伊勢物語』なんて要するに旅行記だもの。それから、芭蕉の『奥の細道』なんて。
山崎　旅の詩でいうと、万葉の羇旅《きりょ》の歌から始まって『奥の細道』まで。旅日記はもちろん、『土佐日記』『十六夜日記』『曾良旅日記』と、いろいろあります。芝居も旅なんですね。旅は諸国一見の僧という形で能には必ず現われるし、世阿弥自身が能を書くときに、もし本説（素材となる典拠）がみつからなければ名所によって書けと言う。
謡の十徳という、「謡を歌うとこれだけ得しますよ」という格言みたいなのがあって、そのなかに「居ながらにして諸国が見られる」というくだりがある。そのぐらい謡は旅の演劇です。もちろん道行は旅そのものでしょうし、旅の小説といえば『東海道中膝栗毛』は、わが国の大衆文学の最高峰ですよね。移動すると変身しますよね、誰だかわからなくなる。そして諸国を見るんですから、偵察をすることになる。（笑）
丸谷　ハッハッハ、なるほど。
山崎　もうひとつは隠遁好きなんですね。そのくせ隠遁があまり決定的にならない。早い話が鴨長明、（吉田）兼好、宗祇、西行、「阿弥」号を名乗った藝術家たち、これは一応隠遁したことになっている。商家の親父ですら「市中の隠」と称して、しかし別に家も出ていかないし、水戸黄門のごとく振る舞うんですね、しばしば。この隠遁する、そして旅をするという発想ね、これが影武者の底にある。（笑）

　さらにもう一つ注目しておきたいのは、ちょうど歴史上の家康が亡くなった次の年、一人の侍が出家をします。なぜそのときであったのか調べると面白いと思うんだけど、それが鈴木正三《しょうさん》という、禅の坊主だけれども多分に浄土宗的な人物です。

丸谷　真宗的ですね。

山崎　これが名著を残している。一つは『盲安杖《もうあんじょう》』、もう一つは『万民徳用《ばんみんとくよう》』で、どちらも一種の処世訓なんです。後々の石田梅岩などにつながっていく町人哲学者というか、町人の処世訓を書いた元祖です。そのなかで、ひとつキラッと光ることを書いた。それは「信」ということ。

　これを言う人はたくさんいたんですが、彼が空前絶後であるのは、忠孝より上だと言うんです。忠孝というのは取引の倫理である。親に孝行すればご褒美が貰えるだろう。ご主人に身を投げうてば自分の子孫にご加増があるだろうと思いがちである。心の内に義をもってして、「信」あってこそ忠孝に意味ができるんだから、信のほうが忠孝より上だと言うんですね。これの言外の意味は、商人のほうが武士より偉いぞということです。商人だってインチキはいっぱいいますけど、商人というのは上司への忠孝ではなくて自分一人の信用でしょう。これを言ったのは多分、全東アジアのなかで彼だけです。

丸谷　なるほど。

山崎　ヨーロッパでも、これが言えるようになるのはだいぶ後の話です。忠孝というのが関係の倫理だとすると、信というのは内だけの倫理でしょう。これは恐ろしいことなんですよね。

思うに、二郎三郎は自覚はしてなかったろうけど、内にそういう義を常に探していたろうし、風魔小太郎とか甲斐の六郎、あるいは島左近に対して彼は信をもって報いていたんですね。忠でも孝でもない。そういう人物があの時代に実際にありえたということを、隆さんの小説の傍證にしてさしあげたい。

丸谷　隆さんのあの時代小説が感じがいいのは、一種倫理的な風格があることですね。それが読んでて気持ちがいい。

山崎　秀忠が、忠孝の権化として片方で成長していくわけです。二郎三郎はそれはいやだと言っている。自由だとか公界とか言っているわけですけれども、いちばんふさわしいのは鈴木正三の「信」だと思う。まったく同時代です。「信あって忠孝あり」と。

丸谷　内面の倫理みたいなものですね。

山崎　「義」という言葉を使っていますけど、自分自身に対する正直なんです。取引抜きの自分に正直であること、シンセリティーをもつということですね。

　というわけで、私は日本人の原型を秀忠型で一括りにすることは大いに反対なのですが、かねてから言ってきたことを隆さんが小説に書いてくださったので、きわめて気持ちがいい。

丸谷　でも元禄以後の日本というのは秀忠型が非常にはびこっているんですね。

山崎　いやですね。別の意味で、秀忠というのは天才だったのかなあ。

丸谷　つまらない天才（笑）。東條（英機）なんて人もそうなんじゃないの？

山崎　みんなそうですよ。日本の悪い官僚というのはみんな秀忠でしょう。だいたい秀忠は芝居が嫌いだ。許せないことだ、私としては（笑）。阿国を観て感心しないとは何事であるか。

丸谷　阿国を観ようとしないのが、第一いけない。（笑）

山崎　きっとあれは怖いかみさんに叱られたんですよ、女優なんか見ちゃいかんと。於《お》江《ごう》の方に。

丸谷　つまらない男だなあ。（笑）

時計と幽霊にみる江戸の日本人

角山　栄『時計の社会史』中公新書　一九八四年
郡司正勝『鶴屋南北―かぶきが生んだ無教養の表現主義』中公新書　一九九四年
石川　淳『江戸文学掌記』新潮社　一九八〇年

シンデレラの聞いた時計

山崎　私たちの日本史対談も、六回目になります。前章は江戸時代の前半までで、今回は江戸時代の後半から明治にかけてのつながりを考えようということで、二冊の本を選びました。江戸時代から近代日本への連続性を強調する議論はいまでは珍しくなくなりましたが、この二冊を読んでいると、改めてその見方の正しさを実感します。

最初は、角山栄さんの『時計の社会史』です。角山さんは日本における生活史の大家ですが、とりわけこの本は名著で、教えられるところがたくさんありました。著者としては必ずしも日本文化論が目的ではなかったようですけれども、西洋あるいは中国との比較において、日本とはどういうものであったかを考えさせる上でも、立派な作品であると思います。

いつもながら角山さんの着想が、非常に面白い。著者はまず十七世紀に西洋で広く愛好された『シンデレラ物語』を思い出します。ご存じのようにシンデレラは夜の十一時四十五分に、きょうという日が終わることに気づきます。十二時には魔法が解けてもとのみすぼらしい姿になってしまう。著者は、十一時四十五分、一時間の四分の三が意識され、問題にされたのはどういうことだろうと考える。

他方、著者の念頭にあったのは、『奥の細道』の旅に出た（松尾）芭蕉です。芭蕉が旅に出たのは一六八九年、やはり十七世紀末ですが、そのとき芭蕉に同行した曾良の『旅日記』のなかに、しきりに時間の記述が出てくる。辰ノ中尅（午前八時）、下尅（午前九時）など、一時間単位で到着、出発の記述が見られます。曾良はいったいどうして時間を知ることができたのかも、角山さんの関心を引きましたが、同時に、そういう時間意識の高さが、日本と西洋との共通点ではないかという点に目をつけた。つまり、西洋の場合も日本の場合も全国的に、階層を超えてひとつの共通の時間があって、それを人々がつねに意識していたという点です。

翻って、西洋の機械時計の歴史を角山さんは記述します。それ以前は、日時計とか水時計が時計であったわけですが、この機械時計の発明は、科学技術の一里塚であっただけではなくて、ひとつの文化史的な大事件でありました。簡単にいうと、最初は重錘《おもり》を動力にして、後にはぜんまいを動力にして動く時計にテンプと脱進装置、つまり時間を均等に刻む仕掛けをつけたものを機械時計といいます。

これが生まれたのは、十四世紀のカトリック修道院で、そこでは農民の生活時間とはまったく無関係に、神への祈りを定時に行なうという必要があった。考えてみると、自然の時間というのは、昼と夜を比べても季節や地域によって長さが違うわけですし、農民たちはそういう不均等で、地域的な時間のなかで暮らしている。しかし、永遠普遍につながろうとするカトリックの僧侶たちは、そうした自然に反逆して、普遍的な定刻というものを求めた。その要求にしたがって機械時計が生まれて、十四世紀段階ですでにベルのついた、つまり祈りの時間を思い出させる装置のついた時計があったそうです。

こうして生まれた時計が、やがてルネッサンス、十五、六世紀になりますと、都市のなかに出てきます。この当時、商業とともに繁栄を極めた都市の生活を支えるものとして、世俗的な公共の時計が生まれます。市役所の塔の上、あるいは市場のなかに時計塔を設けて機械時計をつける。こうしておくと、広場に広域から集まった人々がつねに共通の時間を、自然のリズムを超えて感じることができます。

さらには、ぜんまい時計が発達してくると懐中時計が生まれてくる。これもひとつの大きな事件で、社会共通の公共の時間がそれぞれの個人の手に保持されることになりました。王宮には置き時計が置かれ、ランタン・クロックなどと呼ばれたようですが、十五分ごとに時を刻む。しかも鐘を打つ仕掛けも生まれた。角山さんの推察では、シンデレラが時間を知った時計はこの置き時計であったらしい。いずれにせよ、公共の広場にも個人の懐中にも、そして王宮のサロンにも、共通の時を告げる仕掛けが生まれた。

それが一方では、やがて商人の時間を生み出します。ものを売買するときに、引き渡しの期限を決める契約が、時間のなかで行なわれる。同時に、金の借り貸しをすれば利子もまた、時間の長さに応じて決定される。ここから、後にフランクリンが箴言を吐いたような、「タイム・イズ・マネー」という考え方の芽が生まれてくる。

他方、十六世紀も半ばを過ぎると、そろそろ西洋では工業が生まれてきます。工場で機械生産によってものをつくるわけですから、いわば労働の均質化が進行します。名人でも下手でも機械を相手に働けば、時間単位あたりにほぼ均等の商品をつくることができる。ここで、労賃の払い方に革命的な事件が起こります。一五二四年の「コヴェントリの賃金規定」という法律によると、まだ労働者は出来高払いで、つくったものの価格に応じて賃金を支払われていました。

ところがそれからほぼ四十年後の一五六三年——エリザベス一世の頃ですが——の「徒弟法」という法律によると、すでに労働は時間単位で報酬を与えられるようになっています。商人の契約の時間と、工場における労働の時間があいまって、やがて資本主義が西洋で発達していく。

丸谷　『資本論』労働価値説の時間ではかるのは、典型的にそれですね。

遊女の花代

山崎　そういうことですね。翻って日本の文化史を考えてみると、日本には機械時計の発明はありませんでした。しかし面白いことに時間に関する制度というか、公共時間についての意識は非常に古くからあったことに、角山さんは気づきます。たとえば十五世紀に北條早雲が家訓として書いた『二十一箇条』のなかでは、武士たちの一日の生活の時間割が決められています。当時の刻ですから二時間単位ですけれども、いつ起きて、いつ出勤して、いつ就寝するかということが非常に精密に決められていた。

そういう時がどうして計られたかと考えると、いちばん最初は多分、寺の時鐘であった。われわれの知っているお寺の鐘です。十七世紀の初め頃、推定によると青森から沖縄まで日本全国に千八十五の鐘があった。

丸谷　鐘は坊さんが打つわけでしょう。その坊さんは、なんでわかったんだろうか。そのところを書いてませんね、この本には。

山崎　それは問題ですね。日時計で計ったか、あるいは香時計で計ったか。ともかく先進国のイギリスでも、全国的に均一の時の観念が広がるのは日本よりも遅かったというのが角山さんの見解です。とくに十七世紀の中頃になると、お寺の鐘の大量生産が始まります。これはひとつには、日本の銅の生産が急速に高まったことと関係があるんでしょう。「鐘一つ売れぬ日はなし江戸の春」と句に歌われるほど大量に、お寺の鐘がつくられた。推定は難しいのですけれども、江戸時代を通じて日本全国の村の数が約五万に対して、鐘が三万ないし五万はあっただろう。

それだけではなくて武士の城には櫓《やぐら》太鼓があって、太鼓で時を告げていた。さらに十七世紀にはお寺と無関係に町に時鐘堂が建てられて、やはり定時に、一日に最低でも二十四回鐘を鳴らしていたと言われています。庶民はそういう鐘の音を聞いて、三重の仕掛けで時を知らされている。

その上、日本にやってきたケンペルというオランダ人の記述によると、どうも当時の日本人は懐中日時計というものを持っていたらしい。当時の日本人はたいへん旅が好きで、旅の案内書、地図がたくさん売られ、その案内書の付録として懐中日時計がついていた。簡単に言うと、丸い紙の真ん中に紙捻《こより》を立てて、それをいわば針として時計を見るわけです。

人びとが広く時間を意識していたことは、たとえば『曾根崎心中』を見てもわかる。死にに行こうとしている若い男女が、「あれ数えれば暁の、七つの時が六つ鳴りて……」と、自分の死ぬ時の時間を意識している。もっと驚いたことに日本人は遊廓に行って遊女を買うとき、その花代を時間単位で払っていた。この時間は線香の燃えるスピードで計られていたので、それが語源となっていまだに「線香代」という言葉が残っているぐらいである（笑）。和歌山県新宮の場合、遊廓は向かいにある瑞泉寺というお寺の鐘を基準に遊女の代金を決めていた。はなはだ冒瀆的ですが。（笑）

市民のなかに公共時間の意識が普及していた点において、近世日本は工業先進国イギリスをも凌ぐほどでしたから、西洋から機械時計が輸入されるとたちまち普及します。

ちなみに同じように西洋の機械時計を受け入れた中国では、ことごとく皇帝および一部貴族の愛玩品になってしまいます。清朝の皇帝は何百という贅沢な時計を宮殿に集めたけれども、時間を見たり、時間に従って行動したり生活しようという意識はあまりなかった。いわんや民衆の生活は時計とはなんの関係もない。

ところが日本ではこの時計を、たちまち上は大名から下は庶民にいたるまで所有し、かつそれを使おうとしました。ここで活躍するのが、和時計をつくった職人たちです。

日本のいわゆる和時計は、いまでは失われてしまって角山さんは嘆いていますけれども、複雑かつ多彩な発展を遂げました。まず大名時計、あるいは櫓時計ですが、これは単に豪華絢爛たる装飾が施されただけではなく一種の天文儀であり、月の動き、日の動きをも表わす一種の世界時計として発達します。さらに簡単なのは尺時計という、ちょうどいまの計算尺のような形をした、柱に掛ける時計があったようです。また、オランダあたりから技術を輸入して、印籠のなかに仕込んだ懐中時計もつくっています。

話が少し複雑になりますが、西洋の時計は定時法――一日を二十四に割って、昼も夜も一時間は同じ長さだという観念――に拠ってつくられ、その背景には、カトリックの普遍的な神の時間という意識があった。ところが日本人は、西洋の中世の農民と同じように不定時法に従って生きていました。つまり、夜の時間と昼の時間は季節によって違うので、それに合わせて一時間単位の長さが異なっていた。

驚いたことに日本の時計師たちは、テンプを二つつくることによって、同じ時計のなかに定時法と不定時法の両方を示すことができる仕掛けをつくりました。そうした時計師たちはもともと、たとえば銀細工師、鼈甲細工師といった細工ものの技術者で、そういう技術が中世末から発達した結果、高度な手仕事ができるようになっていたんですね。徳川家には御用時計師がいましたが、それだけではなくて、尾張の津田助左衛門一族とか、津軽の九戸藤吉とか、当時名前を知られていた時計師たちがたくさんいた。

もう一つは、日本では古くからからくりが発達していました。前に、阿国歌舞伎との関連でその話はしましたが、からくり人形の仕掛け師が宮中から掾《じょう》という位をもらうほど、職人の地位が高かった。で、からくり師から生まれた時計師の代表的な人が田中久重で、俗にからくり儀右衛門と呼ばれていた。京都御所から近江大掾《だいじょう》という位を与えられ、京都に「機巧堂《からくり》」という店を開いて、仕掛け物や時計を製作していました。

このことに私は注目したいんです。そういう店が町なかで商売として成り立っていたのは、広く庶民たち――多少お金持ちでしょうけれども――のなかで需要があったということですね。この儀右衛門がつくった須弥山儀――一種の世界時計ですが――あるいは万年時計というのは、きわめて精密かつ複雑なものでした。やがてこの儀右衛門は明治維新の近づいた佐賀藩に呼ばれて、精錬所の技師として船のエンジンもつくったようですが、明治八年には銀座に進出して、「田中製作所」という機械の工場を興します。

これが三井の資本を導入して、やがて現在の東芝になった。
丸谷　そう、あれは一種、感動的な歴史ですね。
山崎　一言でいうと、この本は科学技術を愛する国民の好みと、社会に共同の時間が存在するという精神が、二つながら日本にかなり古くからあって、それが近代を用意したというわけで、大変ポジティブに江戸と近代明治をつないだ本になっています。

農民的時間と武士的時間

丸谷　角山さんのこの本は、啓蒙的な文化史の書き方の傑作といっていいんじゃないでしょうか。なんといっても、読者の知性を刺激する仕組みが非常にうまい。その技術が、まるでからくり儀右衛門みたいだ（笑）。なかでも素晴らしいのは、シンデレラもさることながら、曾良の日記を出したところが凄い。つまりシンデレラ対曾良の日記という二つのコントラストが絶妙の仕掛けになっていて、読者は思わず息を呑む。ぼくはこの本が出たときの書評を知らないんですが、そういうところを多分、褒めてないだろうと思うんですよ。
　このあいだ、ぼくは必要あって日本の科学雑誌をいろいろ読んでみたんですが、本当にまぁ書き方が下手なんですねえ。『日経サイエンス』は素晴らしい雑誌ですが、『サイエンティフィック・アメリカン』をそのまま翻訳すればいいものを、初めに日本の編集者が前説をつけるんです。その前説で、実に面白くなくなる（笑）。『サイエンティフィック・アメリカン』の記事は、最初からワクワクするようにできている。その「ワクワク」を絶対させないようにするために、日本の編集者が四百字に二枚ぐらい書くなんてことは、やめてもらいたい。（笑）

科学史の記述にあたってかくも話術が巧みであることに、ぼくは非常に感動しました。その感動の前提としてぼくの気持ちを分析してみると、曾良がこれだけ時間にこだわったことが意外だったわけですね。というのは曾良は俳人だから、一種、歳時記的時間で生きていた人じゃないかなと思っていたらしいんです。歳時記的時間とはなにかというと、俳諧は農事を中心にしてあるものなんです。そして農事の暦は日ごとの暦じゃなくて、むしろ自然によってめくられていく暦——自然暦というのかなあ——そういうものでしょう。時刻よりも日にち、あるいは上旬、中旬、下旬ぐらいの大雑把な時間が、山崎さんの言う共通の時間とか共同の時間とかいうものだろうとぼくは見当をつけていたらしいんです、いまにして思うと。

山崎 ある季節においてはある時間が美しいという観念は、平安朝からあるわけですね。歳時記的、定型的な季節感覚。

丸谷 後鳥羽院にありますね、「見わたせば山もとかすむ水無瀬川夕べは秋となに思ひけむ」。

山崎　「春はあけぼの」というやつね。

丸谷　そうそう。

山崎　「秋は夕暮」。「冬はつとめて」――朝早くという意味ですけれども。季節を時間に従って感じるという感覚がずっとあったから、俳人は多分時刻に敏感になったんでしょうね。

丸谷　なるほど。ちょっとそこへ行く前に一言。ぼくはむしろ、俳諧的時間つまり農事的時間においては、暦よりむしろことわざが、一種の暦の代わりをしていたような感じがしていました。「鶴が北に向かって飛ぶと彼岸さめ」――「さめ」は終わりの意味。これは肥前の国のことわざだそうです。それから、「ムツゴロウが出なけりゃシギが帰って来ぬ」というのは柳川の古老の言い伝え。「ウツギが咲くと水浴をはじめてもよい」は下北半島。「麦の穂が出たら蜊《あさり》を食うな」は陸中。「鹿が鳴くから粟を刈らねばならぬ」は利根川上流。それから、えらく短いけれども「蕎麦雉」という佐渡のことわざがあって、蕎麦の熟するころは雉が肥えて旨くなるという意味だそうです。

そういうことわざ的要約によって季節を生きているのが、日本の農民の時間だろうと思うんです。ひいては、そのことわざをもう少し洗練させたものが日本人の句だという気持ちが、なんとなくぼくにはあったらしいんですね。ところが俳人がこれだけ時刻に関心があったという話を聞くと、なるほどと驚いて、これは曾良という人——あれは、侍でしょう。

山崎　そうなんですね、伊勢長島藩。

丸谷　侍だから、勤め人だから、出て行ったり帰ってきたりする必要がある。それで農民的時間と武士的時間との交錯するところに、曾良の俳諧が出たのかなと思いました。

山崎　角山さんも、日本の時間は基本的に武士が守った、商人ではなかったと考えていますね。

丸谷　芭蕉ももとは武士なわけだしね。だから時刻の意識が伝播するにあたって、武士出身の俳人が東北地方を歩いて、そういう特殊な時間を宣伝して歩いたということも言えるのかな、と思う。

山崎　そうでしょうね。武士は建前上、言葉にいたるまで共通語を使う。つまり日本共通の文化をつくることに貢献していましたからね。

丸谷　参勤交代という制度がすでにそれですよね。

山崎　そして同じ書き言葉を話す。

丸谷　そうそう、標準語的なものですね。

山崎　で、角山さんに言わせれば、戦闘のときには時間や同時性が非常に問題になりますよね。私自身としては、日本の商人が角山さんが言うほど時間感覚をもっていなかったかどうか、ちょっと疑問もあります。日本人の商人は、一方で金を借りたら返すということについて相当敏感だったはずで、しかも商人もまた一種の普遍性を指向する。たとえば手形にしても、全国に通用しなければ意味がないわけですから。だから、商人も相当に時計の感覚があったんじゃないか。少なくとも女郎屋の親父は時間にきわめて敏感であった。

丸谷　なるほど（笑）、心中物であれだけ時間を気にするのは、そのせいか。

山崎　主人公は、時間単位で身を売っていた女性なんです。

丸谷　時間が刷り込みになっているわけですね。

旅のソフト完備の東海道五十三次

山崎　ケンペルは日本に来て、日本人がよく旅をする、しかも、旅をするための設備とか、旅行案内書、地図などが庶民にいたるまで広がっていることにびっくりするんですが、考えてみると、これは全部ソフトなんです。同じ時代に『東海道中膝栗毛』という名作が書かれるわけですが、言うまでもなく東海道五十三の駅を弥次さん喜多さんが旅行する話ですね。この東海道という道は、ひとつのネットワークとして非常に完備していた。大井川には怖い雲助がいたけれども、女性の独り旅ができるような構造をもっている。これは当時の西洋では非常に難しいことです、女性の独り旅なんて。

丸谷　すごいことですよ、それは。

山崎　それぞれの駅には旅行案内書があるでしょうし、飯屋も宿屋も、ついでに飯盛女もいて、要するに遊廓までそろっている、そういうシステムがある。ところが、驚いたことに大井川には橋が架かっていない。旅人はほとんど足で歩いていて、侍ですらめったに馬に乗らない。せいぜい駕籠ですが、これも『忠臣蔵』のご注進が走るようなときを除けば、あまり使われない。つまり旅のためのハードは、実に貧弱なんですね。

丸谷　そうなんだ。

山崎　西洋は逆で、「すべての道はローマに通じる」という石畳のハイウェーをつくって、その上を戦車が走る。機械時計を先につくり、それから公共時間の意識が発達する。日本は、公共時間の意識は先にあるけれど、それを支えるハードときたら、線香から日時計までという状態。日本の近代化を考えるときに、これは非常に面白いことですね。

丸谷　それはよくわかる。不思議なのは、ソフト先行なら知職人中心の文化でありそうなものだけれども、実は庶民がソフト先行でやっている。だから……なんていうのかな、大衆が聡明であったと言える。

山崎　あるいはトップがあまり聡明でなかった、という言い方もできるかもしれません（笑）。たとえば寛政の時代をみると——つまり十八世紀後半ですが——都市・農村に家内工業が非常に発達した。同時に、各藩が国産専売制度を設けて、盛んに自領の特産品を保護するんですね。これのはなはだしかったのは砂糖らしくて、沖縄で黒糖ができる、鹿児島にそれが移る、それをいかにして讃岐が盗んだか。讃岐には和三盆といって、いまだに砂糖の文化があるわけですが、技術を盗むのが大変だったらしい。ハードは大した機械もないわけですけれども、特産品をつくるための技術を開発する、それを盗んだり盗まれたりが、全国的に起こっているんです。

丸谷　『忠臣蔵』は赤穂の塩で云々という説があるでしょう。あれだって正確かどうかは怪しいけれども、あのころのソフト騒ぎであるわけです。

山崎　あの『忠臣蔵』という芝居は、考えてみると東海道の旅を劇にした最初でしょう。

丸谷　事件は江戸に始まって、京都、赤穂でしょう。この三つがあって、ほとんど除外されているのが大坂なんですね。

山崎　でも、天野屋利兵衛がいますよ。

丸谷　まあそれはともかく（笑）。そういう地理的なものを、実にうまく入れてるんですね。サント・ブーヴはバルザックのことを、「フランス中の重要な土地を全部小説に仕組んでいる。まことにずるい男である」と言ったそうだけれども（笑）、そういう意味であの『忠臣蔵』の作者はずるい（笑）。あれが東北の弘前なんかの事件だったら、全然つまらないことになってしまう。

山崎　少なくとも山科閑居の場も書けないし、一力の場面も書けないわけで、興味半減する。

丸谷　一力がないからお軽・勘平が非常に困る（笑）。ええと、近代的時間の話でしたね。ぼくの『たった一人の反乱』という時計がいっぱい出てくる小説があるんですね。そのなかで、明治になって時計塔を西洋から輸入したところ、日本では市役所でなく吉原に時計塔があることになった……という話を書いたんだけれども、遊女の労働時間と結びつかなかったんだな。そうすればきれいに理屈が合ったんです。惜しいことをしたなあ。（笑）

山崎　とくに江戸ではそうだったようですね。近代になっても東京の遊女の後裔たちは廻しを取り、上方は取らなかった。つまり江戸のほうが時間意識が鋭かったわけですな。（笑）

丸谷　ルソーという人は時計職人の息子でしょう。でありながら時計を非常に憎んでいたという話がある。これはやっぱり近代に対する憎悪がルソーにあって、時間の制約のない古代の生き方――ルソーの言葉でいうと「神聖な野蛮人」の生き方が好きだから、時計で縛られたくないという気持ちがあったんじゃないですかね。

山崎　角山さんの本の後半に面白いエピソードがあります。ハイドンが、ハプスブルクの宮廷音楽師としてやっているうち、名声高まってロンドンに呼ばれるんですね。そのときに彼の懐中にあった、半生の貯金が二百ポンド。イギリスで貰った年俸が確か四百ポンド。そのぐらいイギリスは経済発展を遂げていたわけですね。そこでハイドンは、『時計』というシンフォニーを作った。角山さんの推定では、ハイドンはせわしないロンドン生活に辟易して、諷刺的に『時計』という曲を作ったのだろうというのだけど、ありうるかもしれませんね。

丸谷　だいたい文学・藝術に携わる人間はルソーと同じように、時計による規制は嫌いなわけですよ。ところが不思議なことに、日本の代表的な文学賞である芥川賞の賞品は、時計なんですね（笑）。それで菊池寛は、あの人、時間は正確だった人なんだろうか。

山崎　さあ、どうでしょう。

丸谷　たぶん菊池寛は、芥川賞の賞品を何にするかなんてことには関知しなかったでしょう。佐佐木茂索が決めたんだろうと思う（笑）。彼は非常に厳しい人だったらしいから、文士的なだらしなさが嫌いで、それで佐佐木茂索が芥川賞の賞品を、日本文学者批判として時計に決めたんじゃないのかなあ（笑）。もう一つ。明治天皇は、帝大卒業生の首席に銀時計を賜わった。明治天皇は非常に心の優しい人だったから、首席だけが貰うのでは可哀そうだと思って、ビリの人間にも賞品をくだすった。首席には銀時計、ビリの人間には目覚まし時計。

山崎　それ、本当なら大した諷刺ですね。

丸谷　昔つくったジョークだけど、もちろん歴史的にはまったく信用できない。（笑）

時計の世界の裏側を生きた天才・南北

山崎　花が咲かない前に、野暮ですが後半に入りましょう（笑）。時計はもちろん合理性の象徴であり、勤勉の道具あり、角山さんによれば、社会の公共性を保障する仕掛けでもあるわけです。これが江戸の後半に発達したのと時を同じくして、それとは正反対の、反合理性、頽廃、公共性への反逆、勤勉に対立する娯楽遊興の文化が花開いた。その世界を徹底的に体現していたのが、鶴屋南北という不思議な劇作家です。『東海道四谷怪談』で誰もが知っている作者ですが、ある意味でこの人は時計の世界の裏側を生きた天才でした。

演劇学者の郡司正勝さんが『鶴屋南北』という評伝を書いています。南北は一七五五年に生まれ一八二九年に七十五歳で死んでいます。まさに十八世紀の後半から十九世紀の前半を生きた人で、日本の年号で言うと天明の頃に世の中に出て、寛政の改革を経て、やがて文化・文政の時代の庶民文化を一身に担った才能であったわけです。

芝居町のなかにあった紺屋の息子だったといわれ、一説によると役者の経歴もあって、やがて芝居作者になる。芝居者といい紺屋といい、当時の社会的位置づけからいうと極めて低い身分に生まれて、一生涯無学を非難された。しかし江戸文化の爛熟のなかで、芝居掛かりの極地に成功した作者であり、反合理性、頽廃、反公共性といった意味において、明治以後に開花するもう一つの近代の始祖でもあったわけです。

ちなみに明和という時代（一七六〇〜七〇年代）は、江戸が本当の意味で江戸になった時代です。長年上方の文化的な支配下にあった江戸が、独自の文化を生み出す。江戸っ子とか江戸者という言葉が生まれ、江戸言葉が誇りをもって自覚され、山東京伝の洒落本を中心とする、狭義の江戸文学——江戸時代の文学ではなくて江戸という土地の文学——が花開きました。吉原が三味線音楽や浮世絵を育て、文化の中心として花咲いたと同時に、品川、板橋、千住など、いわゆる岡場所と言われる二流の遊興の地が江戸に四十ヵ所もあった。江戸に入る街道口にはそれぞれ飯盛女がいて、性的文化においても頂点を極めた時代です。

一方では朝鮮や琉球の使節が江戸に入り、しかも蘭学が宗教を除いて解禁されるので、外国文化が雪崩込んでくる。前野良沢が腑分けを見聞して日本の解剖学の始祖になり、平賀源内がエレキテル（電気）を、遊びの道具としてではあるけれども庶民に見せた、いわば科学の時代でもありました。

芝居もまた、この時期に中村座、市村座などいわゆる江戸三座が確立して頂点を迎えます。ちなみにこの江戸三座が、どれぐらい繁栄を極めていたか。一劇場ごとに頭取から芝居作者、囃子方、木戸番、楽屋番まで含めて、それぞれ八百人の人間が雇われていたといいますから、驚異的な数ですね。

やがて一七八〇年代、天明期に南北は劇界に登場します。近松門左衛門の『曾根崎心中』が書かれてから八十年後です。当時、有名な立作者であった桜田治助の弟子として、最盛期の芝居の世界に入ります。しかし天明のかぶきは、ドラマという点では近松の時代から様変わりをしていました。このころ二代目並木正三が、『戯財録《げざいろく》』という日本では珍しい戯曲作法の本を書いていますが、そのなかで彼は「狂言さらさらと景様を第一なり」――ドラマはあっさり書いて、芝居掛かりの見掛けを第一とせよと。極端にいうと、「化物変化を頭として人間は次へ廻す」と言われた時代でありました。

そういうなかで若い南北は、『鯨のだんまり』という出世作を書いています。ほとんどお話らしいお話はなくて、幕が開くと舞台一面に、黒い紙を張り巡らした巨大な仕掛けがあります。これが実は鯨の横っ腹で、漁師たちの語りの後、突然この黒い紙を引き破って、鯨の横腹から百日鬘《ひゃくにちかずら》の四天姿の海賊の大将が、安徳天皇の冠と白衣を持って登場する。つまり作者の趣向によると、壇ノ浦で建礼門院とともに入水した安徳天皇は鯨に呑まれ、残っていた冠と白衣を海賊の大将が手に入れて、鯨の横っ腹を破って出てくる。出てきたところで、海女の娘と「だんまり」という一種のパントマイムを演じるという、それだけのことですが、視覚的な面白さと同時に、安徳天皇を鯨に呑ませるという大変なけれん、奇想があります。

南北という人は、生まれながらにこの時代の芝居掛かり《シアトリカリティー》を身につけていた。ちなみに天明期には「化物噺」が盛んで、鯨もひとつの化物ですが、あざらしも話題に出てくるような時代でした。郡司さんの分析によると、文化・文政の時代になると化物は減って幽霊が増える。化物は自然の化身、私流に言えば農民的な怪異ですが、幽霊となると人間関係に絡んで出てくる化物であって、まさに都市内部の出来事になる。

文化元年に南北は、『天竺徳兵衛韓噺《てんじくとくべえいこくばなし》』という代表作の一つを書きます。高砂の船頭徳兵衛が現在のベトナムからタイあたりまで流浪して、帰国後、盛んに旅行談を語った。この実話を素材に、物語を太閤記の世界におきました。真柴久吉——当然ながら羽柴秀吉ですが——に侵略された朝鮮の遺臣の一人が、秀吉（久吉）を倒すために、自分の子の大日丸を徳兵衛になり代わらせて、日本に送り込んで騒動を起こそうと考えた。しかしこの話の面白さは、あくまでシアトリカルな仕掛けにあります。

捕物あり、蝦蟇《ひきがえる》の化物あり、殺人あり、殺された女性が化けて出る幽霊あり、当時としては珍しい外国の楽器だった木琴の演奏があり、水中の早変わりがある、まさに文化・文政かぶきの典型です。しかもこのなかで、当時おそらく危険な冒険であった切支丹の呪文さえ唱えられていて、江戸市民の国際性への憧れと同時に、奇異なものを見たい、珍しいものを知りたいという、見世物に対する関心が最大限に利用されています。

当時、南北と協力して大活躍をしたのが、尾上松助（後に松緑）。れっきとしたかぶき役者ですけれども、当時の言葉で「色子」、男娼の出身で、立役、女形いずれも得意であったけれども、なかでも外道役——化物とか盗賊など——が得意な役者であった。そういう人が時代の人気者になったこと自体が、文化・文政が何であったかということを物語っています。

ちなみにここで行なわれたさまざまな仕掛け、とくに水中早変わりの仕掛けを見て、当時の幕府の役人は驚きました。「これは切支丹の秘法か和蘭《オランダ》の魔法に違いない」と検分に出掛け、役者と作者の説明を受けてやっと納得したという話が残っています。やがて寛政の大改革で、芝居にも締め付けがきます。しかしある意味では面白い時代で、山東京伝の洒落本が大量に売られ、写楽が浮世絵の世界で活躍する。一方かぶきの世界がどう凌いだかというと、『忠臣蔵』を正統の隠れ蓑にする。なにしろ忠義の物語ですから、これをやっていれば幕府のお咎めも少ないというので、『忠臣蔵』が非常に盛んになりました。

見世物と『東海道四谷怪談』

山崎　化政期の将軍、徳川家斉その人が、なんでも四十人の側室を持ち五十五人の子ども産ませたという豪傑でありまして、世は乱れに乱れます。一方で、家内工業の興隆、諸藩が特産品を振興したのもこの時代で、農業の不振にもかかわらず経済的には非常に豊かになり、江戸は頽廃と爛熟を迎える。

芝居のほうで言うと、残酷劇、極端なまでの見世物芝居が盛んになる。当時、江戸では現実の見世物も非常に盛んで、見世物専門の興行師が出てきます。上品なほうは「唐《から》の開帳」といって、舶来品ばかりを見せる店もある。まぁ、万国博の走りですね。そうかと思うと他方では「金玉娘《きんたまむすめ》」を売り物にする、最も下賤な見世物もあった。その両方を市民は楽しんでいたわけです。

社会的流動も盛んになります。まず空間的に見ますと旅が盛んになります。小説『東海道中膝栗毛』がもう書かれていますが、南北も後に『独道中五十三駅《ひとりたびごじゆうさんつぎ》』という戯曲を書きます。いまで言えばレビューの類で、五十三段返し――五十三の場面が次々と視覚的に変わっていく。水中早変わりあり、夜泣石の幽霊、猫の化物まで出る。

そして、最も有名な『東海道四谷怪談』ですが、ここに「東海道」という言葉が出てきたこと自体、この時代の反映だと思います。現実の事件は江戸の四谷で起こり、現にお岩稲荷が四谷にあるんですが、いろいろ憚りもあって東海道の四谷の駅に移して書いた。しかし書いた南北の意識のなかには、明らかに旅する東海道というものがあったにちがいありません。

これは二つの意味において、時代の代表的な作品でした。一つはいまや正統化されてしまった『仮名手本忠臣蔵』のパロディーです。ここでは『忠臣蔵』のなかの悪臣が、主人公の伊右衛門に変身する。『忠臣蔵』では男女の愛が讃えられていますが、ここでは逆に愛が踏みにじられ、おもちゃにされる。丸谷さんの言葉を借りていえば、『忠臣蔵』の春の女神がお軽であったとすると、それがちょうど裏返されたものがお岩さまで、ちなみにどちらも娼婦でした。

伝統的な基準でいうと、これは変なドラマです。誰が悪いのかよくわからない。もちろん伊右衛門は悪党ですが、悪の権化ではなくて、実は本当に何が欲しいのか自分でよくわかっていない人物です。最初はお岩に恋をしている平凡な若者が、お岩の父親によって仲を割かれて、父親を殺す。殺してしまうともう嘘をつくほかない。お岩を騙して結婚します。

やがてその近くに、吉良上野介につながる一族が現われ、その家のお梅という娘が伊右衛門に横恋慕をする。で、自分の祖父を仲に立てて、伊右衛門と強引に結ばれようとします。伊右衛門に就職口を世話したり、お岩に飲ませる毒薬を渡したり、ともかくお梅がお岩を追い詰める。伊右衛門は言ってみれば、あいだでふらふらしているいい加減な人物ということになります。

それはさておき、これまた早変わり、幽霊の仕掛けに満ち満ちた芝居で、南北の集大成になりました。誰でも知っているように、お岩ともう一人、伊右衛門に殺される小仏小平がどちらも化物になって戸板の両側に打ちつけられ、戸板がひっくり返るとお岩が小仏小平になる。これを同じ役者・松助が演じているんですね。一枚の戸板の両側にいながら、それが同一の役者だというのは大変な仕掛けが要る。仕掛けは、全部南北が考えたらしく、戸板返しの場面など、役者がどうしても納得しないので、南北が模型をつくって教えたとさえ伝えられています。

なにより象徴的なのは毒薬が駆使されたことです。この時代、薬が非常に好まれて、漢方和方の薬草が珍重され、大きなマーケットをつくります。平賀源内もかかわっていたようですが、本草に関する講が全国的につくられたというのが、田中優子さんの説です。同時に西洋医学も入ってくる。骸骨がバラバラになったり一つになったりする「骨寄せ」という怪談の仕掛けなども、やはり解剖が人々に知られて、人体の内部が広くわかるようになったことと関係があるのではないでしょうか。

一方ではパロディーと芝居掛かりの極地。他方では自然科学に通じる仕掛け、薬物、医学。時代の両面を一身に担って七十五歳の南北は死ぬんですが、それだけでは終わらない。彼は自分の葬式を生前のうちに脚本に書いて、洒落のめして死ぬ。具体的に言えば、葬式の引出物として配った本のなかに、主役・南北が死んで棺桶のなかから化けて出るぞ、という話が書かれていた。演技的人生というものが社会の隅々まで広がっていた時代にふさわしく、南北は自分の死まで劇化して見せたわけです。

　南北は、先ほどの時計の世界と背中あわせの裏側にいるんですけれども、実はプラスにもマイナスにも、二つの世界は見事につながっていたと思うので、この話を持ちだしたしだいです。

南北の芝居と山東京伝

丸谷　郡司さんの本には、「南北の芝居には京伝の書いたものを元にしたものがいろいろある」と言っているんですね。最初聞いたときには、ちょっとびっくりする。南北の世界と京伝の世界とは反対じゃないかというような感じがするんですが、その辺のところを少し考えてみます。

　石川淳さんは山東京伝がとてもお好きで、『江戸文学掌記』のなかで「彼ならば、西洋文学渡来後に生きてもめざましい作品を書いたに相違ない」と言っている。石川淳さんが引き合いに出しているのは、黄表紙で、たしかに黄表紙は出来がいいんですよ。京伝的な才能をすっきりと出すのに、実に向いている。

　たとえば名作の誉れ高い『江戸《えど》生艶気樺焼《うまれうわきのかばやき》』。これは艶二郎という主人公の若者が粋なことをしたくてたまらなくて、粋とされていることを教条的に全部やってみるという滑稽小説です。それからぼくが好きなのは、『孔子縞時藍染《こうしじまときにあいぞめ》』で、これは寛政の改革をからかったものですね。寛政期には「四海皆兄弟のごとく」がいいと言っている。だから、「物貰い非人に至るまで礼を好む」という儒教の理想を、実際に当時の江戸でやってみる話です。すると商人は、「不義にして富み、また貴きは我に於ては浮雲の如し」と考えて自分の持っている金を他人に無闇に押しつけたがる（笑）、女郎はお客を見ると、大金を預けたがる。

山崎　逆様《さかさま》世界ですね。

丸谷　初めから終わりまで儒教的倫理のパロディー。これが書かれたのが一七八九（寛政元）年です。ところが儒教的倫理への懐疑をいちばん表明したのは本居宣長で、宣長の『玉勝間』——寛政七年から文化九年まで刊行された——は唐心《からごころ》批判です。儒教的な倫理がいかに嘘であるかをしつこく言いつづける。富貴はつまらないものであると、しきりに儒者は言うけれど、そんなばかな話はあるか。金はあるほうがいいし、身分は高いほうがいい。そのほうが親にも孝行できるじゃないか。どうして富貴を好まないなんて言うのかと。

それから、許由が、舜が自分に天下を譲ろうと言っているという噂を聞いて、「ああ、きたない話を聞いた」といって川の水で耳を洗う。それを宣長はカンカンに怒って、「こんな人間がいるはずはない。みんな喜ぶに決まってる」みたいなことを言う。つまり寛政という時代は、学者が大真面目でやっても、文士が不真面目の極でパロディーをやっても、どっちも儒教批判をするくらいに、体制としての学問に疑惑を表明した時代で、日本文化として素晴らしいことだったと思う。このときに日本文化は自立したわけですね。しかも学者だけが儒教の限界を知ったんじゃなくて、戯作者が粋な方角からやってもそのことに気がついた。ここが江戸後期の文化の凄さだったと思うんですね。そういう時代精神だととるほうがいい。ぼくは、ひょっとすると宣長は京伝を読んでいるかもしれないという気がするんです。宣長は軟らかいものが好きなんですよ。

山崎　当時の出版はかなり大規模なんです。たとえば蔦屋重三郎が刷った本の部数は三千とか五千で、人口比から考えたら大変なもんです。ですから読んでいる可能性はありますよ。

丸谷　芥川龍之介の大正時代の短編集の初版は三千で、それですごく多かったっていいますからね。

山崎　円本の前の永井荷風の初版は五百部だったそうです。つまり江戸の出版文化というのはすごいんですね。

丸谷　そういうわけで、やっぱり読んでたかもしれない。しかしその実證はどうでもいいことで、大事なのは、一流の文士も一流の学者も、方法は違うけれどもまったく同じところに行っちゃった。これは凄いことですね。

山崎　それが時代精神というものでしょうね。一方で時計が普及して、他方で極めて煽情的な残酷劇、復讐劇が人口に膾炙する。この江戸末期の残酷さ、恐怖劇について、坪内逍遥が違和感を抱いたそうですね。「どうして我過去の同胞はそんな残酷な、殆ど、今ならば、目も当てられないといってよい残忍野蛮を極めた殺傷劇を……中略……最も愉快な観どころのやうにして熱狂して観てゐたか?……」。

しかしちょっと不思議に思うのは、この十八世紀、十九世紀の日本は、坪内逍遥がよく知っていたはずの十六世紀のイギリスと実によく似ているんですね。もうひとつ似ているのは十九世紀末のフランスの残酷劇です。十六世紀のイギリスは復讐劇と残酷劇の花盛り。トマス・キッドの『スペインの悲劇』とか、シリル・ターナーの『復讐者の悲劇』、シェイクスピアでいえば初期の『タイタス・アンドロニカス』とか、とにかく目も当てられない惨劇の連続なんですよ。

丸谷　『タイタス・アンドロニカス』はいやな芝居だねえ。

山崎　だって若い娘の手を切り、舌を切り、でしょう。他方で舞台の仕掛けがひどく喜ばれたことは、前章でお話ししました。ジョン・ディーやイニゴ・ジョーンズが現われて、舞台上に魔術のごとき仕掛けをつくって人を煙に巻いた。

それから、どちらも毒薬が大好き。有名なロミオの毒薬ですが、まったく同じ趣向が南北の『心謎解色糸《こころのなぞとけたいろいと》』という芝居のなかに使われている。ある学者によると、南北は『ロミオとジュリエット』を知っていたのではないかと言われているぐらいです。
さらに、私の見解ですが人物の性格まで似ている。伊右衛門はマクベスだと思う（笑）。マクベスもたしかに一般的な野心は持っているし、伊右衛門も一般的な助平心は持っています。しかしそれは誰でも持っている程度のもので、どちらも一種のはずみに誘われて犯罪へ踏み込んでいく。マクベスは魔女に会うからであり、空中に短剣が浮かんでいるのが見えるからであり……。

丸谷　奥さんがそそのかすからであり。（笑）

山崎　伊右衛門が人殺しをするのは、お岩の親父が仲を割いたからであり、隣のお梅が誘ったからであり……で、どちらも亡霊で脅えるんですね。

丸谷　似ていますねえ。

山崎　もうひとつ、十九世紀ヨーロッパは、ダンディの時代でもあるんです。フランスのボードレールやランボーたちだけではなくて、イギリスのディズレーリ首相までダンディになる。この時代に、吸血鬼ドラキュラも出てくるんですよ。

恐怖の快楽

丸谷　直接それを受けることになるかどうかわからないんだけれども、文学でいちばん難しいのは、悪を描くことだという問題がありますね。悪の問題でよく言われるのは、小説の代表であるイギリス小説はとくに悪を描くのが下手だということです。たしかにイギリス小説の名作は、いろいろ挙げることができる。しかし悪を描いているのは、イギリス小説の型からはずれているものなんですね。たとえば『嵐が丘』のヒースクリフ……。

山崎　かわいそうな被害者ですよ、あれは。むしろ女主人公のほうが、悪だなあ。（笑）

丸谷　というような調子で、どうも変なんですね。それじゃ小説で悪を描いているのは何かというと、たとえばドストエフスキーの『悪霊』の悪魔的な超人スタヴローギン。ただしこれは向こうにあるものとして書かれてあって、スタヴローギンの内部に誰も踏み入らない。もうひとつ、小説で悪を描いたものにハーマン・メルヴィルの『白鯨』の鯨ね。（笑）

山崎　うまいなぁ。鯨の心は誰も知らない。

丸谷　これは鯨であって、人間の悪じゃないわけ。

山崎　急に発見したけれど、つまり小説だから悪は書けないんです。その理由はいま丸谷さんが説明してくださった。小説はどうしたって、その人間の心理を書かなきゃならない。悪は説明を超えた暗闇だから、心理というかたちで論理化できないんじゃないか。

丸谷　つまり理解して共感を覚えるようにするのが、小説なんですよ。

山崎　芝居も心理を書きますが、小説と比べればずいぶん距離をおいた書き方をする。行動の外側から描く。するとイアーゴーも『リチャード三世』も書けるんですよ。

丸谷　そうなんだと思う。小説がなぜ悪が書けないかというと、内部に立ち入るからなんです。で、自分のごく親しい友達のような気持ちに読者をさせる、身につまされる、そのときに小説は成立するんですよ。

山崎　怪奇小説は書けるんです。ドラキュラも書けるし、フランケンシュタインも書ける。でもそれは、小説としては二流なんです。

丸谷　実は、フランケンシュタインをこのあいだ読んだんです。ずうっと読んでゆくうちに、ぼくは非常に友人のような意識をもっちゃってね。そうすると、悪じゃなくなるんですよ（笑）。つまり悪ってものは、理解したらもうだめなんです。単なる愚行とか失敗になってしまう。愚行でも失敗でもない、一種理解を超越したもの、それが悪なんです。

山崎　理解できないものが目の前に出てくると、われわれの根底が砕かれる。そこで、恐怖劇、残酷劇、化物劇が快楽になるとはどういうことかと考えていくと、どうもそれはロジェ・カイヨワが「遊び」の定義の一つとしていうイリンクス、めまいというやつと同根なのですね。

私たちは日常、律義かつ勤勉に、社会とつながって生きていて、そのなかで安定しています。しかし、それは裏返せば拘束でもあり、硬直でもある。それがあるとき根底から足をすくわれて宙に浮いて、どこかに持って行かれる。これは一種のエクスタシーなんですね。エクスタシーという言葉の元の意味は「逸脱」なんだけど、律義で日常的な世界から逸脱する。心の内ではわれわれに一種の陶酔が起こる。それが快楽としての恐怖なんです。

丸谷　それでね、歌舞伎で役者に対する最大の絶賛の言葉は、「でっかい」ということなんですよ。観客の個的存在の基準から逸脱し超越して世界をめちゃくちゃにしてしまう存在。それを出してくれる役者が、でっかいんです。

山崎　なるほど、うまいなあ。

丸谷　そのでっかさを出してくれたときには、有能な劇作家が書いてくれたお客が見て共感できる存在を、もうひと回り別なものにしてくれる。その陶酔感ね。納得させるのは劇作家、納得を破壊するのが俳優。その二重構造があるから、演劇の魅力がある。

山崎　見事な演劇論ですね。私は、恐怖の快楽は笑いの快楽の裏返しだと思うんです。たとえば自分の合理的な理解が突然はずれて、世界が裸になってしまうと、笑いますね。もっと一般化して言えば、くすぐられて笑うのも、愛想笑い、へつらい笑いも、全部自分を無防備にするか、あるいはそうして見せているわけです。無防備は、当然ながら自己放棄です。自分の存在の位置づけを全部捨てて笑い転げている私とは、実はエクスタシーを感じている私です。
恐怖もよく似ていて、まず無防備な状態になる。それから自己放棄。それに、怖いのは孤独な時に限るんで、隣に誰も共通に見てくれる人がいない、化物を見ているのは自分だけだという脱共同体の体験です。それがある意味で時に快楽になる。化物屋敷、現代ではSFXによる怪奇映画、さらにはジェットコースター。ジェットコースターに乗って絶叫している人は、無防備で、自己を放棄していて、しかも地上の安全な共同体からは逸脱している。
ここからは議論ですが、そういうエクスタシーが快楽になるのは、まさに時計の時代の産物だからなんですね。つまり時計が象徴する律義さ、共同性、自主性、責任、そういうものでがんじがらめになる産業化時代の影の世界です。そのまさに前夜に起こった怪奇趣味が十六世紀のイギリスで、産業化の花盛りに起こった怪奇趣味がドラキュラであり、フランスの残酷劇でした。日本の文化・文政というのも時計の時代であった。時計の時代であるがゆえに化物の時代なんですよ。

丸谷　時計の時代だから劇作家が合理的な戯曲を書くことができて、それを俳優が利用しながら超越して大きい悪を示すことができた。そういうことなんですね。

山崎　それが基本です。しかし劇作家にも二種類ある。『忠臣蔵』はある意味で時計の精神で書かれていた。合理的に書かれているし、辻褄が合っているんですね。一方で、それをひっくり返して『四谷怪談』にしてしまう。

寛政という時代の凄さ

丸谷　さっきぼくは、京伝の黄表紙をほめました。寛闊で明るくて、くっきりしていて、粋で、日本文学の代表作を十点挙げるとすれば、一つは京伝の黄表紙を挙げたいぐらい素晴らしいものだと思っている。でも黄表紙は、芝居に使うことはできないですよね。京伝の書いたもので合巻とか読本は、これに比べれば落ちると思う。すっきりした粋な感じがなくなっている。

要するに合巻は、いまの劇画みたいなもので、話も単純だし、絵もついているし、どうってことはないんです。でも合巻のなかでもいいものはいいんですね。『岩井櫛粂野《いわいぐしくめの》仇討《あだうち》』というのは南北は扱ってない話で、初音という若い美女がいる。その美女が旅に出て、某上人が入定《にゅうじょう》——死ぬんですね——するというので見に行くと、入定するはずの某上人は、ものすごい美人を見たものだから、クラクラッとなる。

山崎　久米仙人だ。（笑）

丸谷　でも弟子たちが無理やり入定させちゃう（笑）。するとその一念が籠もって、入定のときの穴蔵から出る息が、蝶々だか火だかになって、その娘さんのなかに入る。すると娘さんがおかしくなる。それを、旅の立派な若侍が助ける。途端にその魂が若侍に入って、若侍がおかしくなるというような（笑）、連続のやつがあるんです。

このくらいになると、いかにも京伝の黄表紙の洒脱な趣に近い感じがするんですよ。なるほどこういう面を、ひょっとすると南北も、元の芝居はそれを受け継いでいたかもしれないなあ、という気がしました。

いまの勘九郎さんがやる『四谷怪談』がありますね。それは音に聞く昔の『四谷怪談』の凄さとかなり違う。もっと闊達な屈託のない趣があって、お岩の亡霊がブンブン空中を飛ぶ。で、お客がキャアキャア喜ぶ。怖がらせるところは怖がらせるんだけれども、そうでないところはずいぶん愉快な感じの『四谷怪談』なんです。勘九郎という人の藝風ももちろんあるでしょうが、しかし二十世紀の後半も終わりに近づいて、十九世紀的な把握じゃない、もっと楽な気持ちで南北を見る、そのときに南北の元にあったところの京伝的なものが出てきたとも言えるんじゃないのかなあと思っているんです。

山崎 面白い。これは言わずもがなですけど、先ほどの二極分解、時計の精神と幽霊の精神は、近代まできれいに持ち越されていると思うんですね。時計の精神を代表していたのは、政治家で言えば大久保（利通）、前島密です。善悪両方の意味における官僚群、その合理的な精神をのちに描いたのが、司馬遼太郎でした。司馬さんの本質はもうちょっと複雑な人でしたけど、明治を書くときにはそちらの面を擁護した。

他方、そういう時計的な世界に反逆して、自分の情念のなかに逸脱しようとした最初の人物が西郷隆盛ですね。少なくとも征韓論以後の西郷は、エクスタシーに生きてしまった人でした。

丸谷　大久保利通と西郷隆盛ははっきりと、われわれの近代の重大な図式ですね。

山崎　鶴屋南北、二・二六の青年将校たち、ずっと下がってその精神を体現したのが三島由紀夫であったというと、日本の近代のある種の流れがつかめそうですね。それが両方とも江戸に用意されていた。

丸谷　一応はそれでいいんですが、しかしぼくは鶴屋南北のいまのような整理の仕方は、明治時代的な整理なんじゃないのかなとも思います。江戸人が鶴屋南北を見ているときの気持ちは、もう少し違うんじゃないのかなあ。

山崎　おっしゃるとおりかもしれません。鶴屋南北の、自分の葬式を劇化するあの精神は、非常に闊達なもので、三島由紀夫にはありませんよね。

丸谷　寛政から文化・文政の精神、江戸後期の精神というものは、明治がつかまえた江戸とは少し違うんじゃないか。

山崎　そうでしょうね。ただ一種のつけたりとして申し上げると、こんなに似ていた日本の十七世紀とイギリスの十六世紀は、どこが違ったんだろうか。結局日本は、自然科学を生まなかった。

最近本になった谷泰さんの『カトリックの文化誌』のなかで、谷さんが非常に面白いことを言っています。それは、一神教のもつ論理的純一性、合理性の徹底が自然科学を生んだという、従来の西洋文明論は間違っているんじゃないか。谷さんの理解によれば、イエス・キリストという存在は地中海全体にあった、一種の犠牲獣の信仰から出てきたんだと。

丸谷　山崎さんが『毎日新聞』にお書きになった谷さんの本の書評は非常に面白くて、ぜひあの本を読もうと思ってるんです。

山崎　犠牲獣とは、神に捧げる供物であると同時に、生命を賦与する能力をもった神聖な存在なんです。ここに、一種の両義性がある。それを持ち込んだために、エホバという唯一神がいるにもかかわらず、キリストという中途半端なものが入っちゃった。犠牲獣であると同時に聖なる存在、神であると同時に俗なるものが入り込んだので、キリスト教はイスラム教やユダヤ教に対して、論理的に不徹底なものになったというんです。そのことが逆に、西洋人をして理論に対して敏感にさせ、この不徹底をなんとかして説明しようと絶えず論争が起こり、絶えず抽象的思索が繰り返されるようになった。これが科学を生んだというんですね。

丸谷　これを喜ぶところがいかにも山崎正和という感じがしてね。話がややこしくできるときに、欣喜雀躍する精神があって。（笑）

山崎　それはさておいて（笑）、つねに論理をもって自己を武装しなければいけないという態度が、キリスト教にあった。たとえばイニゴ・ジョーンズの魔術が生まれ、ジョン・ディーの仕掛けが生まれると、キリスト教も必死になって弾圧する。魔術の側は魔術の側で自分を説明しなければいけない、同時にキリスト教も、世界の不思議な事件についても自分なりに説明しなければいけない。この葛藤から論理が展開して、科学になっていく。

ところが幸か不幸か、わが国にはそれがなかった。鶴屋南北の変な仕掛けを、「これは怪しいぞ」といって代官が調べに来ても、ただちに了解して、「あ、ただの仕掛けか」と帰って行く。これでは科学は生まれない。

丸谷　やっぱり、もっと論じることが好きでなきゃね。それでも、山東京伝のパロディー的な疑惑の表明と、宣長の正統的な疑惑の表明があった……。

山崎　そう、あれは凄いことなんですよ。

丸谷　表裏両方からああいう思想の申し立てがあった寛政という時代は素晴らしい時代でした。あそこをもう少し展開できないかなあ。

山崎　そこだけを取り上げると、実は西洋を上回るような近代性があるんですよ。残念ながら、それを抑圧しに来るものがちゃちだった。儒教は世界を説明しようという意図がまったくない。仏教も世界を説明してはいるけれども、必死にこだわるところがない。

少々化物が出ようが、幽霊が出ようが、まあ、いいじゃないかということにあいなる。

丸谷　ぼくは京伝、宣長のことを、このあいだからしきりに考えていて、それだけのすごい批判を二人でした。それに対して荻生徂徠の弟子たちは、何もしなかった（笑）。それが残念でした。

山崎　それが日本の優しさであり、哀しさですね。

遊女と留学女性が支えた開国ニッポン

鳥居　民『横浜富貴楼　お倉』草思社　一九九七年
大庭みな子『津田梅子』朝日新聞社　一九九〇年（朝日文芸文庫　一九九三年）
久野明子『鹿鳴館の貴婦人　大山捨松―日本最初の女子留学生』中央公論社　一九八八年（中公文庫　一九九三年）
谷　泰『カトリックの文化誌―神・人間・自然をめぐって』NHKブックス　一九九七年
中西輝政『大英帝国衰亡史』PHP研究所　一九九七年

遊廓に成立していた近代市民社会

丸谷　今回の主題は、明治日本の女です。

まず、鳥居民さんの『横浜富貴楼　お倉』という本を取り上げましょう。

お倉は、天保八（一八三七）年、鳶職の娘として江戸の谷中に生まれました。これは大塩平八郎の乱の年、西洋では、ヴィクトリア女王即位の年です。坂本龍馬より二つ年下、高杉晋作の二つ年上でした。生家が貧窮して浅草馬道の人に貰われてゆき、十五の年、養母の出している浅草の水茶屋に出て、赤前垂れに襷がけで働き評判になりました。当時としては非常な長身の百六十センチ、すらりと背の高い美女でありまして、一枚絵――紙一枚全紙に刷った浮世絵ですね――に描かれたそうです。そういうふうに容姿も良く美人であって、客あしらいがうまかった。それで養母の店が繁盛したことは言うまでもありません。

しかし、十八歳のとき鉄砲鍛冶の鉄五郎が好きになって家を飛び出し、やがて食えなくなって新宿の豊倉屋の遊女になりました。ここで当時名代の色男・亀次郎を堀の藝者小万と争ったあげく勝者となったことは有名であります。亀次郎は大きな植木屋の次男坊で、そして小万は、蜀山人が「詩は詩仙　書は米庵に　狂歌おれ　藝者小万に料理八百善」と歌ったという山谷堀の藝者でした。この小万は、江戸後期ではいちばん有名な藝者じゃないかな。そしてお倉は、すぐに八丁堀の与力・高倉藤七郎という侍に身請けしてもらって、下谷の妾宅に住む身となりましたが、亀次郎のことがバレて放逐されます。

そこでお倉は、百五十両で品川の旅館——旅館といっても妓楼ですね——から出て、その次は吉原の藝者になりました。このころ幕府の瓦解、官軍の江戸城入城があって、吉原は大変な不景気です。そこで景気のいい大阪へ行って半年ばかり暮らし、それから、近頃は江戸が日本中でいちばん景気がいいと聞いて、男と二人で蒸気船に乗って横浜に来ました。これが明治二年の秋のことです。ここで藝者置屋をはじめ、抱え藝者を二人置き、もちろんお倉も稼ぐ。やがて井上馨の知遇を得て、駒形町に料理屋・富貴楼を開き、陸奥宗光、大久保利通、大隈重信、伊藤博文などがこの店の客になりました。

富貴楼の名は、亀次郎の祖父が拝領した十一代将軍・家斉の書、「富貴」と書いてある軸に由来します。つまり、お倉はそれくらい亀次郎に惚れ込んでいたんです。そして、玄関に掲げたその「富貴楼」という額を書いたのは、伊藤博文でありました。このころ、明治十一年ですが、父・大久保利通に連れられて、「大きな旅館で、茶屋を兼ねている富貴楼」に行ったことがある牧野伸顕は、「その女将はおくらと言って大きな立派な女で、もとは新宿の女郎上がりということだったが、そうは見えず、品もよく」と評しています。当時、牧野伸顕は十七歳でありました。

そして、著者の鳥居民さんが、「これだけではもの足りないだろうが、牧野の回想録のなかで女の名前が出てくるのはここと、もう一ヵ所、下田歌子だけなのだ」と言っているのが、ぼくはおもしろかった。そういう男でさえも、年老いてから思い浮かべる明治史の大物なのでしょう。それほど魅力のある女なのだと言ってもいいかもしれません。

その翌年、新橋―横浜間の鉄道が始まり、またその翌年、富貴楼は尾上町（いまの相生町）に移りました。そこは大岡川に近い掘割のほとりで、水があるせいで店がいきいきする。夕刻、奥座敷には上げ潮の匂いが香り、座敷すれすれに見える満潮の水は遊びの興趣を一段と盛り上げ、華やかなものにする。そういう席で伊藤博文は、イギリス渡航の思い出を語り、陸軍軍医総監松本順は土方歳三との訣別の秘話を語ったことだろうと著者は想像しています。富貴楼は近代日本最初のサロンであり、お倉はそれを主宰していたんですね。

お倉が政財界に隠然たる勢力をもっていたことは有名ですが、具体的にはどんな斡旋《あっせん》をしたか、著者はいろいろに推定します。明治十三年、東京に外国貿易の港をつくろうという動きのあったときに、これを潰したのはお倉に違いないとか……。

山崎　面白いですね、あのあたり。

丸谷　それから大隈重信と伊藤博文が対立したとき、伊藤内閣に大隈を外相として入閣させたのはお倉であるとか、あるいは三菱と共同運輸との相剋の果てに、両社が日本郵船として合併したのもお倉の貢献が多大であって、その証拠には、これはまあ傍證というべきものでしょうけれども——傍證にもならないかな——郵船ができた翌々年の明治二十年、三菱の長崎造船所が贔屓であるところの料理屋が長崎に創立されて、その名が「富貴楼」と命名された。

山崎 昔、『日本の町』でご一緒したとき、あそこに上がったじゃないですか。

丸谷 そうそう（笑）。立派な料理屋でしたね。日本郵船がお倉のせいでできたというのは、疑う人も多分あるだろうと思いました。しかし、ぼくは歴史家の手法としては、これはおもしろい手だなと思いました。

でも、いちばん感心したのは、明治初年の高官があんなにしょっちゅう横浜に行ったのはなぜなのか、という考察のところでした。著者は、彼らは自分たちが創設した鉄道に乗って、自信を取り戻したかったからだと見るんです。

山崎 あそこは、ほんとに感心した。

丸谷 著者いわく。元勲たちはみんな自信がなかった。彼らはもう駄目だと思ったときに、彼らの根本方針である文明開化の象徴、しかも自分たちがつくった鉄道を走る汽車に乗って横浜へ行った。そして、「どうだ、すごいじゃないか、やはりわれわれの大方針は正しいのだ」と自分に言い聞かせて、自己激励をしたと考えるのです。この心理および無意識に関する洞察を活用しての歴史論は、絶賛に値すると私は思いました。

山崎　あそこは、鋭い。文句の言いようがありませんね。いろいろなことを考えさせてくれる本でしたけど、まず江戸末期の庶民の女というのは、明治の近代化が進んだ時代の女性より、ずっと自由だという印象を持ちましたね。亀次郎というどうしようもない甲斐性のない男に、いわば生涯かけて入れ上げて、その余力で明治の元勲たちを手玉に取るわけですよね。

丸谷　そうそう。

山崎　それからこれは多分、広い文化史的洞察を必要とするんだろうけれども、少なくとも江戸末期から明治初期にかけて、日本人には売春ということに、ほとんど罪の意識がない。あるいは、穢れの感覚もない。だから、お倉の前身を問う人間は誰もいなかったわけですね。

彼女は、文字通り女郎になる。それを隠しもしないし、誰もそれを非難しない。のみならず、同じ本に出てくる「糸平」こと、田中平八という侍上がりの商人の話ですが、彼が絹糸の相場で大損をしたときに、自分の女房を三百両で女郎に売り飛ばす。その金で糸の相場に成功して三千両儲けて、ただちに請け出す。こういう逸話を見ていると、なんか日本にはその辺に非常に無邪気な感覚があるという気がします。

これを読んでいてもうひとつ面白いと思ったのは、明治の元勲たちと呼ばれる人間

——もと下層武士が主ですけれども——は、いずれもきわめて商才に長けている。金のことがわかっていたんですね。戊辰戦争で関東と関西が戦うわけですが、そのときに西が勝った理由のひとつに、西の侍は金がわかるということがあったのではないか。

先ほど言った田中平八も武士上がりですが、志士の間を奔走している間に金の大事さがわかって、生糸商人になるわけですね。それを言えば、後の大蔵大臣の井上馨自身——これも下層武士の出身ですけれども、外債返済のためにドルの売買などをやらせた。それと、野村三千三《みちかず》という男が出てきますが、これは長州藩の詮索方であって——つまりスパイですね——やはり諸国をめぐって政治に奔走していた。ところが、やがて明治になって、山城屋和助という有名な政商になる。明治初期の最大の疑獄事件に際して腹かっさばいて死んだという男ですが、もともとは武士です。そういえば五代友厚ももとは薩摩の武士で、晩年大阪に下って、ついに大阪商工会議所の前身をつくる。結局こういう連中がいたからこそ、当時西洋諸国に対して借金で苦しんでいた日本が、なんとか切り抜けることができたわけだし、その後の近代化、工業化というところにつないでいけたんです。もちろん、江戸以来の商人たちも偉かったけれど、それだけだと、たぶん政治のほうがうまくいかなかっただろう。武士が算盤に暗かったら、アジアのある種の国のように、民族自立はしたものの塗炭の苦しみを味わうことになる。じつに際どいところを切り抜けているんですね。

そういう連中を周旋し、かつ動かしていたのが、お倉という女なんです。

丸谷　そうね。お倉の面白いところは、維新の元勲たちとつきあうだけではつまらなくて、やっぱり亀次郎がどうしても必要だったわけです。

山崎　どうしても必要だったんでしょうね。亀次郎という男の面白さね。

丸谷　資料がないせいもあって、それを余白に止めたのね。

山崎　この著者お得意の想像力を発揮して、もう少し強調してもよかった（笑）。甲斐性のない男に盡くすのは、女性がアイデンティティを確保するための、ひとつのやり方なんだろうと思うんです。いまに至るもそういう女性はいるようですからね。身を苦界に沈めても、好いた男を一所懸命大事にして、そこで馬力を養っておおいに飛躍する。だから、亀次郎というのは油壺から抜け出たような美男であって……と書いてあるけれども、それより何より、彼女にとっては頼りない男であることが魅力だったんだろうと思うんですね。

丸谷　ウーン……。

山崎　だって、周りには頼りがいのある男ばっかりいるわけですよ。

丸谷　頼りないというのか、つまり、男の純粋系なわけね。

山崎　なるほど。それは男性観によりますね。女性観にもよる。

丸谷　だから、別の純粋系というのかな、それを焼き付けると、また今度は伊藤博文が

出てくるわけだね。どっちも好色であるという点では、まったく同じだけど。（笑）

山崎　そう言えば、日本文学の系譜を辿ると、遊女たちの恋人というのは実はみんな頼りない男なんです。近松（門左衛門）の書いた男は全部このタイプ、あるいはこれ以下であって、それにしっかり者の遊女が身を投げうつわけです。これが心中なんですよ。お倉は、ある意味では日本文化の伝統、近世文化の伝統を引いたんですね。

忘れてはならないのは、遊廓という世界には「色男、金と力はなかりけり」が来ると同時に、力の強いやつが来るんです。武士も来るし、商人も来る。助六が来る一方で、髯の意休も来る。奇妙に変形された形ではあるけれども、階層を超えた人間のつきあいが平等に行なわれている。これは、近代の市民社会なんですね。近代の市民社会は、遊廓のなかにだけ雛形として成立していた。そこを泳いでいた女性というのは、まことに明治以後の実社会を生きるのに適切だったんですね。

丸谷　きょうは、その話をしたかった（笑）。明治という時代と花柳界の関係ということ。これは在来は、当時の政治家、財界人は途方もなく淫蕩であって、男尊女卑であって、だからこそ柳暗花明の巷におもむいては帰ることなく、あまつさえ教坊（遊里）出身の女人を妾とするどころか妻女とさえした、というふうに言われてきましたね。実際、伊藤博文、井上馨をはじめとして、当時の有名人の夫人は水商売の出の人が非常に多かったわけです。

花柳界にプールされた教養

山崎　そうですね。

丸谷　正史ではともかく外伝および稗史では、これはしきりに言われていることで、日本人ならみんな知ってる。彼らの性的倫理が、いまのわれわれから見るとちょっとおかしかったということは、まあ一応認めてもいいんです（笑）。でも、この風俗に対して別の照明を当てることもできるし、それをやるほうが歴史の真実に近づくだろうと、ぼくは思ってるんです。

別に、彼らのやったことを弁護するつもりはないけれども、物事の考え方について考えるというのは趣味として面白いから、ちょっとやってみましょう。

第一に、都と鄙《ひな》ということがありますね。日本の文化史においては、鄙に対する都の圧倒的な優位というのがあって、これが歴史を動かすかなりの要素になってきたわけです。菅原道真が大宰権《ごんの》帥《そつ》に流されたのでなければ、道真が死んだとてあれほど怖い神ということにならなかったかもしれない。

山崎　なるほど。

丸谷　左遷でしかも、遠いところだからみんなの妄想に火がついて、御霊《ごりよう》信仰になるわけですよね。それをはじめとして、都と鄙の格式の差は非常に大きい。したがって、文化の周辺部である薩摩、長州から中央部へ初めて来た下層武士たちは、中央の伝統とか文化とかを学ばなければならなかった。それは、女から学ぶのが手っ取り早かった。また、社会の変動のせいで、比較的上の階級の子女が花柳界に流れ込んでいた。これは言えるでしょうね。

それから、いったいに水商売の女の人を差別的に扱わないのは、先ほども山崎さんおっしゃったけれども、日本文化の伝統なんですね。

山崎　古い例は後白河法皇ですよね。神崎の遊女を呼んで俗謡を習うのみならず、それを歌集に編んで『梁塵秘抄』を作った。

丸谷　もうちょっと古いのがあります。勅撰集に、遊女の作った和歌がかなり入っている。たとえば、『古今集』のしろめという女の人の作った歌、「命だに心にかなふものならば何か別れのかなしからまし」。それから『詞花集』、これは、なびきというくぐつ。くぐつというのは、平安時代に操り人形をあやつったりして諸国を歩いた藝人で、その女のほうは遊女でもあった。「はかなくも今朝の別れの惜しきかないつかは人をながらへてみし」。

勅撰集に名前が入って、詠み人知らずじゃなくて載るんですからすごいわけですよ。こんなことでもわかるように、当時、遊女の位置は高くて、今日のような意味では差別されていなかったと見ることはできます。この背景には、あるいは亭子院（宇多天皇）が、あるいは後鳥羽院が遊女を仙洞に召したというような事情があった。それから王朝時代の顕官、貴顕（貴人）は、白拍子に子どもを生ませて、それを自分の子としてちゃんと認知してお公家さんにした人が、かなりいるんです。『公卿補任』という当時の「紳士録」には、順徳天皇のころ正四位左中将藤原信能の項に、父は故入道前中納言能保で母は江口の遊女、と書いてある。伏見天皇のころの正四位蔵人頭藤原頼藤の項に父は権中納言正二位頼親で母は遊君とある。

山崎　静御前がいますしね。

丸谷　そうです。もっと後までつづいたようですね。文禄の大地震で伏見城に出仕していた女中たちが何百人も死んで、手不足になったとき、太閤秀吉は、六條、島原の遊女たちを呼んで代理をさせたそうです。（笑）

山崎　ほう。

丸谷　そういう差別しないという意識が、近世になると中心部には薄れてきたと言えるでしょうけれども、周辺部においてはかえって残っていた。薩摩、長州では残っていたと推定することはできるかもしれません。

それから、われわれはとかく水商売の女というと、現在の水商売の文化から推定しがちなんです。もっと昔のことで考えないとだめなんですね。滝川政次郎さんの説に、

「いまのバーのホステスの文化をもって、昔の日本の水商売の文化というものを推定してはならない」というのがある。昔は、姉女郎とか姉藝者とかが、妹女郎、妹藝者に対して教育したんだ。つまり、伝統というものがあるんだというんですね。バーのホステスは、姉ホステスが妹ホステスに教えるということがない。だから、伝統が継承されない。滝川先生の説は、性的テクニックについて言っているんですけど。(笑)

でも、一般にその世界の、たとえば座のとりもちとか、宴席の作法とかいうことまで考えてみればもっと意味が出てきて、つまりそういう稼業が伝統があるせいで文化が豊かになってくるということは言えるだろうと思うんですね。

山崎 裏返すと、日本の遊女たちは古くから教養が高いんです。たいていは藝能を嗜んでいる。現にこのお倉も薗八節《そのはち》というのに入れ込んで、渋いなかに艶のある節回しを愛したそうですけれど、藝と詩文に関する伝統というのは、非常に古いわけです。先ほどおっしゃった勅撰集の遊女たちはその原型でしょうし、神崎いちもそうでしょう。下って、これは伝説でしょうけれども、宮本武蔵に教養を授けたという吉野太夫もいる。

もちろん、そこにあるものは都会性というか、都市のもっている教養で、それに最終的な名前をつけたのが江戸時代。つまり、「いき」だと思う。これはついに日本の一哲学者をも感動させた美的理念ですけれども、「いき」という文化も、おそらく一千年かけてつくったんでしょうね。遊廓の世界、遊びの世界というのは、全体がフィクションです。フィクションは、そのなかに極めて厳しいルールがないと、あらゆる遊びがそうであるように成り立たないわけですね。われわれのやるゲームというのは、トランプであれスポーツであれ、実生活よりよほど厳しいルールに従っている。実生活ではわれわれはルールを破りたがりますが、ゲームではルールを破ることは楽しみじゃない。むしろ不愉快なんです。そういう構造が成立している世界――それに名前をつけたのが「いき」ですが――そういう「いき」のルールが貫徹している世界があって、そのなかでつくられた文化が都市文化全体を象徴していたんですね。

都市というものは、農村を実だと考えたら、全体が虚ですよ。その意味では、世界中の大都市は今も昔もすべて遊廓。男は遊冶郎で女性は遊女なんです（笑）。文化以外のものはなんにも生産してないんですから。

ただ、それを非常に上手に生かした文明と、生かせなかった文明とがあるようです。たとえば、ギリシアのヘタイライ――英語ではヘテーラと言いますが――、ああいう高級遊女を生み出した文明が一方にあります。これはかなり知られている話ですけど、テオドラという遊女はビザンチン皇帝ユスチニアヌス一世と結婚して、正式の皇后になっている。そうした古代ギリシアの文明がひとつあります。

そこからあと、キリスト教のタブーによって、実際にはあっても記録されない時代がずっと続くんですが、突然変異のように蘇ってくるのが、近世のフランスとイタリアでした。この世界には、再びサロンが生まれ、サロンが社会の中枢を占めて、一国の政治まで動かす。

そこでいかに身分とか出自が無視されたかという典型が、ルイ十四世の側室の一人であったマントノン侯爵夫人でしょう。彼女のお祖父さんは詩人でしたが、新教徒ですから、当然ながら社会から疎外されている有力者であった。で、その父親はとんでもない放蕩者で、悪事の限りを盡くして牢獄に入って、その牢獄のなかで――これまた不思議な話だけれども――妻と結ばれて生まれた子が、マントノンです。要するに泥棒の子なんですよ。そこからずるずると這い上がった。大した美人ではなかったそうです。むしろ身につけた教養で上がっていって、最後はルイ十四世の宮廷を取り仕切るわけですね。マリオン・ドロルムもニノン・ランクロも、高級娼婦を経験したサロンの女主人だったし、時代が下ってブルジョワ社会になっても『ラ・トラビアータ（椿姫）』の世界があるわけです。

もちろん、貴族やブルジョワ出身の女主人もいたわけで、たとえばノワイユ夫人であるとか、ドイツのロマンチシズムを育てたスタール夫人とかは有名ですね。イタリアにもたくさんの魅力的な女主人がいたことは、スタンダールの『パルムの僧院』のサンセヴェリーニ夫人を見れば明らかです。

そういう女性が何をやっていたかというと、人を見ていたんですね。人間を選ぶんですよ。彼女たちのサロンのなかでは、将軍であろうが王様であろうが、貧乏詩人であろうが音楽士であろうが対等になる。その対等になれるための、いわば保證が女性だった。つまり、男の階層からはみ出しているがゆえに、女性が主宰していればそこは別世界が成立しえた。そういう文明が、日本にはちゃんとあったし、フランス、イタリアにもどうもあったようです。

それがあまり発達しなかったのが、残念なことに英米系の文化なんですね。

丸谷　そうね。

山崎　後のフェミニズムをつくっていく女性の原型に、私は英米型と大陸型があると思う（笑）。英米型というのは、だいたい自分が自己表現をして、主張をしたり支配をする人たちですね。実際、イギリス文学には実に女性作家が多いでしょう。ジェーン・オースティンがいる、クリスティナ・ロゼッティがいる、ブロンテ姉妹がいる、マンスフィールドがいる。アメリカに行ってもパール・バックがいて、マーガレット・ミッチェルがいるわけです。社会運動家としても、たとえばサンガー女史がいるかと思うと、飛行士でアミリア・イアハートなどという人が出てきます。もちろん、政治家には偉大なるエリザベス、ヴィクトリア両女帝がいて、現代にくるとサッチャー首相までいます。

それに対して大陸型は、どちらかというと人を演出する、あるいはお芝居をプロデュースするタイプなんです。そこで日本はどうかというと、実は両方あるんですよ。だから、わが国は女で開けた国なんですね、やはり（笑）。英米類似型を挙げれば、紫式部がいる、清少納言がいて加賀千代女がいて、樋口一葉がいて与謝野晶子がいて、現実を動かした人なら北條政子もいれば、後に平塚らいてう、津田梅子と出てくるわけです。その系統がいるかと思うと、先ほど挙げた王朝の歌人、遊女たちをはじめとする一連のサロンの女主人がいる。

丸谷　そういう西洋文化の影響をひしひしと感じて、いろいろに男の席をとりもつ女の人が必要だということに、明治日本は気がついた。気がついてやってみたけれども、さしあたりそれに間に合うものは、富貴楼のお倉しかいなかったわけですね。つまり、過去の江戸の花柳界の文化で間に合わせるしかなかったんです。

山崎　おそらくキリスト教というのは大きく括り過ぎで、そのなかのピューリタン系の倫理意識が、人間文化を著しく歪めた。そして後に、英米系の政治勢力が世界を支配したので、売春はただただ悪いということになったのかもしれない。

いまわれわれが売春を考えると、必ず男の性欲が非難されるわけですけれども、「いき」の文化というのは九鬼周造が言うように、性欲が基本にあっても、むしろそれを自己抑制すること。いわば欲望を満足させる過程のなかにさまざまなルールをつくり、ゲームをつくり出していく、その中に生まれてくるものだったんですね。文化は、もちろんいろいろな人間の汚れた欲望によって成り立っています。それをどういうふうに浄化するか、そのための装置が文化というものの本質じゃないのだろうか。

その観点から見ると、西国の下層侍が脱藩して、勤皇の志士になったのが明治革命の始まりですよね。ところで、彼らが飛び出した元の世界は、きわめて農民的な世界です。階層秩序があって、集団で行動して、個性もなければ自己主張もない。そこから飛び出した人間が京都に来て、どこへ行ったかというと、先ほど言った虚の世界でしょう。ここに来ると商人も対等ならば、女性も対等。うっかりすると、その架空の世界のなかでは女性のほうが上なんですね。だから、「明治維新は遊廓の発見であった」といっても過言ではない。

丸谷　ぼくが言いたいのはその先のことであって、西洋に触れたせいで、水商売の女でない女が主宰するサロンを明治の元勲たちは心の底で欲していたわけね。水商売の女でないサロンの主宰者を求めようとする態度から考えてみると、花柳界というものは擬似的社交界ということになる。そういうふうに言っているんです。(笑)

山崎　どっちが擬似であったかというのは、非常に複雑な話になりますよ。

丸谷　ただし、明治時代は元勲たちはとりあえず花柳界を利用したわけね。これが大正時代に入ると、藝者の文化は爛熟を極めて、大正時代を支配していた政治家、財界人のほとんどすべてが藝者を奥さんにしているとか、お妾にしているとかいうことになっていますね。そういう大正文化によって幼少時を育てられた小説家が、舟橋聖一という人です。

舟橋さんは実際、彼の小説のなかで次のようなことを言っています。

「たとへば、のちに初代花柳寿美として、押しも押されもしない舞踊家になった新橋藝者小奴は、当時三越の常務だった朝吹さんの寵愛するところ、同じく君太郎は六代目菊五郎の彼女で、のちに正夫人になったし、桂太郎にしても、原敬にしても、また渋澤、大倉、馬越、根津（嘉）、岩田（宙）、久原の愛奴愛妾のことは、大小となく、世人の目に触れ……」

大正文化はロココ的だといわれますが、それは藝者が女性美の規範であったような、そういう特殊な性格のロココなんですね。舟橋さんの『ある女の遠景』には、保守党の政治家と関係する女子学生が出てくる。これが、まったく大正時代の藝者の言葉を使う。それしか書けないわけね。それが、舟橋さんの青年時代の理想だったから。

このように、男尊女卑と見える風潮があったとはいっても、実は母系家族的な伝統は社会の深部にかなり残っていたわけですね。そのことがいちばんよくわかるのが、たとえば『細雪』という小説です。あの姉妹たちの世界に、東京からわざわざ入り婿みたいにして入り込んで、その姉妹たちをせっせと養おうとする男が出てくるでしょう。そういう母系家族的な、一種の女性中心的な風潮、それが非常にあからさまに発揮されたのは花柳界と男たちとの関係だと見ることもできるんじゃないかと思うんです。

山崎　おっしゃるとおりで、いちばんそれがはっきりわかるのは永井荷風じゃないですか。永井荷風は、父親が明治権力の権化に見えて嫌いで仕方なかった人ですが、その対照に思い浮かべられるのが母親ですね。荷風の母親は、江戸の堅気の家の娘ですけれども、その教養というのは完全に藝者文化なんですね。だから、お母さんの歌う小唄だか端唄だか知りませんけど、それを聞いて育っている。やがて、彼は文学藝者の八重次と同棲する。荷風の胸の中ではおそらく母親的なものと、言ってみれば遊廓的なものというのが、自然につながっているんですね。それがおそらく明治初期の感覚だったんでしょう。

丸谷　もう一人、泉鏡花なんて人がそうですね。凜とした藝者が意地を張って威張り散らすみたいなのが、最高の美として彼にはあった。非常に古代的な女性崇拝が残っているんだろうと思うんですね。

そんなふうな角度から見てくると明治の社会が、いままでの日本史の分析とか考察とかとはちょっと違うものとして出てくるような気がします。

山崎　そこでヒストリカル・イフを言えば、もしも江戸の終わりに公武合体が成立して……ということは、日本はイギリスを排してフランスと結ぶことになる。日仏文化交流が日本の近代国家建設の基本になっていたら、どうなっていたであろうか。向こうのサロン文化と我が方のサロン文化が結びついて、まさにピエール・ロティとお菊さんの世界が日本の正道になっていたかもしれないですね。

丸谷 そうなんです。

山崎 すると、永井荷風は非常に幸せであったでしょうね。

丸谷 ヒストリカル・イフを言うことは禁止されていますが、あれはおかしい。補助線を引いて過去をかえりみることは効果的な手口ですよ。そうでなくても日本人の学問は想像力が貧弱なのに、それが頑固な史的必然論一点張りのせいで、いよいよ堅苦しくなっています。日本史にはいろんなヒストリカル・イフがあって、たとえば日本文学が西洋文学を本式に取り入れたのが明治四十年でしょう。あれよりもっと前に受け入れれば、また違ったわけですよ。

それがさらに、フランス中心で受け入れたらどうなっていたか。それも明治四十年ごろ受け入れちゃだめで、もっと前に受け入れなければ面白くない。

山崎 なるほど。

丸谷 ゾラ以前の風潮のところで受け入れる。十八世紀で受け入れるといちばんよかったのね。十八世紀に日本文学が西洋文学を学んでいたら、ちょうど江戸後期ですよね。十八世紀の西洋の小説は、書簡体文学が全盛なんですよ。そうすると、ちょうど山東京伝とか滝澤馬琴とかが書簡体で小説を書くわけね。候文で当然書くわけだから、これは面白かったろうと思うんだな。まあこれは想像力の遊びだけれど。

江戸と横浜

山崎　いちばん最初の話に戻るんですが、井上馨がなんとかして外債を返さなければならないと考える。返すについては、米ドル銀貨で返さなければいけない。いかにしてドル銀貨を横浜で調達するかという問題につきあたります。

そこで井上馨はお倉に頼んで、先ほどの話に出た田中平八（糸平）に会わせてくれという。ここで、両者が手を結ぶ。糸平こと田中平八が銀貨を買い集める。これを一気に買うと暴騰するので、あっちでコッソリ、こっちでチョロリと買うんですね。そういう知恵を、あの時期の志士たちが持っていたということ。とかくわれわれがイメージする勤皇の志士というのは書生風なんだけれども、意外に商才に長けて世間知があるでしょう。それが、とても面白いと思ってね。

そういうことを、彼らはどこの学校で習ったか。おそらく京都の遊廓で学んだに違いないでしょうね（笑）。西国の侍、特に下層の侍がなぜ経済に明るかったかというと、基本的には薩摩にしても長州にしても、いわゆるお米を中心にした経済以外に副産物を持っていたんですね。たとえば薩摩の砂糖であるとか、おそらく長州は貿易をやったりするでしょう。

丸谷　薩摩は密貿易をやっているから。

山崎　そういうところの侍は金に明るいでしょうね。それにひきかえ、残念ながら東北は米が基本でしょう。米というものは、やはり篤実かつ質朴に作らなきゃいけないので、あんまり小才を働かすことにならなかったんでしょう。

丸谷　そうでしょうね。

山崎　で、その米を動かすのは、たとえば山片蟠桃《ばんとう》などという大坂の商人に任せちゃうわけですね。

丸谷　この本に、西郷隆盛が井上馨のことを「あの三井の番頭さんか」と言ったというのが出てくるでしょう。ところがもし西郷隆盛という人に任せていたら、近代日本はめちゃくちゃになったでしょうね（笑）。日清戦争も日露戦争も確実に負けてるよね。だって、精神力で向かっていくわけだから。西南の役での戦いぶりが、すでにしてああいうものでしょう。兵糧の工夫すらない。ところが、私の生まれた山形県鶴岡というところは、西郷隆盛が戊辰戦争のときにやって来て、非常にはからってくれたというので、西郷隆盛崇拝がすごいんですよ。例の『南洲遺訓』という本も庄内の武士たちが行ってインタビューしたものなんです。

山崎　戦後のマッカーサー崇拝みたいなものですね。

丸谷　そうなんです、ところが、いま山崎さんがおっしゃった、米を作るから質朴で金銭面にこだわらないという、農本主義的な土地柄だから、やはり金銭面にこだわらない西郷隆盛を崇拝する。非常に符節を合しているんだな。（笑）

山崎　それにしても面白いと思うんですが、横浜というところは、適当に江戸から遠かった。しかも、適当に近い。同じ形が神戸にも見られるんですよ。これは、大阪から適宜に遠くて適宜に近い。そこで結局、東も西もツイン・シティーができるわけです。ぼくは鳥居民さんの、明治の元勲たちがなぜ横浜に来たかという、あの推察の部分はほんとに鋭いと思いますが、同時にほんとに素朴に、横浜に行くと「世界」があったんだと思うんです。

丸谷　そうなんだよ。やっぱり気持ちが開けたんだね。そこのところは、あたりまえのことと思って書いてないんだろうとぼくは考えましたね。横浜の町はまったく新しい町だったんですよ。ところが東京は江戸がそのまま残っていて、古い町だったんです、それがまぁ、いやだったんでしょうね。

山崎　というより、おそらく元勲たちは田舎者ですからね、ほんとの江戸に来ると気圧されるんだと思う。適当にホッとできて、適当に新しく、しかも江戸文化を背負ってきたお倉がいてくれる。これは、非常に具合のいい感じだったんじゃないですか。

丸谷　なるほど。

山崎　鳥居民さんが想像力を発揮して、伊藤博文にトンポーロー（豚の角煮）を勧めるところがあるでしょう。要するに、あそこに来れば伝統の遊廓の雰囲気と卓袱《しっぽく》料理と、両方一度に味わえる。さらに向こうには太平洋が開けていて、自分の青春の思い入れがそこに波うっているわけでしょう。横浜というのは、そういう意味でほんとに具合がよかった。

しかし、お倉が晩年述懐して曰く、「富貴楼の栄華も、日清戦争とともに終わりました」と。事実、伊藤博文も陸奥宗光も日清戦争後、富貴楼には来なくなった。そのかわりに栄えたのが東京の築地であり、新橋でした。これは、明治の元勲たちが日清戦争に勝つことによって、ひとつには情報の入り口が多様化してきた。つまり、横浜一本に頼る必要がなくなったということがありますが、同時にやはり日本の支配者として自信を持ったからだろうと思うんですね。

汽車に乗って辛うじて自信を甦らせたという時代が過ぎて、かつての江戸を支配したという安心感にもつながったんでしょうね。もう横浜に行ってホッとする必要がなくなったということが、大いにあるんじゃないでしょうかね。

丸谷 あるでしょうね。それから最初のころは、ほんとに東京は沈滞している町だったのね。やっぱり沈滞している町で遊ぶのは面白くないんですよ。

山崎 それはそうでしょうね。『明治の東京計画』という本を書いた藤森照信氏の説によると、幕府が瓦解したあと、江戸を桑畑にしようという計画があったそうですね。蚕を飼って絹を作ろうというわけです。そこまで疲弊していたんでしょうね。

丸谷　それが、ずいぶん東京が復興した。東京としてちゃんと体裁を整えることができるぐらい国力が充実したから、日清戦争にも勝てたということになる。

山崎　車の両輪でしょうね。

女子留学生派遣は黒田清隆の発案

丸谷　さて、大庭みな子さんは誰でも知っている小説家ですが、津田英学塾の卒業生です。卒業なさってから、アメリカおよびアラスカに長く暮らしたのち、芥川賞を受賞して小説家になったという、そういう経歴であります。ぼくと同じときの受賞者なんだ。

山崎　あ、そうですか。

丸谷　その方が、母校の創立者である津田梅子の伝記を書きました。

一九八四年の二月、津田塾大学本館のタワーと呼ばれる部分の屋上にある物置で、古トランクから手紙が二、三枚こぼれているのを通りがかった学生が見つけて、塾当局に届けました。それが一八八二年から一九〇二年に至るまでの、梅子からアデリン・ランマン——これは、アメリカで彼女を預かってくれた奥さん——宛の手紙数百通と、アデリンから梅子宛の百数十通だったんです。大庭さんはこれを基本的な資料にして、この伝記を書きました。

その書き方は、手紙の翻訳を軸にしたものです。ついでに言っておきますと、この手紙の翻訳が大変きれいです。よくできています。不自然な感じがちっともしない翻訳です。その手紙に加えるに、大庭さんの解釈をもってしている。さらに、大庭さんの実地検証ともいうべき、紀行文的部分があります。

初めのほうに、いかにも小説家らしいなと思う工夫があります。これは、十八歳の大庭さんがはじめて津田塾へ行ったときのことですが、満開の桜の下で、昔の卒業生とおぼしき少しズウズウ弁の老女と会って、その老女が「あなた、津田先生って、カエルの研究をしていらしたのよ」とか、神近市子という卒業生が大杉栄を刺して大変な事件だったとか、有島武郎と一緒に情死した波多野秋子は津田の卒業生ではないけれども、よく津田へ来てたとか、そんな話をしたという形で、いわば序曲みたいなふうにして津田塾の歴史を一筆描きで書いてみせている。これは、なかなかぼくは面白い。ことにそのハイカラな老女のズウズウ弁というのが、とても効果をあげています。

さらに、「津田梅子は確かにアメリカ、ブリンマー女子大学で生物学を専攻し、カエルの卵に関する論文を一八九四年英国の『マイクロスコピカル・サイエンス』誌にモーガン教授と共同で発表している。T・H・モーガンは一九三三年、遺伝学の業績により、ノーベル賞を受けている。彼は後年梅子について、「その才能と人柄を称賛し、『あの優秀な頭脳は――教育者として立つために、生物学ときっぱり縁を切ったわけだ』と語った」というのが、第一章の終わりなんです。

ここのところで俗悪な伝記作者ならば、「もし津田梅子が生物学の研究を続けていれば、必ずやノーベル賞を受賞したであろう」と書く。もう、書かずにはいられないだろうと思う。ぼくですらも（笑）、ひょっとすると書くんじゃないかなという気がしました。そこを書かない。大庭さんて上品な人だねえ（笑）。ぼくは、ほんとに大庭さんの人柄に感心した。

山崎　妙なところで感心しますね。（笑）

丸谷　アハハ。あの人の話の仕方は東京の山の手の奥さんの日本語なんですが、そういう東京山の手の慎み深さ、上品さ、それが文章のここの書き方に出ていると思った。

山崎　いま、夏は私と同じ村に暮らしておられるらしい。

丸谷　なんか変なところで自慢されちゃったな。

山崎　品のいい人が住む村なんです。（笑）

丸谷　梅子の父・津田仙は、佐倉藩士の家に生まれ、幕府御宝蔵番の津田家の婿養子となって、津田初と結婚しました。梅子はその次女です。仙は若いころから蘭学、英語を学び、外国奉行に勤めました。維新後は築地のホテル館に勤めて後、麻布に農園を開いて西洋野菜を作り、学農社という学校を開校して『農業雑誌』を発行しました。彼は、幕府時代に福沢諭吉なんかと一緒にアメリカに渡った人でありまして、日本の農業を改良し近代化すること、それが彼の任務だと考えていたんです。梅子の母・初の姉の竹子は、徳川慶頼《よしのり》に仕えて――というのは、お妾さんですね――慶喜の養嗣子徳川家達《いえさと》の母となった。正室ではないんです。

ところが明治四年、明治政府の北海道開拓使が黒田清隆の発案で、五人の女子をアメリカに留学させました。その五人は、

吉益亮子　十五歳　東京府士族秋田県典事吉益正雄娘
上田悌子　十五歳　外務省中録上田畯娘
山川捨松　十二歳　青森県士族山川与七郎妹
永井繁子　九歳　　静岡県士族永井久太郎娘
津田梅子　八歳　　東京府士族津田仙娘

でありまして、その五人は新政府関係者ではなく、むしろ幕府系統の家庭の出の者ばかりでした。

山崎　全員、敗残の国の人々です。

丸谷　彼女らは十分な手当を得て、アメリカの知識人の家庭に預けられ、高い教育を受けました。

山崎　手当は年八百ドルだった。すごいですよ。

丸谷　そして明治十五年、梅子は山川捨松と一緒に帰国したんです。彼女はやがて津田塾を創立して、女子教育に一生を捧げました。一八六四（元治元）年の生まれですから、お倉の二十七歳下ですが、あらゆる点でこの二人は好対照をなすと言えるでしょう。

しかし、同時代の傑出した二人ですから、縁があるところはあるんです。たとえば梅子が初め、伊藤博文の家の家庭教師となって夫人と令嬢を教えたころ、博文と会話をかわしています。彼の不品行には顰蹙しているものの人柄に好感をもっていること、これはお倉との共通点のひとつですね。それからさらにもうひとつ微妙な問題、男の品行の悪さについて、手紙のなかで、アメリカでの養育をしてくれた奥さんにいろいろと語っている梅子が、伯母が徳川家と特殊な関係の女であって正室ではないということ、これをどう思っていたかというあたりも、好奇心の対象となるのに十分なものです。

とりわけ興味深いのは、黒田清隆の件であります。女子留学生がアメリカ滞在中の明治十一年、酒乱の癖のあった黒田は、妻・清を斬殺したという風聞がありました。この風聞を黒田の親分格の大久保利通は、腹心の大警視川路利良に命じて検屍を行なわせ、「他殺の形跡なし」ということにしてしまった。大久保利通が暗殺された事件の一因は、この強引な処置の仕方だという説もあるんだそうです。

この酒乱のせいで妻を殺したのかもしれない――よくわからない――黒田清隆が、これは明らかなんですけれども、女子留学生派遣の発案者である。こういうところが実に複雑で、歴史は面白いというか、人間はややこしいというか、まぁすごいことなんで、大庭さんの解釈はこうです。

「真偽のほどはともかくとして少なくとも妻の怪死を囁かれた黒田という男性は、ほんの数年前、自分の幼い妻に似通った年頃の少女たちを海外に送り出す決心をした。その後の十年間に、清の怪死事件を含めて彼の内部世界はすっかり変わり果てていたかもしれない。だがともかくも、目の前に立った——帰ってきて挨拶をしている場面なんです——山川捨松と津田梅子を見て、黒田は何を思ったのか。梅子は、黒田氏は『日本的な表現で、私たちの受けた教育についていろいろ賞め言葉を並べた』と言っている。そしてそのあと黒田邸で受けた饗応についての感想は、戸惑いばかりではない、なんとなくすっきりしないものがある。黒田夫人も同席したと述べられているが、暴殺したと噂された夫人のあとに迎えた人であろう」と、こんなふうに言ってるんです。とにかく実に異様な事件で、面白いといえば面白いですねえ。

あとは、津田梅子がいかに苦心して大変倹約な生活をしながら、アメリカの知人たちからお金を集めて学校の経営に成功した、うまくいったという話で、とりわけ感動的なのは、最後にアメリカにいる百歳になっている津田の卒業生が、一緒に暮らした津田梅子の日常を英語混じり——日本語を思い出せない——で喋る、そのインタビューが載っているんですね。たとえば、

「先生は（日常たいていい）着物。袴つけて、ここ（胸元）に時計をつけて、鎖をこうしてさわっているのがくせだった。小さい、小柄。私より小さい。手にえくぼがあって、かわいい。指でも短いの。小さいから。（どちらかというと）肥るたちでしたね。背が低いから（どうしても）肥ってみえる。

四季の時（折々）に、ふるーいオールド・ファッションの洋服着てらした。昔アメリカへ行った時の。

先生は質素でね、パーッとすることが嫌いでね、どうして日本のあの（質素を大切にする）気持ちを、小さい時に離れた国のことを、（それほど）覚えていらしたということは、それは不思議です。

……先生は、融通のつかない厳格な方だった。ノーと言ったらノーなの。だから英語ひとこと習うのでもね。完全になるまではノー、no, not yet once more please、そういう方だった。そりゃ立派な先生です。

……日本人の固有の規律、spiritをね、頭にもってた人です。七つの年にアメリカに来て、すっかり日本のことを忘れて、十年（十一年）目に日本に帰って、そうして、こりゃ日本をどうにかしなきゃいけない、ということを頭に浸みこんだ（真剣に考えた？）人だからね」

といったようなことを喋る。ここのところ、とってもぼくは感動的だった。

明治の国際感覚

山崎　その本とちょうど対になるようなもう一冊の本があるので、ご紹介したいと思うんですけど、久野明子さんという日米交流に力を盡くされている知的な女性ですが、この人が自分のひいお祖母さんが実は大山捨松であるということに気づきます。そしてそのひいお祖母さんが、アメリカの大学を卒業した最初の日本女性だということをあらためて感慨深く思い出して、その伝記を探りにかかるんですね。すると、津田梅子とよく似たケースなんですけれども、手紙が出てくる。大山捨松――元山川捨松ですが――が留学時代に寄宿して、一緒に暮らした家の娘、アリス・ベーコンという女性に宛てた手紙がたくさん出てくるんです。

実は、大山捨松とは誰あろう、あの陸軍大臣・大山巌（日露戦争時の満洲派遣軍総司令官）の夫人であり、最後は侯爵夫人になる人なんですが、もとは会津藩の出身で、しかも戊辰戦争のときに兄弟、親とともに籠城して、自分の義理の姉にあたる人は戦死までしている、そういう一家の生まれなんですね。そして、会津藩は斗南《となみ》藩と名を変えて、青森の北のほうまで追いやられて、そこで塗炭の苦しみを舐める。そのなかで、長兄はやがて陸軍少将にまで苦労してよじ登っていますし、次兄はやはりエール大学へ留学して、後に東京帝国大学総長になった山川健次郎なんですね。

丸谷　あ、そうなの。

山崎　その妹であった捨松が、十二歳のときに先ほどの黒田清隆の留学政策に応募して、五人の一人としてアメリカに渡るわけですね。そして、それからアメリカでヴァッサーという女子大——これは名門女子大ですが——を優秀な成績で卒業して、卒業総代としての講演まで行なって、大変な好評を博して日本に帰ってくるわけです。

丸谷　ヴァッサーとブリンマーとは、二大女子大ですね。

山崎　そうですね。彼女も帰ってきたとき、津田梅子と同じように将来の夢を教育に抱くんです。女子教育をやりたいと考えているんだけれども、なかなかうまくいかない。のみならず彼女は英語が完全に身についたと同時に、日本語をかなり忘れるんですね。津田梅子ほど完全には忘れていなかったけど、読み書きが困難であった。そこで、文部省が与えた教職にも就けない。黒板に字が書けないわけですから。

とつおいつ悩んでいるところに、前の奥さんを亡くしたばかりの大山巌から求婚される。大山巌という人は、写真にもあるように茫洋とした風貌で、文字通り薩摩っぽなんですけれど、なかなかいい人柄だったようです。フランスに留学したりして開明派でもあったし、なんといっても十八歳年上で、こういう型破りの、当時の日本の社会からはみ出しているような知的女性を受け入れるだけの包容力があった。で、大山に三人の娘がいたにもかかわらず、山川捨松はそこで結婚を決意します。

もちろん、ずいぶん悩みます。その悩みの過程の部分を、先ほど言ったアリス・ベーコン——これはアメリカの牧師の娘なんですが——に縷々書き綴っています。さらに生涯にわたって、つまり大山巌が日清戦争に行き、日露戦争に行き、そして最後に死ぬまでその手紙を書き続けるんです。それをいわば材料にして、大山捨松の生涯を描いたのが、この『鹿鳴館の貴婦人　大山捨松』という本なんですね。

ここでハイライトになるのは、なんといっても捨松が鹿鳴館の貴婦人になったというところです。その意味では、お倉とはまさに対照的な存在でして、会津の武士の子です。なにしろ母親はアメリカに送るときに、「おまえは、もう捨てた。しかし、待ってるよ」というので、捨松という名前をつけたというぐらいですから、典型的な日本の武士の娘でした。それが十九世紀のアメリカに渡る。当時のアメリカは、もちろんピューリタニズムの伝統が脈々と生きているわけで、そこの牧師の家に預けられて宗教的教育を受ける。最初のうちはキリスト教に抵抗していたようですけれども、不思議に日本の武士道的な倫理観とピューリタンの倫理観とが一致するんですね。そこで、彼女は最後はクリスチャンになって帰って来ます。この辺のところは、ちょっと新渡戸稲造の世界ですよね。

しかし、帰ってくると、皮肉なことだけれども日本は文明開化を急いでいる。とくに不平等条約を改めるためには、日本が文明国だと思われなければならない。それにはどうしても社交の世界が必要だというので、鹿鳴館を建てた。そこで夜ごと西洋風の舞踏会を催して、旧弊の右翼の反感を買うわけです。そのなかで、大山伯爵夫人——後の侯爵夫人ですが——はアメリカから帰ってきたばかり、英語はほとんどアメリカ人そのまま、しかも洋服が身についていて、ダンスが踊れて、なかなかの美人だったそうです。彼女は津田梅子とは違って、スラリと背の高い細面の美女ですよね。アメリカでも、ユダヤ人だと思われたことがあるくらい、ちょっと日本人離れした人だったようです。

だから、たちまち鹿鳴館の華になる。しかし、世は幾転変かして日清戦争に雪崩込んでいく。そこで彼女が考えたことは、アメリカで知った慈善ということでした。当時の日本の上層階級というのは、貧民のために働こうとか、社会のために奉仕しようという感覚はまるでなかった。そこへアメリカ流の慈善の観念を持ち込んで、恤兵《じゅっぺい》——古い言葉だけれども、兵隊さんを援護するとか、留守家族を助けるチャリティーに邁進するんですね。

かたがた彼女は、アメリカに留学中に看護婦というものの重要性に目覚めていて、看護婦学校の創立に手を貸す。女子教育の夢はもちろん果てていませんでしたから、華族女学校というのを開設する。それから、宮中のマナーの改革をやる。その上最後に、津田梅子に協力して津田塾の開設に盡力します。津田梅子という人はほんとの先生でしたから、捨松が理事としてお金を集め、生徒を募集し、学校を維持することについて大変な努力をします。その捨松の生涯がここに書かれているんですが、ちょうどお倉と対照的なところが面白いんですよ。

丸谷　三人三様です。いや、あの当時、女の力というものを非常に欲した時代だったんですね。そこのところが面白いし、その時代の要望にまたふさわしい女の人が出てきたところが、すごい。

山崎　それが、この場合は、お倉を含めて残らず出身が東側なんですよ。要するに、幕府系と言ったほうがいいですね。

丸谷　だってね、平家が滅んでからの権力者たちの細君は、みんな平家だもの。(笑)

山崎　対照に面白いと思うのは、お倉のサロン文化は、大陸型のいきなタイプなんですね。それに対して英米型を持ち込んできたのが、東北の女性たちだった。津田梅子はもちろんのこと捨松も、男が藝者遊びをするなどということは、もっとも許し難いことなんです。

丸谷　そうそう。

山崎　大山巌という人は、それがまったくできなかった人らしい。ひどく潔癖な人であった。だから捨松は非常に喜んでいて、アリス・ベーコンにも「うちの亭主は大丈夫だ」と書いているし、男を批評するときに、いつも「酒もタバコも飲まない。女には潔癖だ」

というのが、必ず褒め言葉として書いてあるんです。

丸谷　さっきの、もしフランスと親しくしていれば近代日本はどういうふうになったかという問題、あれは非常に重大で、しかもアメリカのモラルというのはイギリスのモラルよりずっと厳しいんだよね。

山崎　ほんとにそうです。

丸谷　イギリスのほうは、まあ頽廃していると言ってもいいんだけれども、もっと寛容で幅がある。かなりフランスの風を受け入れているというところがあるわけですね。姦通を認めている。

山崎　ヴィクトリア時代の裏文化がありますよね。

丸谷　アメリカはどうもそこのところが硬直していて……。

山崎　それはまぁ、当時は田舎者ですからねえ。

丸谷　加うるに、お酒に対して厳しいでしょう。イギリスは、お酒に対して非常に寛大ですよね。

山崎　禁酒運動というのはアメリカの場合、必ずフェミニズムと結びついているんですね。そして日本にも、最初にアメリカの女性運動家が入ってきて禁酒を勧めるんです。とくにアメリカ系のフェミニズムは、禁酒と結びついている。非常に禁欲的なんですね。

丸谷　禁酒運動というのは女の人がやるんですね。そしてアメリカの男たちは女たちの

禁酒運動にヘナヘナと押し切られた。まあ、それほど飲み過ぎていた。（笑）

山崎 それは当然のことで、酔っぱらいの亭主に苦しめられている女性を見るに見かねて、「酒が諸悪の根源だ」と言い出すわけです。

もうひとつ言えることは、とくに日本と接触するようなアメリカ人は、ミッショナリーにつながっている人が多い。つまり、ほとんどが実際の宗教の上での宣教師です。そうでなくても、日本に文明開化を教えたいと考えるようなアメリカ人は、そういう使命感に燃えている。こういう人たちは、たいてい倫理的ですよね。どう考えてもペリー提督が、日本を文明開化したいなんて思ってやしませんからね。あれは、下田へ来て楽しみたかったんでしょう（笑）。裏返せば、下田で楽しむような人は、どう見ても日本の近代化には貢献していない。これは非常に典型的なんだけど、捨松が行った先が、ニューヘイヴンの由緒あるセントラル・チャーチという教会の牧師さんなんです。

ちょっと私小説的なことを言わせていただきます。ニューヘイヴンというのは、実は私が最初に留学して、しかも最初に教師をやった町なんです。ですからこの本を読んでいて、ある意味では大変懐かしかった。町の真ん中に古い、グリーンと呼ばれる矩形の芝生の広場がありまして、その周りに連邦政府のビルがあったり、教会が三つあって、反対側にはエール大学が聳えている、そういう一角なんです。その辺を大山捨松――当時山川捨松ですが――が歩いていたと思うと、いささか感慨深いものがあります。

ついでながら、驚いたことが一つある。山川捨松がベーコン家に預けられたときに、日本政府は当然ながら報酬を払うわけで年八百ドルだったんですが、彼女の食費と下宿料、全部込みで週十五ドルだった。これが一八七一年。私がアメリカに最初に行ったのが一九六四年なんです。三年後に教師で行っているんですが、その当時、スーパーマーケットで一週間分の食物を買いますと、だいたい十ドルから二十ドルだった（笑）。いや、驚くべきことに九十年たっているんですよ。つまり、そのぐらいアメリカの経済はしっかりしていたんですね。その間、九十年間に物価がほとんど変わってないということです。夫婦二人が二十ドルで飯だけは食えた。で、山川捨松の下宿料は十五ドルであった。

丸谷　山川捨松がずいぶん豪奢な生活をしていたんじゃないの？

山崎　いや、それが質素な生活なんです。なにしろベーコン家というのは牧師さんの家ですからね。いかに由緒あるセントラル・チャーチの牧師といえども、貧しい暮らしをしていた。そこで、子ども同様に育てられる。愛されると同時に質素に厳しく育てられた。アリスというのはそこの娘ですから、ほとんど姉妹として育ったんですね。

　その当時の、あのニューヘイヴンの古風な感じは、六四年になっても私はほんとに変わってないなと思いました。つまり、その後のアメリカの変化が実に極端だったんです。このことは、ぜひ注釈として入れておきたい。私もニューヘイヴンにいる間にノーマン・ホームズ・ピアソンという、名前からしてイギリス系のＷＡＳＰですけど、エールの英文学の教授にほんとにかわいがってもらった。ついにポケットマネーから千ドル貰って、それで私は自分の芝居をニューヨークで上演したんですからね。ピアソン先生いわく、「おまえ、アメリカに来た以上、芝居をやるならやってみろ。千ドルやる。そのかわり残り――千ドルで芝居なんかできませんから――は自分で稼げ」と。それで、私は金集めをアメリカで初めてやったんです。その奥さんというのはニューヘイヴンの名家、本当のブルーブラッドの家の娘でね、捨松や津田梅子を育てたアメリカの女たちというのを彷彿とさせるんですよ。

丸谷　なるほどね。

山崎　話を本題に戻しますが、梅子も捨松も、同時に日本全体も、このとき非常な幸運に恵まれていたんですね。それは、アメリカとイギリスが仲が悪かったということです。このことは常識レベルではあまり知られていませんけれども、政治史をやっている人はもちろん知っています。最近、中西輝政さんが、『大英帝国衰亡史』という面白い本を書いた。そのなかの記述を借りていうと、奇蹟のようなことが起こっているんですよ。十九世紀の半ばには英米は本当に対立していた。ちょうど捨松たちが留学するほぼ三十年前ですが、イギリスの外務大臣パーマストンの時代です。このときにマクラウド事件というのが起こる。カナダ人――カナダ人というのはイギリス人ですから――をアメリカの裁判所が裁こうとするんですね。当然、イギリスが抗議します。そこで英米の対立が起こったときに、イギリスはアメリカに対して「戦争するぞ」と脅迫します。で、アメリカは屈辱の屈伏を遂げるんです。

このとき以来アメリカには、独立戦争以来の反英感情があらためて燃え上がるんですね。南北戦争で、しばらくそれは持ち越されるんですけれども、一八九五年に南米のベネズエラと英領のギアナの間で国境紛争が起こる。時のイギリスの総理大臣はソールズベリーです。ソールズベリーが、ここで極めて強硬に「モンロー宣言を否定する」と言ったものですから、アメリカの時のクリーブランド大統領は、議会に対して対英戦争の許可を要求しているんです。面白いことに、レーニンがそれを見ていましてね、「しめた。英米戦争不可避である」と考える。

なぜこれが回避されたかというと、ドイツの台頭だった。ちなみに一八九〇年におけるアメリカ海軍は、チリを含む世界十二ヵ国のまだ下にいたんです。それぐらい海軍力が弱かった。それが一九〇〇年になりますと——一九〇〇年というのは、日清戦争が終わって日露戦争の直前ですが——世界三位になる。そして、有名なマハンという将軍が、『海上権力論』というものを書くわけですね。つまり、アメリカが海上帝国として登場してくる。そうして、実に二十世紀の到来とともに、イギリスがアメリカに対して完全な譲歩をするんです。それは、ドイツが怖かったからです。皮肉なことに、ソールズベリーの甥であるバルフォアという外務大臣が議会で演説をしまして、「ともに英語を話す国民が戦いあうことはない」という宣言をする。これは、イギリス側から言えば屈伏なんですね。アラスカを含むアメリカの権益を全部認めて、つまりカナダから手を引いちゃうんです。

ちょうど十九世紀の後半から二十世紀にかけて、英米関係が大きく変わるんですね。ここで英米が対立していてくれたおかげで、イギリス帝国主義の力が日本には非常に軟らかくしか働かない。困るとアメリカに逃げ込める。面白いと思うのは、山川捨松がヴァッサーの卒業講演でどういう演説をしたかというと、英帝国主義の暴虐と、それに対する民族自決の正義を語ったんです。そうしたら、会場拍手鳴りやまず。彼女の英語もうまかったんでしょうけれども、時のアメリカの新聞が大きく書いているんです。

丸谷　主題の選び方が、頭がよかったんだなあ。

山崎　私が感心するのは、そのことを教えたのは多分、山川健次郎だと思うんです。つまり、世界の情勢とか日本の置かれている地位を教え、「この際、アメリカの反英感情を刺激してやれ」と言ったのは、おそらく兄貴だと思います。それほど日本の指導階層は、二十代の青年や十代の娘までちゃんと日本の置かれた国際情勢を知っていて、外国人のどこを刺激すればうまくいくかという外交感覚に長けていたわけです。これは感動的だと思うんです。こうしてアメリカの力を借りてイギリスを牽制しながらやってきて、しかも英米が手を結んだ瞬間に、日本は日英同盟を結んでロシアと戦争するわけですね。だから、この間の動き方というのは実にうまくいっているし、運もよかった。
丸谷　でも、あのころの明治の政治家は才能があったんだよ。
山崎　あったし、本当に知的階級全体が、いまよりよっぽど国際感覚があったと思う。
丸谷　いや、それは単に政治家だけが才能があるということはないんだから。文明というのは、そういうものなんですよ。
山崎　そうですよね。

近代日本を動かした〝生命力主義〟

丸谷　さて、いまの山川捨松の演説に比べて、ずっとあとのことになるわけですけれども、伊藤博文がハルピンで射殺されたとき、津田梅子は回想の文章を書いているんです。英語で書きました。それをアメリカに送って、「もし適当な場所に発表できる場があれば、発表してもらいたい」と言った。短い文章なんで、全文かどうかわかりませんけれども、ぼくはこれを伊藤博文論としてとても面白いものだと思うんです。ちょっと読んでみますね。
「伊藤公は人間性に深い関心を持っていた。彼はその人の身分にかかわらず、訴える力を持つ人間の言葉に耳を傾けた。召し使いであろうと、女子供であろうと、耳を傾けるに価する意見を吐く者に出遭えば、追いかけてでも行って、その言葉を聴いた。後年、総理大臣といった地位についてからは、こうした機会はだんだんなくなっただろうが、少なくとも私が彼の家に寄宿していた頃はそうだった。そして、この態度こそが、政治家伊藤博文の魔法の杖ともいうべきものだった。彼が周囲の人間たちをあれほどに動かし、そのエネルギーを結集できたのは、まさにその魔法の杖による威力だった。

彼と語り合った過去の日々に聞いた伊藤公の言葉の中で、ひときわはっきりと心に刻みこまれているものがある。『わたしは宗教的な人間ではなく、未来の生活に信仰心といったものは持っていない。生も死もわたしにとっては同じようなものだ。これから先、何が起こるかを怖れたことは一度もない』といった言い方で、彼は自分を宗教心のない人間だと決めつけていたが、私に言わせれば、彼は、何と言ったらよいか、わけのわからない力（生命の？）といったものを信じていた。彼の多くの言動にはしばしば、信仰と名づけたくなるようなそうした途方もない神がかり的なものがあった」

これはぼくは伊藤博文論として非常に面白いというのか、心を打つというのか……これだけの伊藤論というのは、いままで読んだことなかったんですよ。

とくに面白いのは、伊藤博文における生命力主義を言っているところですね。この生命力主義は、ある意味でいうと近代日本を動かしているものかもしれません。そうとでも要約するしかないような、ある思想的立場があって、それを非常に日本人は尊んで、それによって生きることを自分に課していたり、あるいはごく自然に生きたり、それを光栄なことだと思って憧れたり、いろいろしている。ある意味でいうと伊藤博文のこの生命力主義というものは、ひょっとすると富貴楼のお倉とまったく共通するものかもしれないという気がするんですね。

山崎　うん、そうでしょうね。

丸谷　この生命力主義というものは、明治の文学においてはあまりにもあたりまえのことだったからかしら、あまり露骨に出てこない。大正文学になると非常に出るんですね。

山崎　岩野泡鳴ですね。明治文学の場合は、前半は江戸文学ですからね。

丸谷　そうですね。大正文学、つまり明治四十年以後の文学になると非常にくっきりと出てくる。その例はいろいろ挙げることができるんですけど、ここは煩をきらって最も典型的なものだけ挙げましょう。志賀直哉『暗夜行路』第一部の終わり、時任謙作が吉原に登楼して、女の乳房に触りながら、「豊年だ、豊年だ」と言うところ、あれこそは生命力主義の代表的な場面ですね（笑）。これがその後もっと衰弱した形で高見順とか、三島由紀夫とか、あるいはさらに開高健……。

山崎　開高健はいいけど、三島由紀夫はちょっとどうかなあ。

丸谷　いや、ぼくは一種あると思うんだ。例の『仮面の告白』のオワイ屋に対する渇仰なんか、男色趣味というより生命力主義みたいな気がする。

山崎　まぁ、いいです。

丸谷　要するに、大正文学の末流という感じでね。なんか生命力に対する……ほんとは生命力をもっていないんだけれども、それに対して憧れるという姿勢、あるいは逆に、生命力がない自分自身の衰弱を謳《うた》うことによって文学的主題とするといったような感じ、そこに一種のポエジーを見つける、そういうのが日本文学の基調になったようです。でも、この生命力主義をずっと辿っていくと、一種の地母神礼讃みたいなものになっていって……。

山崎　「豊年だ、豊年だ」ですね。

丸谷　ええ。それで、女性的なものに対する大変な崇拝があるような気がするんですね。

山崎　それにまた相応しい女性がいたということですね。

丸谷　それが、近代日本のある一面だったんじゃないのか。

山崎　津田梅子が伊藤を見て、「生命力の権化だ」と言った。それはおそらく、津田梅子の頭に逆のものがあったからでしょうね。それは一種の理想主義とか、理念主義とかいうものなんですね。世界はかくあるものだし、かくあるべきである——これを津田梅子や山川捨松は、子どものころ徹底的にピューリタンの教会で教わった。そういう目から見ると、日本の男たちというのは悪くいえば獣のような生命力しかないし、他方からいえば、猛烈な無償の燃焼力をもっているというふうに見えたと思うんです。
　事実私は、かなりそれは当たっていると思うんです。高杉晋作という、若くして死んだ文字通りの革命家ですが、これの辞世の句が、「面白きこともなき世を面白く」というんだそうですね。こんなニヒルな革命家は普通、世界にはいないでしょうね（笑）。ぼんやり生きていると面白くないから革命でもやるか、と言ってやっているわけですよ。多分それは伊藤博文も、山県有朋も、みんなそうだったんでしょうね。だいたい山県有朋なんて、若いときの名前は狂介でしょう。狂を自称しているんですよね。

丸谷　吉田松陰というのは、どうだったのかしら。どうも吉田松陰というのは革命が面白いものだということがわからなくて、一種あれは……もっとピューリタニズムみたいなものなんじゃないですか。

山崎　松下村塾で教えたことのなかには、それはあったでしょうね。だけど彼もたとえば外国へ出ていこうと思って、ひとりで外船に乗り込んだりするでしょう。ああいうエネルギーというのは――エネルギーというよりは、むしろエラン・ヴィタール、生命の飛躍ですよ。私はかねてから言っていることですけれども、どうも日本人の生き方のなかに一種の積極的無常観とか逆説的な無常観というものがあって、どうも世の中がよくわからない、非常にはかない、だから頑張ろう、というようなところがあるでしょう。

丸谷　それは、ありますね。

山崎　それが、ある閉塞状態が深刻になると、突然爆発するんでしょうね。それが江戸末期だった。そういうものだからこそ尊皇攘夷で始まったことが、なんと開国になって終るわけですよ。もとに理念や理想があったら、そんなばかなことになるわけがない。とにかく彼らにとっては現状を変えるということが規範であって、あとは生命力なんでしょうね。だから、「死ぬことは怖くなかった」と伊藤博文の言うのは、おそらくほんとだろうと思いますよ。

丸谷　そうですよ。だから、死ぬことが怖くなかった生命力主義というものを一方に置いて考えれば、彼のあの淫蕩な性生活は実によくわかるわけね。

山崎　うん。それもあるし、それと同時に彼を一種のロマンチストにもする。『横浜富貴楼　お倉』のなかに出てきますけど、博文が空を仰いで、スクエアー・オブ・ペガサス、つまり日本で言うと北斗七星の杓ですか。あれの四角いところを見て感慨にふける。若いときに苦労して、水夫の手伝いをしながらイギリスに渡る、そのときに見たペガサスのことをずっと覚えていて、それを秘かに生んだ娘のお文に語るんですね。そのお文は、お倉の娘ということにして育ててある。あの妙なロマンチシズム——あれはほんとの意味のロマンチシズムじゃなくて、一種の虚無感が裏返ったポエジーだろうと思うんです。

でも、地母神崇拝というのは非常にうまい説明かもしれませんね。そして、日本の藝者たちが、あるいは戊辰戦争に敗れた側の女性たちが、みんな地母神になっちゃったんですね。

丸谷　そうね。いや、賛成していただけるのは、非常にうれしい。(笑)

近代日本　技術と美に憑かれた人びと

熊倉功夫『近代数寄者の茶の湯』河原書店　一九九七年
相田洋『電子立国　日本の自叙伝』七巻　NHKライブラリー　一九九五―九六年

実業の世界から茶人に

山崎　今日とりあげるのは、熊倉功夫さんが書かれた『近代数寄者の茶の湯』というユニークな作品です。熊倉さんは日本の茶道史の第一人者ですが、ここでは明治以後の「近代の数寄者」と呼ばれるべき人物をとりあげて、とりわけ高橋義雄（箒庵）――別の号を「一木庵」とか「伽藍洞」と名乗った――の一代記を中心に、見事にもう一つの近代史を描きあげました。

高橋義雄という人は、文久元（一八六一）年に水戸の武士の家に生まれました。父親が早く亡くなったために極貧の苦しみを舐めます。小さいときには丁稚奉公までしますが、なんとか中学校を出る。この中学校長の紹介で二十一歳のときに福沢諭吉に出会います。そして、その才を認められて福沢に文章の書き方を習いました。面白いエピソードですが、福沢は若い義雄に向かって、「意見だの感想だのを書く文章は、簡単である。ものの姿をありのままに描写するような文章を勉強せよ」。たとえば、「人力車というものを、見たこともない人にあたかも手にとるがごとく伝える文章から勉強せよ」と言ったといいます。余談ですが、これは現代の日本の国語教育のなかで最も欠けているものだと、私がかねて憂慮している点であります。

義雄は慶応義塾に在学します。時代がよかったのでしょう、十ヵ月で卒業を認められて、やはり福沢の息のかかった『時事新報』に入る。二十代の若さで論説を書きます。同時に、さまざまな著書をものしたりもする。この段階の義雄は当時の欧風化日本人の代表であって、たとえば『日本人種改良論』というものを書いて、「体格、才能ともに劣っている日本人を改良するには、外国人と雑婚すべし」とか、あるいは「生活を合理化して西洋風に暮らすべきである」などと言って、時の東大総長と論争をしたりもしました。もうひとつ書いた本が『拝金宗』。これは一言で言えば資本蓄積のすすめで、どうも日本人は、金というと醜いものだと思っている。しかし、これからは金の世の中である。汚く稼いで綺麗に使え、という論をくり広げました。

で、新聞記者の道を歩むのかというと、それに飽き足らず、とある機会を得てアメリカ留学をします。アメリカでは商業学校に在籍し、フィラデルフィアで当時華やかなワナメーカーズ百貨店を見学したりして、後の実業家としての素養を身につける。そしてその帰途、イギリスのリバプールでジェイムス・ボースという貿易商に出会います。このボースという人が、たまたま日英貿易をやっていて、しかも日本の美術、とくに蒔絵を非常に賞翫していました。これによって、義雄は西洋で日本美術に目を開かれます。

やがて帰ってきまして、人材の少ない時代ですから直ちに井上馨に出会うことができました。井上の部屋の床の間に掛けてあった仏画を眺めているのを、なかなか見所があると井上に認められて、三井銀行に入社します。そして驚いたことに、あっという間に大阪支店長を命じられます。ちなみに、このとき高橋義雄の部下だったのが後の小林一三で、小林一三は実業とともに骨董鑑賞も高橋義雄の手解きを受けたことになります。当時の日本の銀行というのは、江戸時代の大名や豪商たちの財産整理をやっていました。簡単にいえば不良貸付の整理をしたわけです。その過程で旧家の美術品・茶道具を入札にかけるという機会がしばしばあったんですね。というわけで、高橋義雄は次第に実業家としても成長しますが、日本の美術および茶の湯というものに魅かれていきます。

この時代は、一般に江戸の文化——茶の湯もそうですが、能も俳諧も寂びれに寂びれている時代でした。そのなかで辛うじて江戸と明治をつないでいるような何人かの人材が、義雄の前にいました。

たとえば藤田伝三郎、これは現在、藤田美術館に名を残している実業家ですが、この人は箒庵（義雄）よりも二十歳ほど年上です。萩の醸造家の息子でしたが、時代の波に洗われて勤王の志士になる。志士になったものの、やがて政商に本卦帰りする。西南の役でぼろ儲けをして、その金で、鉄道、化学産業、鉱山等々に投資をして一代の金持ちになります。同時にこの人物は、世界に散らばりつつあった日本の美術の散逸を嘆き、生涯をかけてコレクションをやった人でした。逸話をひとつ言うと、当時彼は香合に凝っていて、交趾《こうち》大亀香合という、なかなか手に入らない骨董をめぐって、大入札合戦をやります。遂に手に入ったときには、彼は臨終の枕の上にありまして、「手に入ったか、そうか」と言って亡くなったという人物であります。（笑）

もうひとつのタイプは、平瀬露香というまったくの江戸時代の商人、あるいは粋人の生き残りです。一八三九年に大坂の両替商に生まれましたけれども、大変な才能の持主で、江戸的教養の一切を身につけました。儒・仏はもちろん、詩文、連歌、俳諧、書画、茶道、歌道、有職故実に至るまで自由にした。一方、なかなかの遊び人で、大家の後継ぎでありながら生涯妾宅に暮らす。一度も実家に帰らなかったという羨ましい人物であります。

丸谷　実家じゃなくて本宅でしょう。（笑）

山崎　さしもの平瀬家も没落しまして、明治三十九年の売立のとき彼が持っていた茶道具には大変な値段がつきました。一例を挙げれば花白河硯箱というのが明治三十九年当時のお金で一万六千五百円、千鳥の茶碗が一万五千円であった。そういうかたちで江戸文化の古い担い手が衰微するなかで、新しい権力者、新興のブルジョワたちが江戸の粋を継いでいくというのが、この本の大筋です。

義雄はやがて三井銀行で一仕事した後、三越百貨店の基礎を固めます。当時、まだ三井呉服店と呼ばれて、座売りをしている呉服屋さんでした。そこに乗り込んだ義雄は、アメリカの知識を導入して、まず店先に商品を陳列するということを始めた。同時に、いまではあたりまえですが女性の店員を雇った。さらに意匠部つまりデザイン部というものを設けて、新しい呉服のデザインも進める。もうひとつ画期的なのは、美人看板といって、美人の姿を描いたイメージ広告を看板に掲げる。現在でいえば商業ポスターでしょうが、それの先駆者でもあった。

当時三井家には有名な、鈍翁益田孝という大番頭がおりました。この人の弟の克徳は、東京海上火災を創始した実業家ですが、この人が茶会をしていたんですね。そこに義雄が招かれます。そのときの正客が加藤正義という人です。これはなかなか粋な集まりでして、加藤は当時、「太郎」という名前の藝者を囲っていた。すると、主人の益田克徳はのんこう（楽焼本家の三代道入）の茶碗、銘は「太郎」というのを出して、一座の座興に供したということです。

この辺から、義雄は実業よりは茶の湯のほうに興味を移していきます。王子製紙とか、鉱山とか幾つかの実業にも携わりますが、やがてそれをきっぱりやめて、専門の茶人になってしまう。どうも当時の企業の社長クラスというのは、恐るべき金持ちであったようです。麹町一番町に数千坪の屋敷を構えまして、その中に寸松庵という茶室を建てます。なんと佐久間将監《しょうげん》が桃山時代に建立した茶室を移築したんですね。庭は益田克徳に設計してもらう。それまでの茶庭というと、中国の山水画に表われた景色に見立ててデザインするというのが通例でした。しかし、この新しい明治の数寄者たちは、新しい作庭術を考えます。つまり、日本の風景を移してくるということです。箒庵（義雄）の寸松庵の周りには、那須塩原の箒川《ほうき》の景色を移した。その「箒」という言葉から「箒庵」という茶名ができるわけです。

さて、明治も二十年になりますと、戦争と工業と政争に明け暮れていた日本もやや落ち着いてきます。明治天皇が、井上馨の屋敷の茶会に行幸されるというような出来事が起こります。政治家や実業家のあいだに、茶を軸にした社交サロンが生まれていきます。当時の茶人たち、いまから振り返ると錚々たる名前が並んでいます。益田鈍翁、加藤正義、それに根津美術館に名を残した根津嘉一郎、三渓園に名を残した原三渓、後に暗殺されますが団琢磨、陸軍軍医総監石黒忠悳といった人が集まって、和敬会という茶の会をつくっていました。

この茶会にはひとつのはっきりした理念があったようです。というのは、江戸以来の職人茶人の環境は悪くなる一方で、形式化したお手前を月並みの五郎八棗、唐津の茶碗ばかりを使って、細々とやっていた。それに対してこの新しい数寄者たちは、桃山の茶の湯の復活を目指したのだと熊倉さんは読んでいます。じじつ、盛大に桃山の道具を買って、これを復活しました。これはなんとなく正岡子規の俳句新興に似ているような気もします。いわゆる月並俳句に対して、子規が復古を唱えて新興を行なう。そこに、明治の伝統改革、江戸以前に帰りながら新しくするという、精神の共通性が見られるんですね。

ついでながら、この本には茶人たちの列伝が出てくるのですが、面白い人物が目白押しです。たとえば箒庵と一緒に三井銀行に勤めて、後に鐘淵紡績つまり鐘紡を創始した朝吹柴庵。この人は中津の出身で――ということは福沢諭吉と同郷であったんですが、頑固な尊皇攘夷論者で、福沢が大嫌い。そこで、福沢を暗殺すべくつけねらいますが、滑稽なかたちで失敗する。失敗した途端に人生観が変わる。福沢と話しあってみると、意外にこの開国論者の言うことが正しいとわかります。当時の人間、いとも軽佻浮薄な面がありまして、やがて福沢の姻戚になり、実業家の道を歩んだ。同時に大変な目利きになりまして、当時、古本屋に埋もれていた古銅青海波の花入れをたった百円で掘り出す、というようなことで知られていました。

三渓園の原三渓は、京都出身の漢学の教師でした。たまたま跡見女学校の助教を務めていたら、その生徒に生糸商の娘がいた。まんまとその家の養子におさまり、大商人になる。後に富岡製糸、名古屋製糸と明治の紡績史に名を残す製糸会社を興します。明治三十七年になると、なんと井上馨から国宝の孔雀明王図を一万円で買う、という離れ業を見せています。ちなみにこの孔雀明王図などいわゆる平安密教の絵画は、今日では国立博物館を飾る日本美術の目玉ですけれども、こういうものをたくさん掘り出したのも、この当時の数寄者の功績でした。

なかでも風変わりなのは、箒庵が最初の奥さんを亡くして後妻を迎えますが、その後妻の父親である平岡吟舟です。生粋の江戸っ子、田安家の付家老の子というんですから、江戸幕府においても最も血筋の正しい家の子です。早く森有礼と一緒に渡米し、そこで鉄道の面白さに目覚めて、一生を機関車の製造に捧げる。一方で野球の父でもあり、新橋倶楽部という日本最初の野球クラブをつくった。それだけではなくて、これが江戸の通人の気風を残していて、時の団十郎に頼まれて、「助六」の河東節の古い習慣を復活します。

要するに、こういう一群の実業家であり、明治の工業を興した技術者でもあり、政治家でもあったような人たちが、他方で大変な通人になった。しかも何人かの例外を除くと、これはほとんどが江戸時代の終り、極貧の家の出身です。そのままいけば野蛮な革命家で終わるはずであったものが、茶の湯という伝統があったおかげで、教養を身につけていく、人間として磨かれていく。そこは、ちょうど前章の主人公、お倉さんが江戸の藝者の文化を身につけていて、これによって明治の元勲たちが洗練されたという経緯に似ています。

日本の伝統としての観察者と鑑定家

丸谷　そのことで思い出すことがあります。漢の高祖が天下を取って宮廷をつくった。そのときに高祖がいちばん当惑したのは、自分の家来である武将たちが非常に柄が悪くて、手のつけようがないくらい野蛮であって、宮廷らしい宮廷ができなかったことでした。彼は閉口した挙句、儒者を用いて礼儀作法の先生にした。そのことによって儒教が国教になり、中国文化はあれだけ儒教によって支配されるようになったわけですね。そのことと軌を一にするのは、織田信長とか、豊臣秀吉とかいう連中が天下を取ったときに、武将たちを教育するのに茶の湯をもってしたことです。彼らは、茶の湯をやらされることによって文明化された、そういうことがあります。よく似てますね。

安土桃山の文化の先蹤形態として室町の文化があり、その室町のころにお茶が生まれたのですが、連歌師の牡丹花肖柏に、茶の湯の席で話題にしていけないものを並べた狂歌があります。「わが仏　隣の宝　婿舅　天下の軍　人の善悪」という。「わが仏」というのは、要するに信心事。自分の宗旨の宣伝をやってはいけないということです。これは、当然ですよね。それから「天下の軍」というのは、要するに政治。これを言っちゃいけない。「婿舅」というのは、家庭の事情というのかな。

山崎　ひょっとしたら家筋とか、勢力とかいうことかもしれない。

丸谷　それも含まれるでしょう。「人の善悪」は、もちろんよくわかる。問題なのは「隣の宝」でしてね。

山崎　なるほど。

丸谷　これは、隣にある宝の話をすると、さもしくなる。そういうことを話してはいけない。それはやめて、そのかわりに自分の持っている宝の話をしようというのじゃないかと、僕は思うんですね。自分はどういう宝を持っているか、どういう器を持っているか、それを自慢する。そうすると、茶の席だからもちろん茶器あるいは花器を自慢する。

そこのところから、茶事における骨董好きというものが出てきたんじゃないか。これをやれば、自分の持っているものの自慢だから非常に品がないように見えるけれども、実はそうではなくて、すこぶる無邪気であって迷惑にはならない。しかも、それが趣味を育てるということになるという気持ちがあって、それで茶の湯と骨董好き、道具好きとは結びついたんじゃないかなというのが、僕の推定なんですよ。

山崎　そうですね。要するに婆娑羅大名が腕力と華美——言い換えれば金力——で人を圧倒していたのが、だんだん一筋縄でいかなくなった。じゃ、押してだめなら引いてみようというので、侘茶というものを考えはじめた。佐々木道誉あたりからそういうのが始まってきます。それにおそらくそうしたものの背後に、日本の公家文化があった。漢文の素養と和歌の素養。これは、能にも茶の湯にも出てくるものですが、そういうものに対して、わが国の野蛮な腕力者たちが弱かったということですね。

丸谷　藝術を、美の探求とか、創造と享受というふうに考えていいわけだけれども、その藝術のなかで生活にうんと近いものを考えていくと、風俗洗練の具としての藝術というものがある。西洋でそれにあたるものは何だろうかと考えてみると、たとえば社交ダンスなんかはそうだろうと思うんですよ。彼らは藝術と思ってないけれども。

山崎　いや、思っているでしょう。近ごろは（笑）。社交ダンスのコンテストもありますから。

丸谷　まあね。それから、英米人の好きなクロスワード・パズル。あれはやはり、一種の文学なんですよ。

山崎　言葉をたくさん知ってないとできませんよね。

丸谷　そうそう。こういう生活にうんと密着した、風俗と遊戯との境みたいな藝術、これこそは日本人の最も得意とするものなわけですね。たとえば百人一首の歌留多取りなんか、ぼくは西洋のクロスワード・パズルと非常に近いものだと思うんですよ。

山崎　そのへんの町家の娘が百首の歌を上と下に分けて覚えていて、それでゲームを争うなんていうのは、あまり世界には例がないんじゃないですか。

丸谷　シェイクスピアのソネットを使ってああいうことができないこともないけれども、誰も考えなかった。日本文化の特殊性はそれで非常によくわかるわけですね。藝術が生活になったのか、生活が藝術になったのか、なんだかよくわけがわからない混沌とした感じ、つまり未分化の状態、これはいままで山崎さんとぼくとの対談でずっと論じ続けた大問題なわけですが、茶の湯はそれを最も大がかりにやったものですね。

山崎　日本の美術と西洋の美術はどこが違うか。熊倉さんが言っていますけど、西洋の美術は、いわばそれ自体として完結している。けれども日本の美術は道具として使われる、あるいは季節に応じてあしらわれることで生きてくるというんですね。西洋の名画を壁に掛けておけば、これはもう年がら年じゅう百年間掛けておいても何ら趣味を問われない。しかし、床の間の掛け軸というのは、季節に応じて換えなければ笑われます。それを言えば、日本の美術は人が手で動かして鑑賞するものなんですね。たとえば襖絵というのがありますが、これは動くんですね。動かし方によっては、とんでもない絵になってしまう。

丸谷　屛風がそうです。

山崎　立て方によってまったく違ってくる。それから、絵巻です。あれを鑑賞するためには、一定の幅で順番に広げていかなければならない。それは鑑賞者に任されているわけです。

丸谷　それからこれは杉浦日向子さんの話だけれども、浮世絵を額に入れて壁に掛けて見てはだめで、手に取って見なければ浮世絵ではないという。たしかにそうだと思うんですね。

山崎　そうでしょうね。われわれはいま仕方がないので、茶器も香合も美術館のガラス箱のなかで見ていますけれども、あれはやはり手に取って動かしてみたときに味が出るんでしょうね。

丸谷　だから、美術館というものを輸入したのはいいけれど、美術館では触っちゃいけないことになってしまった。でも、日本美術の根本的性格は、触ることによって愛着を表現するわけですよ。

山崎　もうひとつのポイントは、西欧の美術において何といっても大切なのは、つくることなんですね。偉いのは、つくった人なんです。ところが中国を含めて東北アジアにおいては、誰が目利きをしたか、誰が批評をしたかということで作品が決まる。中国の場合だと歴代の皇帝が、「皇帝がこれをご覧になった」という判子を残すんですね。

丸谷　それでベタベタ判子を押してあるわけだ。（笑）

山崎　もっと極端なのは、賛というものでしょう。絵を見ると、その上に字を書いて、その味わいを詩にして書き残す。西洋の観点からいえば、これは作品の破壊ですよね。レオナルド・ダ・ビンチの作品に誰かが批評の文章を書き込んだら、まさに犯罪ですが、東洋の場合はそれで値打が出るでしょう。そうなるとたとえば皇帝とか、武将、あるいは財界人という人に、文化の世界に対する出番があるわけですね。もちろん大恥をかくのもいますよ。だけど、場所があるから自分の才能を磨こうともするわけです。誰が買って持っていたかということが、歴史に残る業績になる。平瀬露香という人がそういう通人でしょう。平瀬家から出たということで、作品に値段がつくんです。

丸谷　西洋文化はごく最近になって批評家というものの存在に気がついた、とぼくは思っているんですよ。それをいちばんよく示すものは、戯曲『アマデウス』の、モーツァルトに焼き餅をやくサリエリ、あれですね。ぼくにいわせればサリエリの悲劇は、当時誰もモーツァルトを認めていなかったときに、モーツァルトを認めて焼き餅をやいた、ということにある。本当は、これはすごい才能なわけね。

山崎　ほんとにそうだ。

丸谷　その焼き餅を、当時西洋文化には批評家という制度がなかったから、単に嫉妬とか羨望とかいう形でしか表現することができなかった。でも、もし批評家という職業があれば、全ヨーロッパを通じて最高の音楽批評家になったわけじゃない。すごいですよ、これは（笑）。そういう職業がないもんだから、かわいそうに、焼き餅をやいて妨害をしたり、毒を盛ったりするしかなかった。

山崎　最大の批評かもしれませんね。殺してしまいたいほど認めていた。

丸谷　ところが日本の文化は、十世紀に『古今集』ができるとき、紀貫之が選者になっていい歌をあれだけ選んだ。しかも醍醐天皇の命によって選者になった。つまり、天皇が批評家というものの存在を認めていて、それを積極的に助長したわけですね。これは、文化の質の高さとしてものすごいことなわけですよ。アジアの文化はヨーロッパの文化

に比べて、昔はこのくらい高級だった。（笑）

山崎　和歌は、一人の人間が孤独の世界で作るものではなくて、人前で作るもの、人前で披露するものですね。そこで、点数がつく。相互批評の場というのが歌の会でしょう。つまり歌を作ると同時に、他人の歌を批評するのが社交の楽しみだったわけですね。

これは昔から書いてきたことですけれども、歌が神様を相手ではなく、他人を相手にして作られていたということが、日本の文学をかなり特徴づけていると思うんですね。やがてそれが連歌になると、創作に対して創作をもって批評するという関係になっていく。そういう風習が、室町の文化の普及に非常に影響した。もしパトロンと創作者だけの関係だったら、あれほど多くの武将や成り金が、文化の保護に狂奔しなかったかもしれない。自分たちも批評家を通じて作者になれると思ったから、平蜘蛛の茶釜を抱いて死んだ松永久秀がありえたわけですよ。

丸谷　ええ、そのとおりですね。それで、いちばん根本のところにあるのは、紀貫之の存在です。彼がいたから、歌合の選者たちもあり得たし、千利休もあり得た。それがあるから日本文明は、こういう安定感のある藝術と生活の関係をずっと持続的にもちえたと思うんですね。

山崎　それが観察者と鑑定家という存在を日本の伝統として生み出してきたわけで、高橋箒庵は大正期におけるその権化のような人です。

熊倉さんに言わせると、彼の業績は大きく分けて三つあったというんですね。一つは、時々刻々の日記を書き残して、これを『萬象録《ばんしょうろく》』と名付けました。これは、わが国の日記文学の伝統も引いていれば、後の永井荷風の日記にもつながるもので、一種のジャーナリズムなんですね。

ブルジョワジーがいた束の間の時代

丸谷 ぼくは、高橋箒庵のことは昔子どものころ、何かで名前を知っててね。かなり反感を持ってたんです（笑）。ずいぶん厭味な男だろうと、なんとなく思っていた。でも『萬象録』を読んでみると、趣味もいいし、教養があるし、なかなか立派な人ですね。ついでに言っておくと、この高橋箒庵の人生は、平然として進路を変えるところが面白い。人生五十年ということが身に滲みていて、面白くないと思いだしたことを続けるのはくだらないことだという、一種、無常観と裏腹になった積極性みたいな……。

山崎 まさにそうですね。

丸谷 それが、面白い。

山崎 この『萬象録』には、お金のことが書いてある。何が幾らしたということが克明に書いてあって、これは高橋箒庵という人のリアリストの側面であったでしょう。

第二に彼は、茶会記というものを復活したのみならず、新しく創作します。「東都茶会記」「大正茶道記」「昭和茶道記」と、当時行なわれた茶会の記録をする。もちろん利休以来、茶会記には名作があるんですが、おおむねは道具のしつらえとか料理の献立という、物に即した記録しかなかった。箒庵は、席上で交わされた会話とか情景まで書き込んで、生きた茶会記を書く。

丸谷　会話を記したところが、すごい着眼点ね。

山崎　後に再び、茶の湯は形骸化して女性のたしなみになりますが、そうなった途端に茶会から会話がなくなる。決まりきったお作法があって、たとえば「おつめは何ですか」と質問をすると、型通りの答えが出る、それだけなんですね。会話のある、ほんとうの社交のサロンとして茶の湯、利休の時代にあったものを箒庵は復活したわけです。

彼はこの茶会記を当時、自分の古巣であった『時事新報』に連載します。これも面白いことで、一般の人々が茶会の記録を読んで楽しみにしたんですね。

丸谷　当時は社交界があったということですね。いまの日本には、社交界記事がない。ないから、映画スター、タレント、藝能人の恋愛が代わりをしているわけです。しかも、それがあんまり面白くは書かれないから、教養ある人士の読み物たりえない（笑）。西洋の社交界記事というのは、ぼくはあまり読んでないけれども、まぁ面白いものだそうですね。

山崎　私の経験する範囲でも、七〇年代ぐらいまでアメリカの地方紙には、「某家の某令嬢は、何歳にしてどこどこの舞踏会で社交界にデビューした」という記事が出ていましたからね。デビュタント（debutante）と呼ばれて、写真入りで紹介されていました。

丸谷　社交界記事の延長上にあるのが社交界小説で、これは面白いですよ。プルーストもトルストイも社交界小説の大家なんです。ところが、そういう社交界が日本に存在しない、にもかかわらず社交界的なものを人間は欲する。そこで、程度の低い代替物が出てくる。

山崎　昔から、これが日本文化の大きな問題だと思っているんです。荷風のような人も、そのことを心配していた。西洋にはサロンというものがある。社交というのは大切なものである。しかし形になって生まれたのは、明治四十一年、隅田河畔の料理屋を会場にして、木下杢太郎がはじめた「パンの会」くらいのものですね。実を言うと、これには山崎春雄という私の大叔父が加わっているんですが……。

丸谷　あ、そうなの。由緒正しい家柄だなあ。（笑）

山崎　そこには森鷗外も現われたし、荷風も顔を出したようですけれども、たちまち立ち消えるんですね。そして、後に何が残ったかというと、文学派閥なんです。お互いに争いあうグループはあっても、サロンは二度とできない。だから私は、社交サロンというものが近代日本にはなかったと、かねて嘆いてきたんだけれども、考えてみると、茶会というものを忘れていたのかもしれませんね。もうひとつが短歌会です。たとえば山県有朋の常磐会、森鷗外の観潮楼歌会。

熊倉さんが挙げている箒庵の第三の事跡は、『大正名器鑑』という、名品の図録を作ったということで、これによって関東大震災で壊滅した多くの名器が、後の世にも少なくとも名前は伝えられ、写真も伝えられた。しかしこれは、やや皮肉な業績ですね。本来手で使うべき道具であった茶器を、美術品にしていくという仕事ですからね。別の見方をすると、この大正期の数寄者たちは、一面では茶器を現代風の美術作品にしていった人たちだ、と見られなくもないんですね。

丸谷　鑑賞陶器という言葉がありましてね、使わない陶器ということ。

山崎　パラドックスですね。

丸谷　西洋人は絶対に使わない言葉ですよ、こういう言葉は。陶器というものは藝術じゃないわけですからね。でも、とにかく日本にはある。それは、極端なくらいに藝術が尊崇されている風潮が西洋から来た結果ですね。しかもそれを受け入れる日本には、生活の道具としての陶器というものが厳然としてあった。

近代日本に美術という概念を持ってきたのは、フェノロサでしょう。そのフェノロサの美術という概念が横にあって、他方に高橋箒庵の言う道具という概念があった。その二つが微妙な形で結びついたときに、近代日本人のいわゆる美術ができたんでしょうねえ。そして、それがうまく結びつかない間隙に乗じて、いま言った鑑賞陶器なんて言葉が出てくる。

しかし、とにかく美術の場合には、フェノロサと箒庵との協力によって、近代日本の美術概念がきちんと成立した。音楽の場合は、そういう構造がなかったんです。音楽という概念は西洋から来た。ところが、それを受け入れる美術の場合の道具という概念がなかったということじゃないでしょうか。歌舞音曲という概念は、道具ほどブルジョワジーの生活に結びついていなかったんですね。そこのところが、大変不幸なことだった。やっと第二次大戦後になって財界人が、たとえば大原（總一郎）さんが、吉田秀和さんたちの現代音楽祭に自分から積極的なお金を出すとか、江戸（英雄）さんが「子どものための音楽教室」とか、桐朋学園の音楽科とかにたいへんな協力をするとか、それから近くは佐治（敬三）さんのサントリー・ホールとかあるわけだけれど、それ以前はほんのすこししかなかったわけでしょう。

山崎　だいたい藝能のなかで能だけじゃないでしょうか。最高権力者が身近に近寄せて、「自分も習ってみようかな」と考えたのは。

丸谷　そうですね。ひとつには、音楽はさっき言った宝というものにならない藝術なんですね（笑）。美術のほうは宝になって永続性があるから、実業家が親しんだ。

山崎　特に日本の古い音楽にはほとんど記譜法がないでしょう。だから、作品として独立することが少ない。誰かの身についているだけなんです。そういう「誰か」が尊重されなければ、それまでですよね。西洋音楽の場合だって、初期の作曲家なんて別に尊重されてなかったけれども、記譜法がある。この辺は大きな差です。

箒庵にもどりますが、彼は高野山の宝物館をつくるために寄付を集め、みずからも一万円という大金を出したり、東京の護国寺に多額の寄進をして、ここを大徳寺に匹敵する茶の湯の中心にしようと努力した事跡もあるそうです。

さて、結論のところで私が言いたいのは、熊倉さんが最後に引用している箒庵の「おらが茶の湯」という一文です。彼は立派な個人主義者でして、「茶の湯というものは私の楽しみだ。それ以上でもそれ以下でもない。それで何が悪い」と言いきっているんです。当時、茶の湯にも俗物がいまして、たとえば高谷宗範などという検事・判事上がりの茶人がいた(笑)。これがなんと茶の湯を持ち上げて、「茶道経国」などと叫んでいたんですね。「近ごろの茶人が贅沢な茶道具を玩んでいるのは、けしからん。茶の湯とは身を慎んで、行儀作法を身につけ、乏しきに耐える精神修行の手段である」と言う。これに対して、箒庵は軽蔑をあらわにして、「茶道と経国は関係ない。茶の湯は単なる趣味である。その昔、本居宣長が中国の文学観を排して、何の役にもたたない、読んで心を動かすだけの日本文学を称揚した。私の茶の湯も、本居宣長の文学と同じである」、と開きなおっているんですね。

丸谷　あれは、藝術としてのお茶の自立性を言ったわけですね。

山崎　倫理に対して美を自立させようという考えですね。「これは一紳士の楽しみにすぎない。しかし……」と言う。「自分には時々、鼻持ちならない嫌な知人というのがいる。ケチで下品だ。しかし、これが茶の湯を知っていると、その場所でだけは友達になれる」とね。これはほんとうの意味で、教養や藝術というものの本来の効用を説いているんですね。私は高橋箒庵という人は、日本がほんの短い時代にたまたま生んだ、ブルジョワジーというものの典型ではなかったかと思うんです。

丸谷　ぼくは、「おらが茶の湯」を読んで、この人はなかなかの批評家だ、と思いましたね。藝術原論がわかってるんだもの。

山崎　ほんとにわかってるんです。同時にこの一文は、贅沢の擁護でもあるんですね。たまたま金を儲けた。その金で茶器を買って、自分が持っている。これは明らかに物欲ですが、この欲望は金で金を生んで、際限なく儲けようという功利主義とは関係ない。一万円という何にでも使える金を、特定の茶碗や香合に払ってしまうということは、これはお金の効用を制限することですよね。ほかのものは買えないんですから、これは物欲と背中あわせの無欲だともいえる。そういう精神を持ち、これだけの個人主義を主張できる金持ちがいたというんだから、日本にもほんとのブルジョワがいたということですよ。

丸谷　あのころの実業家は、ほんとに収入が多かったんですねえ。すごい儲け方だった。

山崎　『拝金宗』のなかで箒庵が書いているのは、「日本の金持ちと貧乏人の収入の差は一対百である。アメリカは一対千である。これを学ばなければならない」というんですね。ちなみに、いまの普通の会社で、初任給と社長の給料の差は、税金を引くと十倍に満たないといいます。

丸谷　千倍にしたっていいんです。ただしそのかわり、総会屋問題などで責任が生じたときには、賠償は全部役員が払う。

山崎　おそらくこの時代は、そうだったでしょうね。

丸谷　そう。そこのところのメリハリというか、けじめがきっちりしていた時代だったんですね。いまは十倍にしているかわりに、責任をきちんととらない。これが問題なんですよ、ほんとは。

電子工業発達史

山崎　次に取りあげる本は、相田洋さんの『電子立国　日本の自叙伝』――文庫本にして全七巻という大著です。これは科学技術、あるいは工業技術事始めの記録でして、実は明治時代に日本人がその原型を体験した物語です。先ほどご紹介した蒸気機関車に惚れ込んだ平岡吟舟なども、同じような苦労をかつてしていたはずで、そのおかげで高橋箒庵も優雅な生活を楽しむことができたのかもしれません。しかし、歴史は繰り返し、同時に違う曲を奏でるものでして、この本を読んで現代の日本を大正の日本と比べるだけでも、感慨措く能わざるものがあります。

さてこの『自叙伝』は、電子工業が世界でいかに生まれ、日本でいかに成長したかという歴史です。ところで電子工業の歴史はいかにも現代的な現象でして、特にいま書かれるのにふさわしい理由があります。第一には、この技術の成長がきわめて短時間に起こったということです。半導体、あるいはトランジスターが最初にアメリカのベル研究所で、ショックレー、バーディーン、ブラッテンといった科学者によって研究されたのは、一九四七年です。そして、この技術が存在することを日本電気の長船博衛という技術者が知ったのは、翌年の一九四八年のことでした。同じ年に、東北大学の渡辺寧、西澤潤一といった学者もこれを知り、すでに研究を開始しています。以来、半導体が複雑な発達を遂げて、われわれの知るICやLSIになって、ソニーの小型ラジオを生み、シャープやカシオの電卓を市場に送り出すのは、わずか十六年後の一九六四年のことでした。

電卓について言えば、一九七〇年代、最初にトランジスターの原理が発明されてから二十三年後に、日本で六千万台生産されています。ついでながら、この電気卓上計算機の変化たるや、壮絶なものがある。まずその容積ですが、二十年間で二万三千分の一になります。消費電力は十三年間で二十九万分の一、これを組み立てる部品の数が十六年間で千分の一、価格は平均で十五年間で四十五万円からたったの千九百四十一円になる。ちなみにワットが蒸気機関を発明したのが一七六九年、これをスティブンソンが蒸気機関車にしたのが一八二五年、新橋—横浜間に最初の蒸気機関車が走ったのは一八七二年ですから、この間百十年かかっています。つまり、発達の時間は七分の一に短縮されたわけです。

ということは同時に、最初に原理を発明したアメリカと、追いつき追い越した日本との時間差がほとんどなかったということです。また、これだけの早さで技術が進歩すると、研究と生産が密着せざるをえません。発明する片端から量産体制に入る。生産工場で問題が起こると、直ちにそれが研究の現場に打ち返される。そういうなかでいかにも面白い、また深刻な物語が展開していきます。まさに悲喜劇と言えるような事件が続出しました。また、まったく新しい分野で工業が成長したわけですから、いわゆる手工業、町工場のレベルから大産業までの飛躍の時間が短くて、その間にもおびただしい成功物語を生み出します。

しかも、この歴史はＮＨＫテレビで教養番組として放送され、それが後に活字になったわけですが、放映されたのは一九九〇年ですから、当時この技術に携わった人が多数存命していたわけで、生々しい証言を聞くことができる。発明過程の品物も残っているので、これを映像にすることができる。まあ、かような次第でこの本は血湧き肉躍る、そしてまた深く考えさせる技術史としてできあがっています。

丸谷 これ、すごいですね。この本の着想と作り方は、素晴らしい。戦後の日本ジャーナリズムの傑作の一つだと思います。

山崎 私もそう思います。

本の最初は、現代の巨大なムジン工場で始まります。ムジンというのは、ひとつは人がいない（無人）。他方では塵がない（無塵）。さらに、情報管理が徹底している。著者たちは下着まで着替えて、現場の作業員と口をきくのも許されない、という状況で取材が行なわれました。

半導体の原料は現在ではシリコンつまり珪素ですが、これはノルウェーの鉱山で産出され、ほとんどが日本に運ばれて、素材工場で純粋化されます。どのぐらい純度が高いかというと、九九・九九九九九……九が十一並ぶパーセンテージ。つまり一千億個の原子の中に、たった一つの原子の不純物が加わっているだけ、という純度が要求されます。

トランジスターという言葉は、トランス・レジスター、つまり抵抗を超えるという意味であり、半導体とは電気の良導体（電気を伝える物体）と、不良導体（伝えない物体）

の中間に存在するものという意味です。いまではシリコンの結晶を使うのが常識ですが、一時期はゲルマニウムも使われた。そうした純度の高い結晶のなかに、真空管の機能を科学的に組み込んだものを、トランジスターと呼びます。真空管というのは、真ん中にフィラメントがあり、周りにプレートと呼ばれる金属の枠があります。さらにその間にグリッドと呼ばれる枠がはさまれていて、三つの極から成り立っています。

このフィラメントから電子が飛び出し、プレートに衝突する流れのなかで、小さな電流の変化を大きな電流の変化に変えることができる。物体のなかの電子が動いていくと、あとにたくさん孔が残りますが、その孔をさらに次の電子が埋めるという形で、電気が流れる。真空管では電子はフィラメントからプレートに飛びますが、それが大小二つの電流の間で交通信号として働きます。つまり、電流を自動車の流れだと考えますと、この交通信号がそれを止めたり進めたりします。真空管は一方から入ってくる小さな電流を受けとめ、電子の活動を媒介とすることによって、別の大きな電流を動かすことができる一種の信号機です。

さて、こういう信号機能を一つの物質の結晶のなかに組み込むことを発見したのが、ショックレー、バーディーン、ブラッテンというベル研究所の三人の学者でした。簡単に言いますと、一つの結晶のなかに、フィラメントとプレートにあたる二つの部分がなければなりません。電気的に言うと、自由電子がたくさん含まれている部分と、自由電子が動いたあとの孔ばかりの部分――これを正孔と呼びますが――の二つのパートに分けられる。ちなみに自由電子の多い部分をポジティブ型、孔ばかりのほうをネガティブ型と言うのですが、これが一つであってしかも分かれているという面倒な構造を含んだものです。このためには、先ほど言った純度の高い結晶のなかに、異質の物質をごく微量加えます。リンとかアンチモンを加えるとネガティブ型になり、ホウ素とかアルミニウムを加えるとポジティブ型になるのだそうです。これをつくること自体が大変な作業ですが、その間に電子の移動をさせることも、また微妙な作業になります。

初期は、ひとつのトランジスターに二本の針を立てて、その針の間に電波を飛ばすというやり方をとったのですが、二十年の歴史のなかで、ついに結晶そのもののなかに、ネガティブ型とポジティブ型を三層に重ねる――ネガティブ型の間に薄いポジティブ型を入れてサンドイッチにする――ことによって、真空管と同じような電子移動を起こさせる。まあ、私自身わかったようなわからないような説明ですけれども（笑）、作業がいかに大変かということだけを想像していただければいい。

さて、一九四八年というと、日本はまだ国全体が飢えのどん底にいました。企業はストライキの連続でしたし、日本電気（ＮＥＣ）の技術者たちは、道端の蓆の上で自分の古本を売って飯を食っていた。そういう状況のなかで、研究が始まります。長船さんとか、東北大学の渡辺・西澤両研究者、さらには通産省の電気試験所からソニーの技術者になった菊池誠、こういう人たちが先駆者でした。

当時、ＧＨＱは、こういう基礎的な電子技術の発明を規制していました。規制していたがゆえに、皮肉なことですが学者たちや技術者たちを呼びつけて、いろいろ話を聞いた。その過程で、逆にアメリカの新しい情報が彼らに流れました。「ゲルマニウムの結晶に針を二本立てると、電波の増幅が起こるそうだ」という話が流れた。聞こえたのはただそれだけでしたが、みんなが一斉に原理の手探りを始めます。ここから先は聞くも涙の事始め物語です。ＧＨＱから借りてきた論文を手で写す。素人が何枚もカーボンを入れてタイプを叩く。複写機などはない時代ですから、適塾の辞書を塾生が手写ししたような作業から始まりました。

ゲルマニウムがなければ黄銅鉱でもいいらしいという噂が聞こえると、東北大学の西澤先生は黄銅鉱で実験を開始する。これは、実はまったくの無駄に終わるんですけれども、その結果西澤さんはダイオードの原理を発見することになります（笑）。なんと西澤さんが写した論文のノートは、厚さが二メートルになったそうで、しかも紙のない時代ですから、アリの頭のような字でそれだけの文章を写して研究した。東北大学の研究室は広さがないので、いままであった研究室に中二階をつくって実験をする。天井が低いものですから、頭を打って失神する。雨漏りがするので机の位置をあちこちに動かすというような環境のなかで、研究が進みます。

この辺の細かいエピソードがこの本のミソでして、おそらく『解体新書』の杉田玄白も、明治初期の平岡吟舟も同じような苦労をしたんでしょうね。たとえば、ゲルマニウムがない。石炭総合研究所にいた稲垣勝という人は、石炭の廃液からゲルマニウムが取れるとわかって、一所懸命手作りでやります。ある日、ゲルマニウムらしき白い粉ができた。それを抱えて彼は家に帰るわけですね。すでに夜遅い。興奮して寝られない。奥さんが、「どうしたの？」「どうもゲルマニウムができたらしいけれども、明日になるまでそれが本物かどうかわからない」「じゃ、試してみよう。どうしたらいい？」「もしこれを高温で熱して灰になったら、ゲルマニウムではない。そのままであればゲルマニウムだ」。そこで奥さんは蜜豆用のスプーンを出してきまして、夫婦二人で深夜密かにガスの炎で白い粉を灼くんですね。スプーンが曲がるほど灼熱したにもかかわらず、粉が変わらなかった。その感動を、この夫婦は年老いてもまだ覚えていて、奥さんが熱っぽく著者に物語っています。

丸谷　あそこ、ほんとに感動的ですねえ。だけど、一般に技術関係の先生というのは、自分の手柄話をする能力が低い。（笑）

山崎　奥ゆかしいというか。

丸谷　そうすると奥さんたちが出てきて、思い出話をする。それは、アメリカの人もそうでしたね。アメリカでも、亭主は貰ったメダルのことなんか全然言わない。奥さんは銀行に預けてあるメダルを持ってきて、番組の制作のために見せてくれるというような話があった。日米両国とも、工学部関係の先生方というのは、どうも口数がすくない。

山崎　そうですね。それに、工学の原理というのは難しいけれども、できあがった結果は手で触れられる。たとえば哲学者の論文とはわけが違う。

丸谷　うん。原子物理学みたいなものとも違う。

山崎　だから奥さんも参加できるというか、手で触ってわかる、なにかそういう幸せのあるものなんです。（笑）

丸谷　それはたしかに言えるでしょうね。それに、どうも工学部の先生方というのは、こういう手柄話をする能力の高い奥さんと一緒になる傾向もあるんじゃないかな。

山崎　それを思ったのは、最初に原理を発見したショックレーの奥さんですね。インタビューをうけるのは今は未亡人となった奥さんですけれども、ノーベル賞の授賞式に着て行ったピンクの衣裳を出してきて、それを着てみせて、晩年のショックレーについて語ってやまない、あのあたりのところ、ほほえましいですね。

丸谷　いいですねえ。非常に感動的。

山崎　それにしても、とにかく大変な時代でした。たとえば単結晶をつくるのには、一定の温度と電圧が必要なんですが、当時は電気が安定して供給されない。昼間だとしょっちゅう電圧が変わるので、みんな真夜中に研究する。アメリカに視察に行くといったって、旅費がない。もちろん当時は一ドル三百六十円、そのうえ外貨持ち出し規制があって、極貧旅行です。飛行機もまだアメリカ本土はもとより、ハワイにも真っ直ぐ飛ばない。グアムを経由してプロペラ機で行くという始末ですから、行くときにはまるで出征兵士のように、万歳三唱をして送り出した。行ったほうは、万歳で送られたわけですから、死んでも情報を取って帰らなければならない。ほんとに涙ぐましい話が山のようにあります。

相田さんが上手に要約していますけれども、少なくとも一九四〇年から七〇年代頃の日本人たち、当時三十歳代でしょう。現在生きていれば七十になる人たちというのは、ある意味で言えば戦争時代の日本人なんですね。愛国心もある。そのうえに技術者として大変に好奇心が強い。

丸谷　終わりのほうで、各社を横断してつくった団体のことが出てきますね。ＬＳＩ技術研究組合。最初は各社ごと用語も違っていたので非常に具合が悪かったんだけれども、すぐに打ち解けてみんながお互いに語りあうようになる。ただ研究の過程について語りあうだけで、結果は話さない。つくるのは各社バラバラという仕組みですからね。それが数年後に再会して、思い出の会を開く。そのときに彼らが、散会に近くなったときにみんなで歌を歌う。「俺とおまえは同期の桜」と。（笑）

山崎　たまたま私はその場面をテレビ放映のときに見ているんですよ。ほんとに複雑な感慨をもよおさせる場面でした。集まっている人たちは、日本電気、東芝、三菱、日立、富士通と鎬《しのぎ》を削っている仇同士なんですね。通産省が音頭をとって、とにかく超LSIという、トランジスターに比べると百万倍の機能があるものをつくろうというので、研究だけ一緒にさせるわけです。もの作りはしない。もの作りをしたら、血で血を洗う争いになる。四年間で使った研究費が七千億円というんですから大したものですけど、そのあいだみんな戦争を一緒にした仲間なんですね。あの「同期の桜」を歌うところは、なんと言ったらいいのかなあ、象徴的でしたね。メンタリティーが完全に戦前の日本人なんです。（笑）

丸谷　戦争中の日本と戦後の日本との連続を、実によく出しているノンフィクションですね。

山崎　おそらく同じ精神で明治の創業者たちもやっていたんでしょうね。ともかく感動的なのは、まず好奇心の純粋さです。だいたい食うや食わずでしょう。いまの飽食の時代には説明不可能ですが、食べ物がないというのはものの譬えではない。そういう状況のなかで、海のものとも山のものともわからないものにぶつかっていく。工場では、軍隊の残した廃物から鍋・釜をつくって売っている時代ですよ。そういう時期に、「ゲルマニウムに針二本立てると真空管になるらしい」なんて、雲をつかむようなことを一所懸命に研究したんです。

丸谷　すごいよねえ。

山崎　東芝の大塚英夫という人が述懐していますけれども、当時これが何かに役立つかとか、会社が儲かるかという気持ちはまったくなかった。ただ珍しいからやってみたいと思った、というんです。

丸谷　そうなんだろうなあ。

山崎　あの長船さんだって、初めは日電の幹部に猛反対されて、「鉱石検波器と同じじゃないか」と言われた。で、研究費ゼロでもよければやっていいというので、やらしてもらったというわけでしょう。

他方、新しい技術ですから、先駆的な形態といえば町工場にしかないんですね。たとえば、できあがったシリコン・トランジスターを幾つかに切っていくわけですが、その小ささたるや顕微鏡的な単位なんです。すると、たまたま切る人がいるんですね。戦争前には呉で、軍艦の高射砲の砲身のなかを磨く砥石をつくっていた会社なんです。磨くということについては職人的な技術がある。後にディスコ社という会社になるんですが、そこの副社長の関家臣二という人などは、ただ切ることが面白くて面白くてしようがない（笑）。切れるものはなんでも切ってみたというんですね。そういう好奇心の塊が、大技術を生む。

もうひとつは、反逆心というか、意地というんでしょうかね。先ほどの長船さんは、アメリカの当時は最先端の会社、フェアチャイルドという企業のロバート・ノイスという技術者と親しかった。そこで向こうから、新しい技術をノウハウごと輸入するんです。ついでながら、技術とノウハウはまったく違うものです。「こういう原理に従ってこういう機械をつくれば、ものができる」というのが技術。ノウハウというのは、その際注意すべきあらゆるコツを含めた知識をいう。ところが、その細部が実は大変なことなんですね。それを日電がフェアチャイルドから輸入すると、日立はそっぽを向く。特許料を払うのが嫌だから、独自技術でさんざんお釈迦を出しながら、結局最後にはフェアチャイルドと大幅に違う技術を開発してしまう。

それともうひとつは、ものをつくるという興味というか、ものづくりの精神ですね。日本人はものが好きなのです。先ほど言った砥石の会社は、ダイヤモンドの粉から薄さ数ミクロンのダイサー（切断機）をつくっている。現在のダイサーがどのぐらい機能があるかというと、女性の髪の毛の直径を二十五等分できる。そのぐらいの精度のものを、町工場の技術でつくっていたんですよね。

その間にも、笑うべき滑稽なことが起こる。素晴らしい薄いダイヤモンドの歯はできたけれど、それを回すための機械がない。大企業はどこも「ノー」と言うので、小さな町工場のおじさんを見つけてそこにたのむ。これが昔、海軍工廠で働いていた頑固なおじさんで、言うことを聞かない。つくった機械というのは、なるほど砥石は回るけれど、油や水や泥まで撥ね飛ばすような機械であった。しかたがないので、砥石屋さんが自分で砥石を動かす機械をつくった。「鉄砲の弾をつくっている会社が、弾にあうような鉄砲をつくったようなものだ」と書いてありますけれども、まさにそういうことをやっているんですね。

なかでも呆れた話は、たとえば作業台——としか言いようがないから言っておきますが——これには非常に精密な平面が必要なんです。どのぐらい平らかというと、百キロ先に行って五センチしか違わない、そういう台をつくる。これはもちろんコンピュータのついた砥石で削るんですが、それでもだめだ。最後は掌で砥石をもってさすっていく。測定機にかけては、またちょっと磨く。何日も何日も手で磨いているんですが、どうしてもおかしい。いくらきちっと磨いても、次の日になると狂っている。なぜかと気がついたら、それはなんと自分の体温のせいだったというんです。体温が影響するほどのことを掌でやっている。とにかくものづくりが大好き。

丸谷　ハッハッハ。ものが好きだ。これは日本人の特性、そのとおりなんですよね。それと並んで、日本人は奇人が好きです。

山崎　前にもその話をしましたね。

丸谷　この本を読んでいると、実に戦後奇人列伝という感じがするんですね。ほんとに頑固で、わがままで、会社の言うことに逆らって自分のやりたいことをやるんだね。その反面、会社からアメリカに派遣された以上は、絶対に会社が払ってくれただけの金の元を取らなきゃならないといって頑張る。しかしその会社に対する奉公の精神と、「俺は、俺のやりたいことをやるんだ」というわがままとは、なんというのかよく訳がわからないけれども、まったく並び存するわけですね。

山崎　つまり、楠木正成なんです。

丸谷　そうそう。それをぼくは言いたかった。これはほんとに司馬遼太郎の世界という感じがしたんです。(笑)

山崎　日本人は昔から楠木正成が好きでしょう、司馬さんに言わせると、講談の入りが悪くなると、「今日より正成出づ」という看板を出した。

丸谷　そうそう。司馬遼太郎氏の書くものの名声は、いよいよ高い。それは、ぼくは非常にいいことだと思う。しかし、日清・日露によって日本国の独立を守ったナショナリズムというところ、パトリオティズムというところ、そこのところに叶う部分で司馬さんを褒めすぎている。ナショナリズムもいいでしょう。愛国心も悪くないと思う。しかし、それは普通の善良で平凡で凡庸な国民だけでは、ナショナリズムも愛国主義も存在しえなかった。奇人がいたからありえた。それを司馬さんは言いたかったわけです。

山崎　司馬遼太郎が書きたかったのは、秋山真之であって、東郷平八郎ではないんですよね。

丸谷　まして東郷平八郎を担いで軍縮に反対し、国を誤った会社員的、官僚的海軍将校たちでは絶対にないわけです。

山崎　ほんとに楠木正成によく似てるんですよ。とにかく奇手妙手の連発でしょう。そのくせ基本的には忠誠心に溢れていて、最後のところにくると、自分の意地で生きようとする。そういう人たちが技術開発の末端にまでいるんですね。初期のトランジスターの製造には、たくさんの若い女性たちが動員されました。目がよくて、手先が器用で、根気がある。それが顕微鏡の下で、細かい仕事を手作業でやっていたんですね。トランジスターというのは歩留りが悪くてお釈迦が出る。ちなみに初期のトランジスターの歩留りは、よくて二パーセントだった。一〇〇作って二つよければ成功した。したがってもし歩留りを五〇にでも上げようものなら、大儲けになった。するとある一人のトランジスター・ガールが、どうして全部の工程のなかからお釈迦が出るかということを、自分の責任範囲を超えてずっと追求していくんですね。そして最後に、問題をつきとめる。それは、彼女の仕事でもなければ任務でもない。それをとにかくやってしまうという、何でしょうね、これは。

丸谷　そういう若い女の人も、一種の奇人なわけね（笑）。司馬さん風に言えば、奇人だから有能なわけですよ。

山崎　なるほど。

日本人の創造性

丸谷　ところで、この本の中でもう一つとても印象に残る話がありました。ロバート・ノイスという人が、長船さんに最初はたいへん協力していましたね。親しい友達で、あらゆる便宜をはからって、あらゆる企業上の秘密を教えて協力してくれた。しかし、しばらくするとノイスさんは、日本人に対して非常に冷淡になったし、長船さんともあまり親しい友人ではなくなった。そのロバート・ノイスが一九八〇年に喋った録音があるんですね。これが、この本のなかに出てくる。引用します。

ノイス　日本人はパーティにやってきて、主人が精魂込めてつくった料理のおいしいところだけをつまみ食いして、他の連中にはいつも食べカスだけを残していく無礼な客といった見方もありますね。

——無礼な客ですか。

ノイス これは私が言ったのではありませんよ。しかし、実によく日本的な振る舞いを言い当てていると思います。実際、振り返ってみると、日本のやり方というのはいつもこうでしたから。

——なるほど。

ノイス つまり、外国の新しい技術革新を真似して、それを改良することに情熱を注ぐわけです。そして、それらを、高い品質で、安くつくる。確かに半導体製品の製造技術ではすばらしい成果を上げたと思いますが、しかし日本のエンジニアたち一人一人が、どれほど世界の技術革新に貢献したか。つまり革命的な技術を生み出したかということになると、いかがなもんでしょうかね。

これが、この本の最大の問題点なわけですね。このことについて、どうでしょうか。

山崎 著者自身が、それに対する日本人の答えを両論併記していますよね。企業側の技術者に言わせると、世の中に模倣でない創造はないといえる。一般論としてもそうですが、とくに半導体の場合、日米の研究のスタートの差がたった一年ですから、機関車の真似をしたというのとは、この際だいぶ話が違った。しかも半導体は特殊な技術で、研究室と工場とが密着している。したがってものを改造したり、手作りすることの上手な国民が最終的に有利だというのは、技術の性質からして不可避である。さらにこの本のなかに電卓の発達史が出てきますが、そのなかには日本人で天才的な論理回路の設計者がいたんですね。計算の原理を機械の構造に組みこむ基本的な作業だから、創造的な才能が必要です。その名人が、アメリカの企業で働いていたところ、その功績を横取りしたイタリア系アメリカ人がいたらしいのです。いろいろ勘案してみても、半導体における日本人の模倣という非難は非常に論拠が弱い。つまり日本人は相当に創造的であったというわけです。

他方、西澤潤一さんが、やはり日本人は基礎技術を向こうから手にいれたことは間違いない、と言っていることも真実だと思います。しかも、日本の企業はなかなか日本人発明者の技術を受け入れようとしない。いったんアメリカを経由してこないと、納得しないとも言っている。私も半導体でうまくいったからといって、日本人は将来これを繰り返すことはできないし、すべきではなかろうと思うんです。やはり何らかの基礎的な発明――これは科学技術に限りませんけど、基本的な飛躍をする時期に来ているし、それをしないと外に侮りを買うだろうというのは間違いないでしょうね。

丸谷　この本には創造と模倣という概念だけが出てきている。創造と影響という図式は出てこないんですね。しかし「模倣でない創造があるか」と言うよりも、「影響を受けない創造はあるか」と言えば、もっと話がはっきりするでしょう。そういう意味で、戦後の日本人がアメリカの科学技術の影響を受けて、それによって非常な成果を上げたということ、それ自体は素晴らしいことであって、それを卑下したりするのは、おかしいと思うわけですね。それがひとつ。

もうひとつは、とかく創造と模倣の問題になると、「アメリカと日本」というふうに図式をつくりたがる。でも、それじゃアメリカとロシアということを考えてみましょう。これは噂によると——あるいはゴシップによるとと言ったらいいかな——エジソンの発明のすべては、ロシアではロシア人が発明したことになっているんだそうです（笑）。それでソビエトの百科事典では、そのことの必然的な結果として、「トーマス・エジソン」という項目はないんだと（笑）。これは嘘でしょうねえ。でもまあ、そういうことになっている。片方において日本の子どもがいちばんよく読む伝記は、『エジソン伝』です。この『エジソン伝』が子どもに最もよく読まれる国と、百科事典の項目にエジソンがない（ゴシップによればない）国を比べれば、日本人がいかにアメリカ人のプライオリティーを尊重しているかということは、非常にはっきりしている（笑）。そういう現実、つまりアメリカ文明の尊敬者としての日本という現実、それをアメリカ人はわかってない。

山崎　大文明論をやれば、日本人に創造的発明が少なかった、文学・藝術の分野を含めて、世界のパラダイムを大転換させるような事業がなかったというのは、事実だと思うんです。その理由はわりと簡単なことでして、アジアという統一された世界がなかったからだと思う。西洋人には西洋世界があった。そして、そのなかに多様な民族・人種がいて、切磋琢磨の相互作用が起こります。異質のものの間の摩擦があって、摩擦が同時に創造につながる。影響関係というのが生じるわけです。影響というものが起こるためには、適当な近さがあると同時に、適当な距離もなければならない。

たとえば先生のお弟子は、先生から影響を受けたのではなくて、これは教えを受けたわけです。真の影響を受けるためには、少し距離のある人間が自立していて、しかもその情報を受け取る近さにいなければならない。たぶん十二世紀以後、もうちょっと狭く見ても十五、六世紀、ルネッサンス以後の西欧では、この関係がありえたんですね。それがやがてアメリカにまで拡大される。これに対して日本の場合、仮に日本人が何を発明しても隣の中国人は知らん顔です。韓国人ももちろんでしょう。

丸谷　そうそう。何度も言うことだけれど、日本人は恋愛ということを発明したのに、中国人はまったく無関心だった（笑）。

山崎　そもそも恋愛文学を読まなかった。ですから文化の間に相互作用が起こらないということが、まずあるんですね。そうすると、日本のなかだけでは江戸末に人口三千万以下ですから——古い時代にはもっと少ないでしょう——そういった距離のある影響関係の成立が非常に難しかった。これはもう根本的な問題です。日本が異質のものの共存する、広い世界に入っていったのは明治以後ですから、ざっと百数十年。やっとこれからそれが可能になってきたという時期です。

丸谷　そうなんです。逆に言うと、アメリカ人が「あいつは模倣してけしからん」と言う相手は、日本人以外に誰がいますか。日本だけが模倣者だと言われている。これはね、模倣者を日本以外につくることができなかったということで、アメリカ文明はその程度の力しかなかったということなんです。ぼくの論理では、そうなっちゃう。

山崎　もうひとつ言えば、逆に日本の影響をアメリカが受ける能力がなかったということもあるわけです。たとえば日本人はたくさんのものを発明しています。近代以後だけでも、オリザニンとか、味の素とか、八木アンテナとか、あるいはMS磁石とか、そういうものをアメリカは模倣する力がなかったとも言えますよね。

丸谷　そうです。ぼくは、アメリカ人の公式主義的な日本蔑視に対しては、まずそういうことを一応言った上で、しかし……。

山崎　そう。その「しかし」が大事なんです。

丸谷　日本人のプライマリーな発想というのかなあ、オリジナルな発想、最初の着想、その能力はやはりどうも低いような気がする。あるいは弱いような気がする。

山崎　私は、それについての説明は二つあるような気がします。その前に否定しておきたいのは、例の集団主義か個人主義かという対比。日本人はとかく群がってやるとうまくいくが、個人になるとだめだという先入見ですね。「その証拠に」と相田さんも言うのですが、日本の研究者は、ある発明について「私がやった」と滅多に言わない。「みんなでやった」と言う。アメリカ人は、必ず誰がやったかはっきりさせるというわけですね。そういうふうな集団・個人の対比というのは、実はもう陳腐というか……。

丸谷　常識と化している。

山崎　私はね、実はそうではなくて、リーダーシップの問題ではないかと思っているんです。つまり、ある知恵を出す能力の点で、個人としてアメリカ人と日本人はどちらが大きいか、ということはわからない。しかし、ある研究グループをリーダーとして統率する力については、明らかに西洋人のほうが高い。たとえばロバート・ノイスという人、これが日本にいないんです。

ショックレーという人もそうですね。これはむしろネガティブなケースですが、この人は「一将、功成りて万骨枯る」式の典型的なリーダーですね。彼はベル研究所にいながら、そこから八人の秀才を引き抜いて、ショックレー研究所というものをカリフォルニアにつくります。たちまち彼の専横に耐え兼ねた八人が独立して、そしてフェアチャイルド社――後のインテル社――をつくっていくわけですね。そのときの反逆のリーダーになったのが、ロバート・ノイスであるわけです。
私の経験的な感じを言っても、日米の学界を比較すると、明らかにアメリカのほうがボス社会です。良くも悪くもボスの力が明らかに強い。
丸谷 そうなんだねえ。だから理化学研究所の大河内（正敏）さん、これがいないんです、滅多にいない。
山崎 その違いが、一つの小さな戦闘グループを強くするか、弱くするかということに関わってくる。日本の場合は、ボスというのは大山巌将軍でなければならないわけです。つまり、ぼんやりと君臨して、みんなを気持ちよくまとめていく。典型的なのは、例の超LSI研究組合をリードした垂井康夫さん。彼は、年中みんなを集めて酒を飲んでいたそうです（笑）。これが、日本のリーダーなんですよ。それなりに良さは発揮しますが、たとえば「研究の方向はこちらである。この枠組みで、みんなでものを考えろ。君の分担は、これだ」ということを言うことはできないわけですね。ショックレーはそれを年じゅうやっていた。みんなが怒って、反逆するほどやっていた。ロバート・ノイスはもう少し上手ですから、みんなに納得させる形で自分の命ずる研究をさせたわけでしょう。そういう小戦闘チームのつくりかたが、アメリカのほうがうまい。その結果、全体として創造的に見える。日本の場合は、およその方向や課題をどこかから——外国からが主ですが——与えられたときにはじめて動くような組織が多いんです。

丸谷　さっき、二つと言ったけど。
山崎　もうひとつは、実は創造者がいないんじゃなくて、祖述者、継承者がいないのだというのが私の説なんです。たとえば、藤原定家に弟子がいますか、歌論の弟子が。
丸谷　歌論の弟子は、正徹。
山崎　うん、だいぶ飛びますね。
丸谷　飛ぶんだな、うんと飛ぶ。
山崎　世阿弥にも弟子がいないんです。世阿弥の藝能論はほんとに独創的なものです。世界のどこに出しても、あの時期にあんなことを考えた人は一人もいない。ところが、彼の祖述者、継承者はいない。のみならず、作能までほとんど彼で終わるわけですよね。というわけで、ある業績を受け取って、そこから発展させる仕組みが日本にはない。比較的近い例を見ても、西田幾多郎という哲学者がいます。かなり創造的な思想を語っていますが、助教授であった田辺元はそっぽを向きました。祖述もしなければ、喧嘩もしませんでした。ほとんど無視しただけですね。西田さんは孤立した才能であったけれども、継承者もいなければ、思想グループのリーダーでもなかった。これは、典型的なケースです。
丸谷　普通は、西田哲学は祖述者がいっぱいいて、『西田哲学』『続西田哲学』なんて本が書かれてる、と思われてる。

山崎　それは解説を書いただけ。祖述という言葉が悪ければ、「発展させた」と言いましょう。『善の研究』の一部分を拡大して、たとえば「純粋経験」の倫理学、美学というようなことをやった人は誰もいない。つまり、あれはあれで終わってしまったわけです。もし日本がヨーロッパのような、異質で統一された世界のなかに組み込まれていたら、ほかの国にそういう人が出てくるはずですね。それが日本にはなかった。

丸谷　柳田国男の学問を、戦後になって石田英一郎がちょっと批判した。柳田門下、あるいは日本民俗学の徒は全員、黙っていた。そしたら、「自分を擁護してくれる弟子が一人としていない」と柳田先生、涙滂沱として悲しんだという話がある。読んでみると、石田英一郎の批判は実にいいんです。

山崎　それが、いい意味の祖述者ですよ。批判的祖述者と言いましょうか。

丸谷　今から見れば、ごく当たり前のことばかり言ってるんですが、とても立派だと思った。柳田さん、悲しむも悲しまないもないんで、むしろあのときはじめて弟子をもったわけでしょう。

山崎　そういうことです。つまり、ヘーゲルがマルクスを生むでしょう。結論は正反対だけど、まさに継承者じゃないですか。どうもそれがないあたりが日本の不幸で、これから日本が世界に組み込まれていけば、その問題がかなり解消されるはずですよね。もちろん努力しなければだめですが。

丸谷　折口信夫の柳田国男に対する態度が、表面はともかく内実はかなり対立している、ということはありますけどね。それを別にすれば、石田英一郎がはじめて批判者だった。「祖述とは批判することだ」という、そういうダイナミックな関係があったときに、オリジナリティーは出てくるわけですね。

山崎　それを知っている人たちが世界にいっぱいいますから、これから日本をそういうふうに扱ってくれれば幸いです。その意味で、アメリカは面白い国で、日本に負けると、はっきり負けたと認める素直さがある。この本のなかに出てくる「国家諮問委員会から大統領並びに議会への報告」ですが、日本にアメリカは半導体産業で負けた。巻き返すために学習せよと言う。そして、すでに巻き返しは始まっていて、いまは日本が危ないそうです。この本が書かれてすでに七年たっていますからね。でもお互いに、それが世界のなかに生きるということじゃないですか。

丸谷　巻き返しで危なくなっていることが、日本にとって非常にいいことである、ということですね。（笑）

本文に掲載した図版のうち、
図1の後醍醐天皇像は清浄光寺の、
図3の阿国歌舞伎草紙は大和文華館の
御協力を頂きました。

あとがき

丸谷才一

「歴史」といふ言葉は二通りに使ひますね。まづ(a)「出来事およびその連続による時間の経過」といふ意味で、これはたとへば「人類は長い歴史を持つ」といふ具合に使ふ。次は(b)「出来事およびその連続による時間の経過を記した本」といふ意味で、その例文としては「プルタルコスは伝記といふ形で、シェイクスピアは戯曲といふ形で、歴史を書いた」。ただしこの二つの意味はしばしばまじりあふ。峻別できない場合が多い。もともと、きびしく分けるのがむづかしいものらしい。対象とそれに対する認識との関係で、こんなことになるのでせう。さう言へば(b)の例文の「歴史」は(a)の意味なのだと言ひ張ることもできないことはなささうですね。

そして「歴史」といふ概念を分けるに当つては、別の分け方もある。第一は(p)「実際に起つたこと」で、これは史実ですね。第二は(q)「起つたかどうか疑はしいが、さう伝へられてゐること」で、これはつまり伝承ですね。(p)が(a)出来事としての歴史の親類筋であるのに対して、(q)が(b)本としての歴史の同類ないしその近辺をうろうろしてゐるものであることに注目して下さい。

わたしたちはこの(a)(b)(p)(q)四種の概念の複合体としての歴史をあつかひながら、過去から現在を経て未来へと至る時間について考へ、くつきりしたイメージを得ようとしてゐるわけだ。従つて、歴史論は一筋縄ではゆかないし、といふよりも、手を変へ品を変へて迫るしかない。その工夫をいつだつて怠つてはいけない。

山崎正和さんとわたしの対談による『日本史を読む』の特徴は、想像力を駆使して、大胆に假説を立てることでした。そのためには、先行する想像力の所産、假説を、大いに参照しました。そのなかで一番派手なものは隆慶一郎さんの『影武者徳川家康』でせうか。などと言ふと、無責任な話を二人でしたやうに聞えるかもしれませんが、あながちさうでもない。談論風発ではあるし不羈《ふき》奔放ではあるけれど、隠し味みたいに節度と抑制がきいてゐて、ずいぶんまともに論を進めてゐるはずです。とりわけ山崎さんの史眼の冴えはすばらしいもの。そしてわたしだつて、すこしはいいことを言つてゐる。日本論ないし日本人論は読書子の最も好む題目の一つですが、これはかなり刺戟の強い、そして実のある、一冊になつてゐると自負してゐます。

「日本史を読む」略年表

（太字は本文関係）

	政治・社会	文化
五六二（欽明23）	新羅、任那を滅ぼす	五三八　仏教伝来
五八七（用明2）	**物部氏、滅亡**	五八八　法興寺（いまの**飛鳥寺**）**建立**
五九三（推古1）	聖徳太子、摂政となる	
六〇三（推古11）	冠位十二階制定。六〇四年十七条憲法制定	
六〇七（推古15）	**小野妹子を隋に派遣**	▽**法隆寺建立**。聖徳太子「三経義疏」
六〇八（推古16）	隋使裴世清、妹子とともに来日	
六三〇（舒明2）	**第一回遣唐使**	六二〇　聖徳太子・蘇我馬子「天皇記」「国記」
六四五（大化1）	中大兄皇子・中臣鎌足、蘇我蝦夷・入鹿を滅ぼす。**大化改新はじまる**	
六五八（斉明4）	阿倍比羅夫、蝦夷をうつ	
六六三（天智2）	日本軍、唐・新羅連合軍に敗れる（**白村江の戦**）	
六六七（天智6）	近江大津宮に遷都	六六八　**天智天皇、蒲生野に遊猟**
六七二（天武1）	大海人皇子、近江朝を倒し（**壬申の乱**）、飛鳥浄御原宮に遷都	六七〇　法隆寺炎上
六八四（天武13）	八色の姓を制定	六八〇　薬師寺建立
六八九（持統3）	飛鳥浄御原令施行	
六九四（持統8）	藤原京に遷都	

七〇一（大宝1）	刑部親王・藤原不比等その他、大宝律令完成。七一八年養老律令完成
七〇八（和銅1）	和銅開珎鋳造
七一〇（和銅3）	平城京に遷都
七二三（養老7）	三世一身法施行
七二七（神亀4）	渤海、日本に通交を求める
七二九（天平1）	長屋王の変。藤原光明子、皇后となる（光明皇后）
七四〇（天平12）	藤原広嗣の乱。恭仁京に遷都
七四一（天平13）	国分寺・国分尼寺建立の詔
七四三（天平15）	墾田永年私財法制定
七六四（天平宝字8）	藤原仲麻呂（恵美押勝）の乱
七六五（天平神護1）	弓削道鏡、太政大臣禅師となる。七六六年道鏡法王となる
七八四（延暦3）	長岡京に遷都
七九四（延暦13）	平安京に遷都

七一二 太安万侶**「古事記」**撰上
七一三 風土記撰進の勅令。
七一八ころ**「常陸国風土記」**
七二〇 舎人親王その他「日本書紀」撰上
七五一 **「懐風藻」**
七五二 **東大寺大仏開眼供養**
七五四 鑑真来日
七五九 唐招提寺建立。**「万葉集」**
七六四ころ唐招提寺金堂盧舎那仏像
七七〇 百万塔陀羅尼経
七八八 最澄、比叡山寺（いまの延暦寺）創建
七九七 菅野真道その他「続日本紀」。**空海「三教指帰」**
▽神護寺金堂薬師如来像
八〇五 最澄、天台宗を伝える

八一〇（弘仁1）　薬子の変
八二〇（弘仁11）　弘仁格式完成
八四二（承和9）　承和の変、伴健岑・橘逸勢流罪
八五八（天安2）　**藤原良房、人臣として初の摂政となる**
八六六（貞観8）　応天門の変、伴善男流罪
八八四（元慶8）　藤原基経、関白となる（関白の初め）
八九四（寛平6）　**遣唐使廃止**

九〇一（延喜1）　**菅原道真、大宰権帥に左遷。**延喜天暦の治はじまる
九〇二（延喜2）　延喜の荘園整理令
九三五（承平5）　平将門・藤原純友挙兵、承平・天慶の乱（〜四一）
九六八（安和1）　東大・興福両寺争乱
九六九（安和2）　安和の変、左大臣源高明、大宰権帥に左遷

八〇六　空海、真言宗を伝える
八二八　空海、綜芸種智院をひらく。**同「十住心論」**
八四一　藤原緒嗣ら「日本後紀」
▽「白氏文集」伝来
八六九　藤原良房その他「続日本後紀」
八七九　藤原基経その他「日本文徳天皇実録」
八九九　「東寺両界曼荼羅図」
▽「竹取物語」**「伊勢物語」**

九〇一　藤原時平その他「日本三代実録」
九〇五　紀貫之その他**「古今和歌集」**
九〇七　**藤原忠平「貞信公記」**（〜四八）
九三八　空也、念仏宗をはじめる
九五〇　このころ、**藤原師輔**

九九一（正暦2）	**皇太后藤原詮子、初の女院となる**	**「九條殿遺誡」**
九九五（長徳1）	疫病流行。**藤原道長、内覧右大臣となる**	九七八　**藤原実資「小右記」**（〜一〇三二）
		九八五　源信「往生要集」
一〇一七（寛仁1）	道長、太政大臣に、藤原頼道、摂政になる	▽清少納言「枕草子」、**紫式部「源氏物語」**
一〇一九（寛仁3）	女真（刀伊）入寇	一〇五二　末法第一年
一〇二八（長元1）	平忠常、東国で反乱（〜三一）	一〇五三　**藤原頼通、平等院鳳凰堂建立**
一〇五一（永承6）	前九年の役（〜六二）	▽**藤原明衡「新猿楽記」**
一〇六九（延久1）	延久の荘園整理令	
一〇八三（永保3）	後三年の役（〜八七）	一〇七〇　このころ、菅原孝標の女「更級日記」
一〇八六（応徳3）	**白河上皇、院政開始**	一一〇〇　このころ**「栄華物語」「今昔物語」「大鏡」**
一〇九五（嘉保2）	白河上皇、北面の武士設置	
一〇九九（康和1）	藤原忠実、内覧氏長者となる（一一〇五年関白）	
一一一五（永久3）	白河法皇、一九年まで毎年熊野に行幸	一一〇六　京都に田楽流行
一一一七（永久5）	**藤原璋子、入内**	一一二四　中尊寺金堂建立
一一二一（保安2）	藤原忠通、関白となる	一一三六　**藤原頼長「台記」**（〜五五）
一一二五（天治2）	京都大火	
一一三二（長承1）	平忠盛、内昇殿を許される	
一一五六（保元1）	**保元の乱**。崇徳上皇讃岐に流される	

一一五九（平治1）	平治の乱。源氏、平家に敗れる
一一六七（仁安2）	平清盛、太政大臣となる。平家全盛
一一七七（治承1）	鹿ヶ谷の密議
一一七九（治承3）	清盛、後白河法皇を幽閉
一一八〇（治承4）	以仁王の令旨、源頼朝挙兵。福原遷都
一一八三（寿永2）	木曽義仲、入京。平家、西国にのがれる。頼朝の東国支配確立
一一八四（元暦1）	源義経、入京
一一八五（文治1）	平家、壇の浦に滅亡。頼朝、守護地頭の任命権を獲得
一一八九（文治5）	奥州藤原氏滅亡
一一九二（建久3）	頼朝、征夷大将軍となる（〜九九）
一二〇三（建仁3）	北条時政、執権となる
一二〇四（元久1）	将軍源頼家、時政に殺される
一二一九（承久1）	源実朝、公暁に暗殺される（源氏将軍断絶）
一二二一（承久3）	承久の乱、六波羅探題設置
一二二六（嘉禄2）	藤原頼経、将軍となる（摂家将軍の初め）
一二三二（貞永1）	御成敗式目
一二五二（建長4）	宗尊親王、将軍となる（皇族将軍の初め）

▽**「詞花和歌集」**
一一六九　後白河法皇**「梁塵秘抄」**
一一七五　法然、専修念仏をとなえる
一一八七　**「千載和歌集」**
▽中山忠親「水鏡」、西行「山家集」
一一九一　栄西、臨済宗を伝える
一一九五　東大寺大仏殿再建
一二〇五　**「新古今和歌集」**
一二二四　親鸞、浄土真宗をひらく。同「教行信証」
一二二七　道元、曹洞宗を伝える
▽**「平家物語」**
一二五二　「十訓抄」
一二五三　日蓮、日蓮宗をひらく。道元「正法眼蔵」

一二六八（文永5）	蒙古の使者、国書をもたらす
一二七四（文永11）	元・高麗連合軍、九州に襲来、暴風雨により撤退（文永の役）
一二八一（弘安4）	元軍再度来襲、暴風雨により敗退（弘安の役）
一二九七（永仁5）	初めての徳政令（永仁の徳政令）。このころ悪党活躍
一三一七（文保1）	持明院・大覚寺両統迭立を定む（文保の和談）
一三二一（元亨1）	院政を廃し、後醍醐天皇親政
一三二四（正中1）	正中の変
一三三一（元弘1 元徳3）	元弘の変。楠木正成挙兵。後醍醐天皇捕わる。幕府、光厳院を立て天皇とする
一三三二（元弘2 正慶1）	後醍醐天皇、隠岐に流される。護良親王、吉野に挙兵
一三三三（元弘3 正慶2）	新田義貞、鎌倉を攻略。**鎌倉幕府滅亡**。名和長年、挙兵。後醍醐天皇、京都に還幸。**建武の新政はじまる**
一三三四（建武1）	**新銭乾坤通宝・紙幣の発行計画**
一三三五（建武2）	足利尊氏、挙兵
一三三六（延元1 建武3）	尊氏、光明天皇を擁立（北朝）。建武式目制定。後醍醐天皇、吉野に移る（南北朝対立、～九二）
一三三八（延元3 暦応1）	尊氏、北朝により征夷大将軍に任ぜられる
一三四〇（興国1 暦応3）	このころ倭寇さかん（前期倭寇）
一三五〇（正平5 観応1）	観応の乱（尊氏・直義兄弟の不和抗争）

▽武具・刀剣技術進歩
一二六〇　日蓮「立正安国論」
▽金沢文庫創立
一二七四　一遍、時宗をひらく
一二八五　円覚寺舎利殿建立
一三二二　虎関師錬「元亨釈書」
一三二五　夢窓疎石、南禅寺住持となる
▽**吉田兼好「徒然草」。「三體詩」伝来**
一三三四　二条河原の落書
一三三九　**北畠親房「神皇正統記」**
一三四二　**幕府、五山十刹を定める**

一三六八（正平23 応安1）	足利義満、征夷大将軍となる
一三六九（正平24 応安2）	明の洪武帝、倭寇禁圧を求める
一三九一（元中8 明徳2）	山名氏清挙兵、敗死（明徳の乱）
一三九二（元中9 明徳3）	南北朝合体
一三九七（応永4）	義満、北山に金閣造営
一三九九（応永6）	大内義弘挙兵、敗死（応永の乱）
一四〇一（応永8）	第一回遣明船、明と国交開始。一四〇四年勘合貿易はじまる
一四一九（応永26）	朝鮮、対馬を襲撃（応永の外寇）
一四二八（正長1）	正長の土一揆
一四三九（永享11）	幕府、鎌倉公方足利持氏を討つ（永享の乱）
一四四一（嘉吉1）	赤松満祐父子、将軍義教を謀殺（嘉吉の乱）
一四六七（応仁1）	**応仁の乱**
一四七七（文明9）	応仁の乱ほぼ鎮まり、京都焦土と化す
一四八一（文明13）	前将軍義政、夫人日野富子との不和のため閉居
一四八二（文明14）	**義政、銀閣寺造営に着手**

一三四五　尊氏、天龍寺建立
一三五六　**二条良基その他「菟玖波集」**
一三七〇　このころ「増鏡」、**小島法師「太平記」**

▽五山文学さかんとなる。世阿弥「風姿花伝」
一四三九　上杉憲実、足利学校を再興
一四六四　音阿弥、糺河原で猿楽興行
▽連歌流行
一四六七　雪舟、明へ渡る
一四七一　蓮如、越前吉崎に道場建設。東常縁、宗祇に古今伝授
一四七四　**三条西実隆「実隆公記」**（〜一五三六）
一四七五　蓮如、一向一揆のため吉崎を去る
一四八〇　一条兼良「樵談治

一四八五(文明17)	山城国一揆
一四八八(長享2)	加賀一向一揆、国中を支配(〜一五八〇)
一四九五(明応4)	北條早雲、小田原城に入る
一五一六(永正13)	幕府、大内氏に遣明船を管理させる
一五二三(大永3)	細川・大内両氏の使者、明の寧波で争う(寧波の乱)
一五二六(大永6)	今川氏親「今川仮名目録」
一五三二(天文1)	畿内各地に一向一揆、法華一揆
一五三六(天文5)	天文法華の乱
一五四一(天文10)	毛利元就、尼子晴久を破る
一五四三(天文12)	**ポルトガル人、種子島に漂着、鉄砲を伝える**
一五五一(天文20)	大内氏滅び、勘合貿易断絶
一五五三(天文22)	上杉謙信・武田信玄、川中島に戦う(第一回)
一五六〇(永禄3)	桶狭間の戦
一五六二(永禄5)	徳川家康、織田信長と同盟
一五六八(永禄11)	**信長、将軍義昭を奉じて入京**
一五六九(永禄12)	信長、フロイスにキリスト教布教を許す

要」を将軍義尚に進献
一四八八 宗祇、肖柏、宗長「水無瀬三吟」
一四九五 **宗祇「新撰菟玖波集」**
一四九七 蓮如、石山本願寺建立
一五〇三 土佐光信「北野天神縁起絵巻」
▽「早雲寺殿廿一箇条」
一五一八 「閑吟集」
▽山口、小田原など城下町繁栄
一五二四 山崎宗鑑その他「新撰犬筑波集」
一五二七 **山科言継「言継卿記」**(〜七六)
一五四九 ザヴィエル鹿児島に来航、キリスト教を伝える

一五七〇（元亀1）	信長、朝倉・浅井連合軍を姉川に破る
一五七三（天正1）	信長、義昭を追放（室町幕府滅亡）
一五七五（天正3）	長篠の戦い
一五七六（天正4）	**信長、安土城建設**
一五八二（天正10）	本能寺の変。山崎の合戦。太閤検地（～九八）
一五八五（天正13）	秀吉、関白となる
一五八六（天正14）	秀吉、太政大臣となり、豊臣の姓を賜わる
一五八七（天正15）	**秀吉、キリスト教の宣教師追放**
一五八八（天正16）	刀狩令。海賊取締令。天正大判鋳造
一五九〇（天正18）	秀吉、全国統一
一五九二（文禄1）	文禄の役（～九六）
一五九六（慶長1）	サン＝フェリペ号事件。長崎でキリスト教徒二十六人殉教
一五九七（慶長2）	慶長の役（～九八）
一六〇〇（慶長5）	ウィリアム・アダムス、豊後に漂着。家康、大坂で謁見。関ケ原の戦
一六〇三（慶長8）	**家康、征夷大将軍となる**
一六〇四（慶長9）	内外貿易船に朱印状下付
一六〇九（慶長14）	オランダ、平戸に商館をひらく。朝鮮と通商条約（己

一五八二　**天正遣欧少年使節出発**
一五八三　**フロイス「日本史」**（～九七）
一五八七　聚楽第建設
一五九〇　**ヴァリニャーニ、少年使節を連れ帰り、活版印刷機をもたらす。『デ・サンデ天正遣欧使節記』**
一五九五　このころ朝鮮より活字印刷術・製陶法伝わる
▽**イエズス会劇、各地で上演**
一六〇二　ドミニコ会・アウグスチノ会、宣教開始
一六〇三　**出雲阿国、京都で歌舞伎踊りをはじめる**
一六〇七　林羅山、幕府の儒

西条約）
一六一二（慶長17）　幕府直轄領に**キリスト教禁止令**
一六一三（慶長18）　伊達政宗、支倉常長を欧州に派遣（〜二〇）
一六一五（元和1）　大坂夏の陣、豊臣氏滅亡。武家諸法度・禁中並公家諸法度制定
一六三五（寛永12）　鎖国令。参勤交代制を定める
一六三七（寛永14）　島原の乱（〜三八）
一六四一（寛永18）　平戸のオランダ商館を長崎に移す
一六五一（慶安4）　由井正雪の乱
一六五七（明暦3）　江戸明暦の大火
一六六三（寛文3）　殉死禁止

官となる
一六一二　このころ人形浄瑠璃成立
一六一七　日光東照宮完成。江戸吉原遊廓の開設許す
一六一九　**鈴木正三「盲安杖」**
▽貞門派俳諧隆盛
一六二〇　桂離宮建設
一六三〇　寛永の禁書令
▽各地に寺小屋おこる
一六五四　隠元来朝
▽**「本阿弥行状記」**
一六五七　徳川光圀**「大日本史」**編纂に着手
一六六五　山鹿素行、古学をとなえる
一六七一　山崎闇斎、垂加神道をとなえる
一六七三　江戸歌舞伎をひらく、七八　大坂歌舞伎をひらく
一六八二　**西鶴「好色一代男」**、

一六八七（貞享４）　生類憐みの令
一六八八（元禄１）　柳沢吉保、側用人となる
一七〇二（元禄15）　赤穂浪士の仇討
一七〇九（宝永６）　家宣、新井白石を登用（正徳の治）
一七一六（享保１）　吉宗、将軍となる
一七三二（享保17）　享保の大飢饉

八八　「日本永代蔵」
一六八四　**朝日定右衛門「鸚鵡籠中記」**（〜一七一七）
▽湯島聖堂落成
一六八九　**芭蕉「奥の細道」の旅に出る**
一六九〇　**ドイツ人ケンペル、オランダ商館医師として来日**
一七〇三　**近松門左衛門「曾根崎心中」**、一五「国性爺合戦」
一七〇九　白石、シドッチ訊問
一七一七　荻生徂徠、古文辞学を説く
▽**「唐詩選」伝来**
一七二〇　キリスト教書以外の洋書輸入許す
一七四八　**竹田出雲「仮名手本忠臣蔵」**
一七六五　鈴木春信、錦絵を

一七六七（明和4）	田沼意次、側用人となる	はじめる
一七八二（天明2）	天明の大飢饉（〜八七）	一七七四 前野良沢・杉田玄白「解体新書」
一七八七（天明7）	天明の打毀。松平定信、老中となる	▽洒落本・黄表紙流行
一七八九（寛政1）	旗本・御家人の負債を免ずる（棄捐令）	一七七六 平賀源内、エレキテル試作
		一七八五 山東京伝「江戸生艶気樺焼」
		一七九〇 寛政異学の禁
		一七九三 塙保己一、和学講談所設立
		一七九五 本居宣長「玉勝間」（〜一八〇一）、九八「古事記伝」
		一七九六「ハルマ和解」
一八〇〇（寛政12）	伊能忠敬、蝦夷地を測量、二一年「大日本沿海輿地全図」	一七九七 昌平坂学問所、官学校となる
一八〇四（文化1）	ロシア使節レザノフ、長崎に来航	一八〇一 並木正三（二世）「戯財録」
一八〇八（文化5）	間宮林蔵、樺太探検	一八〇二 十返舎一九「東海道中膝栗毛」（〜〇九）

一八二五(文政8)　異国船打払令
一八二八(文政11)　シーボルト事件
一八三一(天保2)　天保の大飢饉(〜三九)
一八三七(天保8)　大塩平八郎の乱
一八三九(天保10)　蛮社の獄
一八四一(天保12)　天保の改革(〜四三)
一八四二(天保13)　異国船打払令を改め、薪水給与令発布
一八五三(嘉永6)　ペリー浦賀に、プチャーチン長崎に来航
一八五四(安政1)　日米和親条約、下田・箱館開港
一八五八(安政5)　安政の大獄
一八六〇(万延1)　桜田門外の変、井伊大老殺害
一八六二(文久2)　坂下門外の変。皇女和宮、将軍家茂と婚儀。生麦事件。文久の改革
一八六三(文久3)　薩英戦争。八月十八日の政変。天誅組の乱
一八六四(元治1)　禁門の変。下関戦争。第一次長州征伐。奇兵隊の挙兵
一八六六(慶応2)　薩長同盟成立。第二次長州征伐

一八一一　蕃書和解御用掛を設ける
▽読本流行
一八一四　滝澤馬琴「南総里見八犬伝」(〜四二)
一八二〇　山片蟠桃「夢の代」
一八二五　**鶴屋南北「東海道四谷怪談」**
▽人情本流行、合巻の刊行さかん
一八三三　広重「東海道五十三次」
一八三八　中山みき、天理教をひらく。緒方洪庵、適々斎塾をひらく
一八四二　人情本出版禁止
一八五一　**本木昌造、鉛活字考案。田中久重(からくり儀右衛門)、万年時計をつくる**
一八五五　洋学所設置(のち開成所)
一八五八　種痘所設置(のち

一八六七(慶応3)	大政奉還、王政復古の大号令
一八六八(明治1)	戊辰戦争(〜六九)。五箇条の御誓文
一八七一(明治4)	廃藩置県。岩倉使節団出発
一八七二(明治5)	**山城屋事件**
一八七七(明治10)	西南の役
一八七八(明治11)	自由民権運動さかんとなる
一八八五(明治18)	内閣制度創設
一八八九(明治22)	大日本帝国憲法発布
一八九〇(明治23)	国会開設。教育勅語下賜
一八九四(明治27)	日清戦争(〜九五)
一八九五(明治28)	下関条約締結、三国干渉

	医学所)。福沢諭吉、私塾をひらく
一八六五	長崎、大浦天主堂完成
一八六七	各地に「ええじゃないか」おこる
一八六八	神仏分離令、廃仏毀釈おこる
一八七一	**津田梅子・山川捨松ら、米国留学。横浜に富貴楼開店**
一八七二	**新橋―横浜間鉄道開通。**福沢諭吉「学問ノスヽメ」
一八七九	植木枝盛「民権自由論」
一八八三	鹿鳴館落成
一八八五	坪内逍遙「小説神髄」
一八八六	学校令
一八八七	二葉亭四迷「浮雲」
一八九七	映画、初めて輸入
一八九八	**正岡子規「歌よみ**

一九〇二（明治35）　日英同盟成立
一九〇四（明治37）　日露戦争（〜〇五）
一九〇五（明治38）　ポーツマス条約調印
一九一〇（明治43）　大逆事件。日韓併合
一九一三（大正2）　第一次護憲運動
一九一四（大正3）　第一次世界大戦に参戦
一九一五（大正4）　対華二十一ヵ条要求
一九一八（大正7）　米騒動。シベリア出兵（〜二二）
一九二二（大正11）　ワシントン軍縮条約、九ヵ国条約
一九二三（大正12）　関東大震災

に与ふる書」
一八九九　徳冨蘆花「不如帰」。「反省会雑誌」を「中央公論」と改題
一九〇〇　**女子英学塾（のち津田塾大学）開設**。泉鏡花「高野聖」
一九〇六　夏目漱石「坊っちゃん」
一九〇九　永井荷風「すみだ川」
一九一一　**西田幾多郎「善の研究」**
一九一二　**高橋箒庵「萬象録」**（〜二一）、二一　**「大正名器鑑」**
一九一六　吉野作造、デモクラシーを唱導
一九二一　志賀直哉「暗夜行

一九二五（大正14）	治安維持法・普通選挙法成立
一九二七（昭和2）	第一次山東出兵
一九二八（昭和3）	三・一五事件。張作霖爆死事件
一九三一（昭和6）	満州事変、三二年満州国建国
一九三二（昭和7）	上海事変、五・一五事件
一九三三（昭和8）	国際連盟脱退
一九三六（昭和11）	二・二六事件
一九三七（昭和12）	日中戦争はじまる
一九四〇（昭和15）	日独伊三国同盟締結
一九四一（昭和16）	太平洋戦争はじまる
一九四五（昭和20）	広島・長崎に原爆投下。ソ連参戦。無条件降伏。連合軍、全土を占領。戦後改革はじまる
一九四六（昭和21）	日本国憲法公布
一九五一（昭和26）	サンフランシスコ講和条約、日米安全保障条約調印
一九五六（昭和31）	日ソ共同宣言
一九六〇（昭和35）	高度成長はじまる
一九六五（昭和40）	日韓基本条約調印
一九七二（昭和47）	沖縄返還
一九七三（昭和48）	第一次石油危機。七九年第二次石油危機
一九九一（平成3）	バブル経済崩壊

路」（〜三六）
一九二五　ラジオ放送開始
一九二九　島崎藤村「夜明け前」
一九四三　谷崎潤一郎「細雪」（〜四八）
一九四七　**米国で半導体の研究はじまる。翌年日本で研究開始**
一九五三　テレビ放送開始
一九五六　週刊誌ブームはじまる
一九五七　ソ連、初の人工衛星打上げ

『日本史を読む』一九九八年五月　中央公論新社刊

す

せ

そ

た

人名・書名索引

中公文庫

日本史《にほんし》を読《よ》む

2001年1月25日　初版発行
2017年8月10日　7刷発行

著　者　丸《まる》谷《や》才《さい》一《いち》
　　　　山《やま》崎《ざき》正《まさ》和《かず》

発行者　大橋善光

発行所　中央公論新社
〒100-8152　東京都千代田区大手町1-7-1
電話　販売 03-5299-1730　編集 03-5299-1890
URL http://www.chuko.co.jp/

印　刷　三晃印刷
製　本　小泉製本

Published by CHUOKORON-SHINSHA, INC.
Printed in Japan　ISBN4-12-203771-9 C1195

各書目の下段の数字はISBNコードです。978-4-12が省略してあります。

中公文庫既刊より

ま-17-11
二十世紀を読む
丸谷才一
山崎正和
昭和史と日蓮主義から『ライフ』の女性写真家まで、皇女から匪賊まで、人類史上全く例外的な百年を、大知識人二人が語り合う。〈解説〉鹿島 茂
203552-2

ま-17-9
文章読本
丸谷才一
当代の最適任者が多彩な名文を実例に引きながら文章の本質を明かし、作文のコツを具体的に説く。最も正統的で実際的な文章読本。〈解説〉大野 晋
202466-3

ま-17-14
文学ときどき酒 丸谷才一対談集
丸谷才一
吉田健一、石川淳、里見弴、円地文子、大岡信ら一流の作家・評論家たちと丸谷才一が杯を片手に語り合う。最上の話し言葉に酔う文学の宴。〈解説〉菅野昭正
205500-1

お-10-8
日本語で一番大事なもの
大野 晋
丸谷才一
国語学者と小説家の双璧が文学史上の名作を俎上に載せ、それぞれの専門から徹底的に語り尽くす知的興奮に満ちた対談集。〈解説〉大岡信／金田一秀穂
206334-1

や-9-1
柔らかい個人主義の誕生 消費社会の美学
山崎正和
消費文化論ブームを惹き起こした日本の同時代史。新しい個人主義と成熟した「顔の見える大衆社会」を提唱する。吉野作造賞受賞。〈解説〉中谷 巌
201409-1

や-9-3
社交する人間 ホモ・ソシアビリス
山崎正和
グローバル化によって衰退する組織原理。国家や企業を離れ、茫漠とした「地球社会」のなかに曝される現代人に、心の居場所はあるのか。〈解説〉三浦雅士
204689-4

や-9-5
装飾とデザイン
山崎正和
秩序と逸脱、簡素と過剰、普遍への志向と個物への固執……。人間の根源的な営み、「造形」を支える対極的な二つの意志を読み解く文明論。〈解説〉三浦 篤
206199-6